主　　编　孙晓勇　国家法官学院院长
最高人民法院司法案例研究院院长
副 主 编　彭永和　最高人民法院司法案例研究院副院长
刘　畅　最高人民法院司法案例研究院规划部主任
黄　斌　国家法官学院科研部负责人
主编助理　边疆戈　国家法官学院科研部编辑
赵文轩　最高人民法院司法案例研究院规划部编辑
刘丽媛　最高人民法院司法案例研究院规划部编辑

《中国法院年度案例》编辑人员（按姓氏笔画）
刘　畅　朱建伟　朱　琳　李晓果　杨小利
罗胜华　胡　岩　赵文轩　唐世银　袁登明
曹海荣　梁　欣　程　瑛

本书编审人员　刘　畅

中国法院
2021年度案例

国家法官学院
最高人民法院司法案例研究院 ◎编

土地纠纷
（含林地纠纷）

中国法制出版社
CHINA LEGAL PUBLISHING HOUSE

《中国法院年度案例》通讯编辑名单

凌　巍　北京市高级人民法院
刘晓虹　北京市高级人民法院
董　扬　天津市高级人民法院
王　佳　河北省高级人民法院
刘　泳　山西省高级人民法院
杨智勇　内蒙古自治区高级人民法院
周文政　辽宁省高级人民法院
张功岩　吉林省高级人民法院
孙学诗　黑龙江省高级人民法院
牛晨光　上海市高级人民法院
戴鲁霖　江苏省高级人民法院
张晓娟　江苏省高级人民法院
符东杰　江苏省南通市中级人民法院
周耀明　江苏省无锡市中级人民法院
杨　治　浙江省高级人民法院
蒋　莹　浙江省高级人民法院
吴　婧　安徽省高级人民法院
林文君　福建省高级人民法院
章光园　江西省高级人民法院
陈希国　山东省高级人民法院
郭宇凌　河南省高级人民法院
宋淼军　湖北省高级人民法院
杨晓彤　湖北省宜昌市中级人民法院
唐　竞　湖南省高级人民法院
文靖之　广东省高级人民法院
邹尚忠　广西壮族自治区高级人民法院
韦丹萍　广西壮族自治区高级人民法院
李周伟　海南省高级人民法院
游中川　重庆市高级人民法院
杜玉兰　四川省高级人民法院
孙　熹　云南省高级人民法院
石　瑾　云南省昆明市中级人民法院
龙　媛　贵州省高级人民法院
施辉法　贵州省贵阳市中级人民法院
王丽萍　西藏自治区高级人民法院
杨新斌　陕西省高级人民法院
张文强　甘肃省高级人民法院
汪嘉煜　青海省高级人民法院
谢亚楠　宁夏回族自治区高级人民法院
马小菊　新疆维吾尔自治区高级人民法院
何　青　新疆维吾尔自治区高级人民法院
王　琼　新疆维吾尔自治区高级人民法院生产建设兵团分院

序

党的十八大以来，以习近平同志为核心的党中央高度重视法治在推进国家治理体系和治理能力现代化中的重要作用，中央全面依法治国工作会议更是明确习近平法治思想在全面依法治国中的指导地位，为全面依法治国提供了根本遵循和行动指南。近年来，人民法院始终将加强司法案例研究作为推进全面依法治国的重要途径，通过发布具有普遍指导意义的典型案例，统一法律适用、提高审判质量，不断推进人民法院严格公正司法。《中国法院年度案例》丛书，旨在完善中国特色案例指导制度，总结提炼典型案例的裁判规则和裁判方法，发挥司法规范、指导、评价、引领的重要作用，大力弘扬社会主义核心价值观，增强全民法治意识和法治素养，展现新时代我国法治建设新成就。

《中国法院年度案例》丛书自2012年编辑出版以来，已连续出版9套，受到读者广泛好评。近年来，为更加全面地反映我国司法审判执行工作的发展进程，顺应审判执行实践需要，响应读者需求，丛书2014年度新增金融纠纷、行政纠纷、刑事案例3个分册，2015年度将刑事案例调整为刑法总则案例、刑法分则案例2个分册，2016年度新增知识产权纠纷分册，2017年度新增执行案例分册，2018年度将刑事案例扩充为4个分册。自2020年起，丛书由国家法官学院与最高人民法院司法案例研究院共同编辑，每年年初定期出版。在全国各级人民法院的大力支持下，丛书编委会现编辑出版《中国法院2021年度案例》系列丛书，共23册。

《中国法院年度案例》丛书以开放务实的态度、简洁明快的风格，在编辑中坚持以下方法，努力把案例书籍变得"好读有用"：一是高度提炼案例内容，控制案例篇幅，每个案例基本在3000字以内；二是突出争议焦点，剔除无效信息，尽可能在有限的篇幅内为读者提供有效、有益的信息；三是注重对裁判文书的再加工，大多数案例由案件的主审法官撰写"法官后语"，高度提炼、总结案例的指导价值，力求引发读者思考，为司法工作提供借鉴，为法学研究提供启迪。

《中国法院年度案例》丛书编辑工作坚持以下原则：一是广泛选编案例。国家法官学院和最高人民法院司法案例研究院每年通过各高级人民法院从全国各地法院汇集上一年度审结的典型案例近万件，使该丛书有广泛的精选基础，优中选优，可提供给读者新近发生的全国各地多种类型的典型性案例。二是方便读者检索。为体现以读者为本，丛书分卷细化，每卷下还将案例主要根据案由分类编排，每个案例用一句话概括裁判规则、裁判思路或焦点问题作为主标题，让读者一目了然，迅速找到目标案例。

中国法制出版社始终全力支持《中国法院年度案例》丛书的出版，给了作者和编辑们巨大的鼓励。2021年，丛书将继续提供数据库增值服务。购买本书，扫描前勒口二维码，即可在本年度免费查阅往年同类案例数据库。我们在此谨表谢忱，并希望通过共同努力，逐步完善，做得更好，真正探索出一条编辑案例书籍、挖掘案例价值的新路，更好地服务社会主义法治国家建设、服务法治社会建设、服务学习研究法律的读者。

《中国法院年度案例》丛书既是法官、检察官、律师等法律工作者的办案参考和司法人员培训的实用教材，也是社会大众学法用法的经典案例读本，同时是教学科研机构案例研究的良好系列素材。当然，案例作者和编辑在编写过程中也难以一步到位实现最初的编写愿望，客观上会存在各种不足甚至错误，欢迎读者批评指正。我们愿听取各方建议，不断扩宽深化司法案例研究领域，实现中国特色案例研究事业的新发展。

国家法官学院

最高人民法院司法案例研究院

2021年2月22日

目　录

Contents

一、土地承包经营权确认纠纷

二、承包地征收补偿费用分配纠纷

三、土地承包经营权流转纠纷

（一）土地承包经营权转包纠纷

四、土地承包经营权继承纠纷

五、其他土地承包经营纠纷

六、林地纠纷

七、建设用地使用权纠纷

一、土地承包经营权确认纠纷

1

外来媳妇是否有资格参与分配承包地征收补偿费

——徐某香诉那直屯第8村民小组承包地征收补偿费用分配案

【案件基本信息】

1. 裁判书字号

广西壮族自治区百色市中级人民法院（2020）桂10民终498号民事判决书

2. 案由：承包地征收补偿费用分配纠纷

3. 当事人

原告（上诉人）：徐某香

被告（被上诉人）：那直屯第8村民小组

【基本案情】

李某旗是那直屯第8村民小组村民，以李某旗为户主的家庭户承包经营那直屯第8村民小组集体土地。2009年4月2日，徐某香与李某旗登记结婚，并将户口迁入李某旗家庭户。2016年11月，田阳县人民政府征用了那直屯第8村民小组位于“真正福”（地名）的集体土地6.239亩作为田阳县敢壮大道西段市政道路桥梁改扩建项目建设用地。同年11月20日、12月20日，田阳县国土资源局分别与那直屯第8村民小组签订了《征收土地协议书》《补充协议书》，按照两份协议的约定，那直屯第8村民小组被征用农用地6.239亩，共获得土地补偿费、安置补助费517075.84元，新农村建设费、安置补助费106824.16元，两项共计623900元。

2017年8月28日，那直屯第8村民小组召开以本组户为代表的群众会议，制订了分配方案，方案确定：按1996年第二次土地调整分得土地的个人人数分配，一共有92人。那直屯第8村民小组当时共有30户，有23户签字通过了该分配方案。那直屯第8村民小组根据该方案分配给符合分配资格的村民每人3800元，以户为单位发放。徐某香未分得上述征地补偿款。2017年9月，田阳县人民政府征用那直屯第8村民小组位于“那傲”（地名）的集体土地36.357亩作为田阳县敢壮大道西段市政道路桥梁改扩建项目建设用地。同年9月26日，田阳县国土资源局与那直屯第8村民小组签订了《征收土地协议书》《补充协议书》，按照两份协议的约定，那直屯第8村民小组被征用农用地36.357亩，共获得土地补偿费、安置补助费3013195.45元，新农村建设费、安置补助费622504.55元，两项共计3635700元。2018年1月5日，那直屯第8村民小组召开以本组户为代表的群众会议，制订了分配方案，方案确定：道路、停车场、水泥水沟面积归集体所有，个人田地现测量面积及个人田地旁边田埂面积归个人所有。那直屯第8村民小组当时共有30户，有24户签字通过了该分配方案。那直屯第8村民小组根据该方案分配给符合分配资格的村民，以户为单位统计村民被征收承包地面积和发放补偿款，每亩补偿100000元。李某旗的家庭户在此次征地中被征收0.386亩，分得并领取补偿款38600元。2019年6月3日，徐某香以其名下没有承包地，未能分到征地补偿款，那直屯第8村民小组的行为侵害了其合法权益为由，向法院起诉。

2019年7月12日，西林县古障镇猫街村民委员会出具《证明》，主要载明：兹有本屯村民徐某香，因夫妻投靠于2010年5月将户口迁出村，户口迁出之日起，不是本村村民户籍，也不在本村屯居住生活，不得享受本村屯的各项集体经济收入支配。

【案件焦点】

1. 徐某香是否具有那直屯第8村民小组的集体经济组织成员资格；2. 徐某香是否有权参与那直屯第8村民小组两次征地补偿款的分配。

【法院裁判要旨】

广西壮族自治区田阳县人民法院经审理认为：农村土地属于农民集体所有，集体土地被征收产生的收益应归集体经济组织所有，集体经济组织可以依照法律规定的民主议定程序，决定在本集体经济组织内部分配已经收到的土地补偿费，征地补偿安置方案确定时已经具有本集体经济组织成员资格的人享有平等的分配权。农村土地以户为单位承包，而非个人承包，承包经营权是农户享有，而非户内成员各自单独享有。《中华人民共和国村民委员会组织法》第二十七条第二款规定：“村民自治章程、村规民约以及村民会议或者村民代表会议的决定不得与宪法、法律、法规和国家的政策相抵触，不得有侵犯村民的人身权利、民主权利和合法财产权利的内容。”关于徐某香是否具有那直屯第8村民小组的集体经济组织成员资格的问题。2009年4月2日，徐某香因结婚将户口迁入李某旗家庭户，成为夫家户内家庭成员，与丈夫李某旗耕种管理夫家承包土地，依靠夫家土地作为最低生活保障，且徐某香不再享有原集体经济组织权益，根据“增人不增地、减人不减地”的基本原则，徐某香享有的土地承包经营权应计入夫家户内，故认定徐某香因嫁入而取得那直屯第8村民小组集体经济组织成员资格。

关于徐某香是否有权参与那直屯第8村民小组第一次征地补偿款分配的问题。第一次征地发生在2016年11月，涉案征地补偿安置方案确定时，徐某香已具有那直屯第8村民小组的集体经济组织成员资格，故其对涉案征地补偿款享有平等的分配权。2017年8月28日，那直屯第8村民小组虽然经过村民会议讨论，形成通过多数人同意的分配方案，决议的程序符合法律规定，但决议中关于“按1996年第二次土地调整分得土地的个人人数来分配”的内容侵害了徐某香获得同等待遇的权利，侵害徐某香合法权益的决定内容无效，故徐某香诉请那直屯第8村民小组支付征地补偿款3800元，有事实和法律依据，予以支持。

关于徐某香是否有权参与那直屯第8村民小组第二次征地补偿款分配的问题。2018年7月9日，李某隆以其未分配到2017年9月征地补偿款为由，向法院提起诉讼，案经一审、二审、再审，广西壮族自治区百色市中级人民法院于2019年12月23日作出（2019）桂10民再50号民事判决书，判决驳回李某隆的诉请。根据上述判决确认的事实，李某旗家庭户被征收的土地为0.386亩，那直屯第8村民小组按每亩100000元的标准发放李某旗户征地补偿款38600元。徐某香作为李某旗户的家庭成员，其土地承包经营权依附于家庭承包经营权之上，与家庭成员共同享有该征地补偿款，徐某香主张其享有独自份额，不符合当前土地以户为单位承包及“增人不增地，减人不减地”的土地政策，故徐某香诉请那直屯第8村民小组支付第二次征地补偿款28600元，于法无据，不予支持。

广西壮族自治区田阳县人民法院依照《中华人民共和国民法总则》[①] 第三条，《中华人民共和国土地管理法》第八条，《中华人民共和国农村土地承包法》第三条、第十六条，《中华人民共和国村民委员会组织法》第二十二条、第二十七条第二款，《中华人民共和国民事诉讼法》第六十四条第一款、第一百一十九条，《最高人民法院关于审理涉及农村土地承包纠纷案件适用法律问题的解释》第二十四条和《最高人民法院关于适用〈中华人民共和国民事诉讼法〉的解释》第二百四十六条规定，判决：

一、那直屯第8村民小组支付徐某香征收土地补偿费3800元；

二、驳回徐某香的其他诉讼请求。

徐某香不服一审判决，提起上诉。

广西壮族自治区百色市中级人民法院经审理认为：根据《中华人民共和国村民委员会组织法》第二十四条、第二十六条的规定，涉及征地补偿费的使用、分配方案，经村民会议讨论方可办理。村民代表会议有三分之二以上的组成人员参加方可召开，所作决定应当经到会人员的过半数同意。《最高人民法院关于审理涉及农村土地承包纠纷案件适用法律问题的解释》第二十四条规定，农村集体经济组织或者村民委员会、村民小组，可以依照法律规定的民主议定程序，决定在本集体经济组织内部分配已经收到的土地补偿费。征地补偿安置方案确定时已经具有本集体经济组织成员资格的人，请求支付相应份额的，应予支持。村民委员会、村民小组是村民的自治组织，对涉及征地补偿费用的使用、分配方案有自主决议权，通过村民会议议定的分配方案可作为本村集体分配征地补偿费的依据，除非该决定事项与宪法、法律、法规和国家的政策相抵触，或有侵犯村民人身权利、民主权利和合法财产权利的内容。那直屯第8村民小组第二次征地补偿款分配方案经三分之二以上的小组成员参加，并经到会人员过半数同意，且没有违反相关法律、法规的规定，符合村民组织对征地补偿费分配自治要求。一审判决依据该分配方案，认定李某旗户

---

① 《中华人民共和国民法典》于2021年1月1日起实施，《中华人民共和国婚姻法》《中华人民共和国继承法》《中华人民共和国民法通则》《中华人民共和国收养法》《中华人民共和国担保法》《中华人民共和国合同法》《中华人民共和国物权法》《中华人民共和国侵权责任法》《中华人民共和国民法总则》同时废止。最高人民法院对相关司法解释也进行了废止或修改。本书收录的案例均裁判于《中华人民共和国民法典》生效前，适用的是当时有效的法律法规及司法解释，下文将不再对此进行提示。

获得的补偿费为38600元，符合法律规定。徐某香对分配方案有异议，认为村集体所得的土地补偿费、安置补偿费、新农村建设费等各项费用3635700元，应该在提存260200元后，剩下3375500元按人均平均分配，该要求属徐某香单方分配要求，未经村民小组民主议定程序，其主张无法律依据，不应予以支持。此外，广西壮族自治区百色市中级人民法院（2019）桂10民再50号民事判决，认定本案土地分配方案合理合法，一审以该生效判决为依据，以户为单位，按每亩100000元确认李某旗户获得的征地补偿款，并无不当。

广西壮族自治区百色市中级人民法院依照《中华人民共和国民事诉讼法》第一百七十条第一款第一项、第一百七十五条规定，判决：

驳回上诉，维持原判。

【法官后语】

随着城市化进程的快速发展，承包地征收补偿费用分配案件日益增多。外嫁女及“外来”媳妇等新增人口承包地补偿费分配是村规民约中经常遇到的突出问题。法院对此类问题的审查，一般涉及两个问题：一是集体经济组织成员资格的认定；二是集体经济组织承包地征收补偿费用分配方案效力的认定。

首先，应确认请求参与分配的主体是否具备农村集体经济组织成员资格。农村集体经济组织的成员资格取得分为两类，即原始取得和加入取得，原始取得包括因农村集体经济组织初设而取得和因出生而取得；加入取得包括因婚姻、收养或以其他方式加入农村集体经济组织。因嫁入、入赘、收养迁入新的集体经济组织后，取得该集体经济组织的成员资格，迁入一般应当登记入户，如虽然未登记入户，但已丧失原集体经济组织成员资格，并已成为迁入地农户新的家庭成员的，应认定为已经取得新的集体经济组织的成员资格。本案中，徐某香因结婚于2009年将户口迁入那直屯第8村民小组李某旗户后，成为该户家庭成员，其一起生活，且徐某香已经失去原所属村小组成员资格。2016年那直屯第8村民小组土地被征收时，徐某香已经具备该小组的成员资格，故应享有对征地补偿款的分配权利。

其次，应判断承包地征收补偿费用分配方案的效力。征地补偿款的分配方案属于村规民约的一部分，而制定村规民约应遵循以下原则：合法性、民主性、实效性。合法性是指不违背国家的宪法、法律法规的相关规定，不超过村民自治的权限范围；民主性是指坚持走群众路线，提高村民对制定村规民约的重要性的认识与参与度，制定的村规民约应反映全体村民的共同利益和愿望，使村民能够自觉自愿地遵守相关的约定；实效性是指从本村的实际出发，充分考虑本村的综合情况，尊重村民的意见和合理要求。法院应对村规民约内容和程序的合法性进行审查。本案中，那直屯第8村民小组根据1996年制订分配方案时的人数对2016年的征地补偿款进行分配，显然没有考虑到随着时间的推移，农村人员增减情况不断更新，导致对逝去的成员存留份额，对于新增的具有本集体经济组织成员资格的村民却排除在分配范围之外，显然不公平，不符合根据家庭户进行承包，“增人不增地，减人不减地”的承包地的分配原则，侵犯了新增集体组织成员的利益。徐某香作为李某旗户新增的家庭成员，其土地承包经营权依附于家庭承包经营权之上，应有权参与涉案征地补偿款的分配。

编写人：广西壮族自治区百色市田阳区人民法院　李海燕

2

出嫁多年的外嫁女能否主张土地补偿分配款

——李某英等诉马鞍山村第一村民小组侵害集体经济组织成员权益案

【案件基本信息】

1. 裁判书字号

广西壮族自治区来宾市中级人民法院（2020）桂13民终167号民事判决书

2. 案由：侵害集体经济组织成员权益纠纷

3. 当事人

原告（上诉人）：李某英、李某清、李某春、李某花

原告：李某美、覃某欢

被告（被上诉人）：马鞍山村第一村民小组

【基本案情】

李某民是马鞍山村第一村民小组的村民，李某英、李某清、李某春、李某花、李某美系其婚生女，覃某欢是李某民儿媳。1981 年土地承包到户时，李某英、李某清、李某春获得集体经济组织分配的承包地。李某英、李某清、李某春、李某花、李某美分别于 1998 年 12 月、2001 年 12 月、2006 年 1 月、2006 年 11 月、2011 年 6 月登记结婚，婚后在夫家均未获得承包地。婚后，李某清、李某春已迁户口到夫家，李某英、李某花、李某美未迁移户口。2011 年覃某欢因婚嫁迁移户口到马鞍山村第一村民小组生活至今。2018 年 9 月，马鞍山村第一村民小组与武宣县征地拆迁办公室签订了土地征用协议，获得集体土地征收补偿款 5568895.80 元。2019 年 5 月，经家庭户户主会议，马鞍山村第一村民小组制定了《关于征山补偿费的分配方案》，规定“……5. 原是本队户口，离婚并带子女离开本队的，一律不发征山补偿费。6. 本队户口，已结婚女子到外地的，户口还没迁出，不属于本队现有人口，不发给征山补偿费……”按上述方案计算，该小组村民每人应当获得征山补偿费 17395 元。李某英、李某清、李某春、李某花、李某美、覃某欢未获得补偿费，遂提起诉讼。

【案件焦点】

出嫁多年的外嫁女在夫家未获得承包地的，是否仍保留娘家集体经济组织成员资格。

【法院裁判要旨】

广西壮族自治区武宣县人民法院经审理认为：征地补偿费是对土地所有者的补偿，马鞍山第一村民小组有管理、使用、支配、处置权，可以根据自治原则自行制订分配方案，但不得与法律相抵触而侵犯公民个人的合法权益。村民是否具有本村集体经济组织成员资格是能否参与征地补偿费分配的前提。集体经济组织成员资格的取得原因包括出生、婚姻、收养以及国防建设或者其他政策性迁入等，对于农村集体经济组织成员资格的认定，应当以形成较为固定的生产、生活，并依法登记所在地户口为形式要件，以是否需要本集体经济组织农村土地为基本生活保障为实质要件，作为判断取得和丧失农村集体经济组织成员资格的标准。李某美自出生取得该村民小组集体经济组织成员资格，虽已婚嫁但结婚时间短，户口未迁出，即使不在马鞍山村第一村民小组生产、生活也符合社会发展情况，因此仍具有马鞍山第一村民小组集体经济组织成员资格。覃某欢婚后已将户口迁到该村民小组生产生活几年，应当具有马鞍山第一村民小组集体经济组织成员资格。李某英、李某清、李某春、李某花出生在该村民小组，原始取得了该村民小组集体经济组织成员资格，但其婚后已实际在夫家生产、生活十余年以上，应认定其具有夫家所在集体经济组织成员资格，从而丧失娘家即马鞍山村第一村民小组集体经济组织成员资格。由于我国国情，农村土地承包政策一直坚持大稳定小调整的原则，即增人不增地的原则，对于外嫁女是否在嫁入地分得土地，应当以其在嫁入地有土地耕种，相当于在该地分得土地，不能以集体重新另外分配土地作为认定外嫁女重新分得土地的标准。李某英、李某清、李某春、李某花主张仍靠经营马鞍山村第一村民小组的承包土地获取生活来源，仍应属于该集体经济组织成员从而享有分配土地补偿款的权利，证据不足，且不符合当地婚俗及基本生活常理，理由不能成立，不予支持。马鞍山村第一村民小组经民主议定程序的决定未侵害其四人的合法权益。

广西壮族自治区武宣县人民法院依照《中华人民共和国民法通则》第五条，《最高人民法院关于审理涉及农村土地承包纠纷案件适用法律问题的解释》第一条、第二十四条，《中华人民共和国村民委员会组织法》第二十四条、第二十七条，《最高人民法院关于适用〈中华人民共和国民事诉讼法〉的解释》第九十条规定，判决：

一、马鞍山村第一村民小组在本判决生效后十五日内支付李某美、覃某欢征地补偿费共计34790元；

二、驳回李某英、李某清、李某春、李某花的诉讼请求。

李某英、李某清、李某春、李某花不服一审判决，提起上诉。

广西壮族自治区来宾市中级人民法院经审理认为：我国农村土地实行家庭承包责任制，承包主体是家庭而非个人，承包时的在册人口只是在分配承包地时作为确定土地承包面积的依据，在家庭承包责任制下，家庭承包户承包的土地保障的人口为承包户承包期间的全部家庭人口。李某英、李某清、李某春、李某花是个人而非承包户，其主张在马鞍山村第一村民小组获得水田、耕地和山林不符合我国法律规定。四人嫁到夫家十年以上，婚姻家庭关系稳定，已经成为夫家承包户的家庭成员并依靠夫家承包户的土地获得基本生活保障，娘家承包户土地不再是其基本生活保障。四人未提供证据证实其出嫁后仍依赖娘家承包地作为其基本生活保障或仍在履行马鞍山村第一村民小组的集体经济组织成员的权利义务，也未能提供证据证实《关于征山补偿费的分配方案》损害了其个人利益，因此请求参与本案土地补偿费分配理由不充分，不予支持。

广西壮族自治区来宾市中级人民法院依照《中华人民共和国民事诉讼法》第一百七十条第一款第一项规定，判决：

驳回上诉，维持原判。

【法官后语】

本案实质争议是外嫁女是否享有原集体经济组织成员资格。我国农村土地实行家庭承包经营，承包主体是集体经济组织内的农户，不论农户人口是一人还是多人，其只能以家庭户名义承包土地。家庭户所承包的土地是全户人口的基本生活保障，所承包的土地经营权不属于家庭户的任何个人，只属于家庭户整体。根据“增人不增地、减人不减地”的土地承包政策，承包期限内，因嫁娶、出生、死亡等原因导致户内人口增减的，承包时的在册人口不能作为判定是否具有所属组织成员资格的主要依据。类似本案，对于外嫁女在结婚之后是否能够继续享有原组织成员资格的纠纷，在审理上具体分析如下：

一、认定农村集体经济组织成员资格的一般标准

一般而言，认定是否具有农村集体经济组织成员资格应对“三个是否”作出判断，即是否形成较为固定的生产生活关系；是否依赖于农村集体土地作为基本生活保障；是否具有集体经济组织的常住户口。前两个为实质性标准，最后一个为形式标准，即虽然没有集体经济组织的常住户口，但是与该组织形成了较为固定的生产生活关系、依赖该组织的土地作为基本生活保障的，也可认定具有该组织成员资格；相反，仅有某集体经济组织的常住户口，但是与该组织没有较为固定的生产生活关系、不依赖该组织的土地作为基本生活保障的，不能认定具有该组织成员资格。成员资格的取得，一般是因出生和婚姻、收养关系，也可因国防建设或政策性原因取得成员资格。

二、外嫁女主张原组织成员资格应当承担相应的举证责任

具体应提供以下证据：

1. 在原组织生产生活的证据，常见类型如下：

（1）在原组织参加新型农村合作医疗、农村居民基本养老保险的参保、缴费、报销、享有养老保险待遇等证据；在原组织享有农村居民最低生活保障的证据等；

（2）在原组织日常生产生活的证据：水电费缴纳票据、承担成员义务的出资或出劳力凭证、宽带网络电视缴费票据、购买农资票据、物业费缴纳票据等；

（3）行使原组织成员权的证据：参与组织章程讨论、会议签到表、会议记录等；

（4）其他能够证明存在固定生产生活关系的证据。

2. 依赖于原组织土地作为基本生活保障的证据，常见类型如下：

（1）嫁入地村（居）委会关于外嫁女没有享有当地组织成员资格或城镇社会保障待遇的证明；

（2）原集体经济组织一般会举出初步证据证明外嫁女享有城镇职工、嫁入地城乡居民社会保障资格或待遇，此时，外嫁女应提供相应反证证明。

3. 原组织所在地常住户口证据，常见类型如下：

（1）一般而言，外嫁女出具户口簿即可；

（2）已迁出户口妇女，应对原组织提出的户口已迁移的抗辩主张提供相应反证证明，如原组织的居住证等。

三、外嫁女集体经济组织成员资格认定的一般原则

从当地农村土地分配情况来看，因土地资源枯竭，加之"增人不增地"原则，意味着外嫁女在嫁入地基本上不可能通过重新分配取得土地承包经营权。若外嫁女均要从原组织获得基本生活保障，其实并不利于婚姻家庭稳定。从当地婚嫁风俗来看，有些家庭的确存在外嫁女婚后在婆家、娘家"两边走"（即在婆家、娘家两个家庭生活）的情况。对此，应当避免其落入"两头空"或获得"两头占"的情况，只要其在新组织未取得成员待遇，就应当认定其具有原组织成员资格；相反，只要其在新组织取得了成员待遇，就应当认定其丧失原组织成员资格。

四、本案的处理

基于前述分析，对于外嫁女集体经济组织成员资格的认定，根据"谁主张，谁举证"的证明规则，原则上应由外嫁女对其在新集体经济组织未取得成员资格承担举证责任。但同时应考虑到其举证难度，在确实无法提供证据时，法院可以根据农村婚姻家庭的实际生活状况进行推定。本案一、二审法院酌情确定以十年为界，婚

龄十年以内的，由于融入夫家生活时间短，婚姻关系也尚未稳定，婚嫁初期普遍与娘家往来较为密切，其可作为娘家集体经济组织成员予以考虑，给予相应的保障。此时，外嫁女主张具有原组织成员资格的，应当由原组织举证证明外嫁女已获得其他替代性基本生活保障。婚龄十年以上的，基本都已生育子女，夫妻感情稳定，已经融入夫家家庭，实质上作为夫家家庭成员依赖夫家承包的土地或者夫家其他收入作为基本生活保障，而与娘家生产生活联系较少，基本上不参与娘家经济生活，因而不再具有娘家家庭成员的身份，从而也丧失了娘家集体经济组织成员资格。此时，外嫁女主张具有原组织成员资格的，应当由其举证证明仍在原组织家庭生活的事实。李某美婚龄不足十年，原组织不能举证证实其已获得其他替代性基本生活保障，故应当认定其享有原组织成员资格。这种认定也契合现代家庭结构由"大家庭"向"小家庭"变化的趋势，可避免外嫁女因离婚、再婚等婚姻变化而落入"两头空"的情况。而李某清、李某春已迁出户口，长期不在原组织生产生活，婚姻家庭稳定，已经脱离了原组织的生产生活，因而不应认定其享有原组织成员资格。李某英、李某花虽具备原组织所在地常住户口，但不能提供充分证据证明仍在原组织实际生产生活，故不能认定其原组织成员资格。

编写人：广西壮族自治区来宾市中级人民法院　黄启平

3

外嫁女的农村集体经济组织成员资格应综合户籍、生产生活等因素认定

——杨某华诉后埭社区居委会侵害集体经济组织成员权益案

【案件基本信息】

1. 裁判书字号

福建省泉州市中级人民法院（2019）闽05民终76号民事判决书

2. 案由：侵害集体经济组织成员权益纠纷

3. 当事人

原告（被上诉人）：杨某华

被告（上诉人）：后埭社区居委会

【基本案情】

杨某华的户籍在后埭社区。杨某华与陈某良于2014年1月23日结婚，婚后杨某华未将户口迁入陈某良所在地槐东村，也未享受该村收益分配权。2018年5月，后埭社区居委会先后召开居民代表大会、两委扩大会、户代表大会，研究发放征地补偿款事项，并对《关于发放征地补偿款的方案》（以下简称《方案》）进行票决。《方案》规定“2018年5月31日前出嫁（以初次登记为准），户口仍在本社区的一律不予发放征地补偿款”等内容。2018年7月16日，后埭社区居委会按照《方案》向社区居民每人发放征地补偿款5000元。

【案件焦点】

杨某华是否具有后埭社区集体经济组织成员资格，后埭社区居委会应否向杨某华发放征地补偿款。

【法院裁判要旨】

福建省泉州市洛江区人民法院经审理认为：根据《中华人民共和国农村土地承包法》第六条、第三十条和《中华人民共和国妇女权益保障法》之规定及《中共中央办公厅、国务院办公厅关于切实维护农村妇女土地承包权益的通知》精神，农村出嫁妇女户口尚未迁入男方所在地，且未享受男方所在地集体土地收益分配权的，享有户籍所在地集体组织同等村民待遇。《最高人民法院关于审理涉及农村土地承包纠纷案件适用法律问题的解释》第二十四条的规定，农村集体经济组织或村民委员会、村民小组，可以依照法律规定的民主议定程序，决定在本集体经济组织内部分配已经收到的土地补偿款及其他土地收益款；征地补偿款安置方案确定时已经具有本集体经济组织成员资格的人，请求支付相应份额的，应予以支持。杨某华虽然嫁到槐东村，但未将户口迁入该村，亦未享受该村集体经济组织收益分配权，故其并未丧失后埭社区集体经济组织成员资格，其请求后埭社区居委会给付征地补偿款5000元，符合上述法律及相关政策精神，予以支持。《方案》规定“2018年5月31日前出嫁（以初次登记为准），户口仍在本社区的一律不予发放征地补偿款”等内容，剥夺、限制了出嫁妇女收益分配权，确认无效。

福建省泉州市洛江区人民法院依照《中华人民共和国农村土地承包法》第六条、第三十条，《中华人民共和国妇女权益保障法》第三十二条、第三十三条，《中华人民共和国物权法》第六十三条，《最高人民法院关于审理涉及农村土地承包纠纷案件适用法律问题的解释》第二十四条规定，判决：

后埭社区居委会应于本判决生效之日起十日内给付杨某华征地补偿款5000元。

后埭社区居委会不服一审判决，提起上诉。

福建省泉州市中级人民法院经审理认为：农村集体经济组织或者村民委员会、村民小组，可以依照法律规定的民主议定程序，决定在本集体经济组织内部分配已经收到的土地补偿费。分配时，每个集体经济组织成员对土地补偿费的分配权应当均等，不得实行差别待遇。杨某华虽已出嫁到槐东村，但未将户口迁入该村，未享受该村集体经济组织收益分配权，故一审判决认定杨某华享有后埭社区集体成员资格并有权获得相应补偿并无不当，予以维持。后埭社区居委会关于本案并非承包地征收补偿分配纠纷款及杨某华无权获得补偿的主张，缺乏依据，不予支持。

福建省泉州市中级人民法院依照《中华人民共和国民事诉讼法》第一百七十一条规定，判决：

驳回上诉，维持原判。

【法官后语】

本案争议焦点涉及外嫁女是否为承包地征收补偿费用分配纠纷的适格主体，即是否具有农村集体经济组织成员资格的认定问题，实务中较为常见。但因缺乏明确的法律规定可作为指引，不同法官对此的处理方式不尽相同，有的单纯以户籍作为判断标准，有的采取“户籍+存在管理关系”或“户籍+生产生活”的认定模式，导致同案不同判的现象在土地补偿费分配纠纷中时有发生。

针对上述司法状况，最高人民法院《第八次全国法院民事商事审判工作会议（民事部分）纪要》（法〔2016〕399号）对此类案件审理明确了一个总的裁判原则，即“审理土地补偿费分配纠纷时，要在现行法律规定框架内，综合考虑当事人生产生活状况、户口登记状况以及农村土地对农民的基本生活保障功能等因素认定相关权利主体。要以当事人是否获得其他替代性基本生活保障为重要考量因素，慎重认定其权利主体资格的丧失，注重依法保护妇女、儿童以及农民工等群体的合法权益”。该指导原则与《中共中央办公厅、国务院办公厅关于切实维护农村妇女土地承包权益的通知》（厅字〔2001〕9号）所强调的“为了方便生产生活，妇女嫁入方所在村要优先解决其土地承包问题。在没有解决之前，出嫁妇女娘家所在村不得强行收回其原籍承包地……不管采取什么办法，都要确保农村出嫁妇女有一份承包土地”之精神在实质上是相吻合的。据此，笔者认为，在涉及征地补偿款分配的案件中，对外嫁女集体经济组织成员资格的认定，采取“户籍+生产生活”的模式更为妥当。这里的“户籍”指的是以户籍为基本原则；而“生产生活”是指将是否形成较为固定的生产生活关系作为辅助判断要件加以衡量。实践中，在具体案件的操作上，应注意审查征地补偿方案确定时外嫁女的以下情况事实：一是户籍；二是生产生活状况；三是是否以原集体经济组织的土地为基本生活保障。详言之，妇女出嫁后户口迁出的，不管其是否还居住在娘家，以户籍作为基本原则判断，应认定其不再拥有原农村集体经济组织成员资格。反之，对于妇女出嫁后户口未迁出的，则应以户籍为基础进一步作如下区分：一是如果外嫁女在夫家生活，享有夫家所在集体经济组织权益的，应认定其为男方经济组织成员，不再享有原集体经济组织成员的权利；二是如果外嫁女不享有夫家所在集体经济组织权益，或者嫁到城镇，但原承包地在征地前未被收回的，可视为该外嫁女仍以原集体经济组织的生产资料为生活、生产基础，在此情况下，宜概括认定其以原集体经济组织的土地为基本生活保障，具有原集体经济组织成员资格；三是对于承包地在征地前被收回的，应审查收回承包地的村民会议决定是否符合法律规定，对于侵犯妇女权益的，不得以相关村民会议决定作为否认外嫁女集体经济组织成员资格的依据。例如，对于将出嫁后仍在娘家居住生活，并以原承包地为基本生活保障之外嫁女的承包地收回的村民代表会议决定，应以有违妇女权益保障法等规定为依据，否认其效力，不能以其否认该外嫁女的集体经济组织成员资格。

本案中，一、二审法院不单纯以户口登记作为评判标准，而是在查明杨某华不享有夫家所在地集体经济组织收益分配权情况下，以“户籍+生产生活”模式作出裁决，认定杨某华未丧失后埭社区集体经济组织成员资格。该裁判结果贯彻了最高人民法院关于审理土地补偿费分配纠纷的指导原则，客观公正，较好地维护了外嫁女的合法权益。

编写人：福建省泉州市洛江区人民法院　林前枢

4

退役军人、出嫁女的经济组织成员权益界定

——焦某光等诉上榨村民组侵害集体经济组织成员权益案

【案件基本信息】

1. 裁判书字号

河南省信阳市中级人民法院（2019）豫15民终5165号民事判决书

2. 案由：侵害集体经济组织成员权益纠纷

3. 当事人

原告（被上诉人）：焦某光、阮某黄、焦某、焦某焱

被告（上诉人）：上榨村民组

【基本案情】

阮某黄与焦某光系夫妻关系，二人于1998年1月12日登记结婚，婚后生育有两个子女焦某、焦某焱。阮某黄婚后户籍一直未迁出上榨村民组，且上榨村民组一直未对阮某黄家庭的承包地进行调整，亦未明确表示收回其名下的承包地。

2018年8月4日，新县政府决定对上榨区域进行改造，需征收土地、房屋和地上附着物，涵盖上榨村民组所有区域。县政府征收上榨村民组土地后，上榨村民组村民可按村民组上报的原住村民名单每人享受无偿安置20平方米的商铺和每户3人一个停车位的拆迁补偿政策。后因上榨村民组认为焦某光、阮某黄、焦某、焦某焱不属于本集体经济组织成员，未向棚户区改造专项指挥部报送焦某光、阮某黄、焦某、焦某焱的名单，导致焦某光、阮某黄、焦某、焦某焱未能分得门面房及停车位，引起诉讼。

另，焦某光系山东省昌邑市北孟镇高阳东村人，20世纪90年代初入伍，军校毕业后，其所在村民组取消了其集体经济组织的相关资格，收回了其名下的承包地及其他经济分配权。2005年12月1日，焦某光根据《中国人民解放军现役士兵服役条例》有关规定选择退出现役（复员），后随其妻子阮某黄落户新县。2017年9月后，焦某光为羚锐集团临时工。

阮某黄与焦某光结婚后，为解决住房问题，2006年经县武装部、新集镇武装部及居委会等各方协商，上榨村民组同意给阮某黄解决建房地皮一块，双方签订了《建房用地协议》，约定上榨组本着拥军优属原则，将一块面积为120平方米的地皮优先优惠给阮某黄，定价3000元，一次性付清即可开工。后阮某黄支付3000元取得该建设用地。

【案件焦点】

焦某光、阮某黄、焦某、焦某焱是否具备上榨村民组的集体经济组织成员资格。

【法院裁判要旨】

河南省新县人民法院经审理认为：阮某黄出生并落户于上榨村民组，婚后亦未将户籍迁出，上榨村民组并未对承包地进行调整或单独收回其承包地，阮某黄婚后亦未在其丈夫出生地的原村民组取得承包地，其仍然依赖于上榨村民组所分配的土地作为基本生活保障，且婚后其仍然与丈夫及家人一起在上榨村民组所在地生活；虽然随着当地经济发展以及城镇化进程，上榨村民组土地或其他生产资料对所属成员的基本生活保障功能逐步弱化，但并不能改变现阶段土地仍然属于农民基本生产资料的这一客观事实；上榨村民组并未提供证据证明阮某黄未履行村民义务。根据《中华人民共和国妇女权益保障法》第三十三条第一款规定，任何组织和个人不得以妇女未婚、结婚、离婚、丧偶等为由，侵害妇女在农村集体经济组织中的各项权益。故阮某黄具备上榨村民组的集体经济组织成员资格。公民出生后随父或母落户后，便当然具备其父或母所在集体经济组织成员资格，故阮某黄的子女焦某、焦某焱取得上榨村民组集体经济组织成员资格。

焦某光婚后基于婚姻关系落户上榨村民组并随妻子阮某黄在上榨村民组生活，并非基于上榨村民组接纳为村民组成员而落户，且落户后并未在上榨村民组分配有承包地，并非依赖上榨村民组的土地作为基本的生活保障；且依据国家政策，其退伍后本应享受工作安置，但其本人自愿放弃安置工作的待遇，选择领取一次性安置补偿费，并自谋职业；故，焦某光并不具备上榨村民组集体经济组织成员资格。

综上，上榨村民组的土地被依法征收，在确定土地补偿安置方案时阮某黄、焦某、焦某焱具有上榨村民组集体经济组织成员资格，应当享有与其他村民同等的安置补偿待遇。上榨村民组经村民代表会议讨论、表决后作出的安置分配方案虽在程序上不违反《中华人民共和国村民委员会组织法》的相关法律规定，但村民是否具有其所在集体经济组织成员的资格、是否享受安置补偿待遇系法律规定的权利，不属村民会议民主议定的范围，该分配方案及表决结果与现行法律、政策相违背，侵害了阮某黄、焦某、焦某焱的合法权益。

河南省新县人民法院依照《中华人民共和国民法总则》第三条，《中华人民共和国妇女权益保障法》第三十条、第三十二条、第三十三条，《中华人民共和国农村土地承包法》第三条、第十五条、第十六条，《中华人民共和国物权法》第五十九条第一款，《最高人民法院关于审理涉及农村土地承包纠纷案件适用法律问题的解释》第二十四条，《中华人民共和国村民委员会组织法》第二十七条、第三十六条，《中华人民共和国民事诉讼法》第六十四条规定，判决：

一、阮某黄、焦某、焦某焱具备上榨村民组集体经济组织成员资格，应当与其他村民组成员享有同等的安置补偿待遇；

二、驳回阮某黄、焦某光、焦某、焦某焱的其他诉讼请求。

上榨村民组不服一审判决，提起上诉。

河南省信阳市中级人民法院经审理认为：根据《中华人民共和国农村土地承包法》规定，农村家庭土地承包是以户为单位，阮某黄出生于1971年，1999年土地承包时其为阮某厚家庭成员，享有其家庭承包土地的经营权，二审中上榨村民组提交的阮某厚家庭户口本和阮某黄提交的阮某黄家庭户口本的签发时间均为2005年8月，说明2002年再次分配土地时阮某黄尚未分户，其仍为阮某厚家庭成员，仍享有其家庭承包土地的承包经营权。故上榨村民组上诉提交证据证明阮某黄未取得上榨村承包土地经营权，应视为空挂户的理由不能成立，不予支持。阮某黄婚后与家人一直在上榨村民组所在地生活，其开办的幼儿园亦建立在上榨村民组土地上，其和子女与上榨村民组形成较为固定的生产和生活关系。故上榨村民组上诉称阮某黄靠开办的幼儿园生活，不依靠该集体土地生存，阮某黄及其子女已不具备上榨村民组集体成员权的上诉理由不能成立，不予支持。《新县人民政府办公室关于转发新县上榨区域土地房屋征收与补偿安置方案的通知》中并没有关于外嫁女不安置的规定，且经过村民议定程序决定的事项亦不得违背法律规定，故上榨村民组上诉称对出嫁女不安置是依据新县人民政府制订的安置方案且经村民组会议通过，原审适用法律错误的上诉理由不能成立，不予支持。

河南省信阳市中级人民法院依照《中华人民共和国民事诉讼法》第一百七十条第一款第一项规定，判决：

驳回上诉，维持原判。

【法官后语】

本案涉及两类人员的集体经济组织成员资格认定问题：

一、出嫁女的农村集体经济组织成员资格的认定

农村集体经济组织成员资格是指作为农村集体经济组织成员在该组织内部应当具备的权利义务能力。在司法实践中，某一自然人如果具有某农村集体经济组织户籍，在该集体经济组织长期生产、生活，以该集体经济组织土地为基本生活保障，并形成事实上的权利义务关系，即可认为该自然人享有该农村集体经济组织成员资格。故认定出嫁女能否具有原集体经济组织成员资格应当主要结合出嫁女户籍地、户籍变动情况、是否有承包土地经营权、是否履行了村民义务、是否与农村集体经济组织有稳定联系等方面的因素，具体分析、综合认定。

1. 是否具有该农村集体经济组织所在地户籍。根据户籍管理制度，村民的户籍地是认定村民资格的基本条件，只有取得了某农村集体经济组织的户籍，才是该农村集体经济组织的村民，才能进一步认定是否具有村民资格。因此，出嫁女出嫁后的户籍情况是认定出嫁女村民资格的基本条件。

2. 是否在该农村集体经济组织所在地长期生产、生活，与集体经济组织形成稳定的成员关系。依据农村习俗，女子出嫁后一般在夫家生产和生活，其户口也随之迁入夫家所在村，与夫家所在村保持着稳定的关系，并享有所在村相应的村民权利，承担相应的村民义务。因此，出嫁女是否与其夫家所在村保持着稳定的关系，并在夫家所在村居住是认定其是否具有该村村民资格的重要条件。符合该条件，出嫁女才能具有夫家所在村的村民资格。如出嫁女婚后不在夫家所在村居住，也没有

与该集体经济组织形成稳定的成员关系，就不能认定其具备该集体经济组织成员资格。

3. 是否以该集体经济组织的土地为基本生活保障。土地是农村集体经济组织成员赖以生存的主要经济来源，失去土地，村民即失去了生活的基础条件。故是否承包土地及有承包经营权，是否以进行农业生产为主要生活来源，是判断出嫁女是否享有村民资格的客观条件。

4. 是否与农村集体经济组织形成了事实上的权利义务关系。农村集体经济组织成员的义务主要表现为承包土地上的义务及其他方面的义务。在司法实践中，必须结合出嫁女履行村民义务的客观实际情况确定：有部分出嫁女户籍虽然在某村，但其长期不在村中居住，也没有履行村民义务，从形式上看是村民，但实质上因不尽村民义务而与集体经济组织的经济生活脱离了联系，如认定其具有村民资格，有违权利义务相一致的原则。但出嫁女婚后如果在夫家或新户籍地等居住地未分得承包土地，而在娘家有承包土地的，其村民义务实际上是以娘家为家庭单位，由娘家人代为一并履行的，在此情况下，不能认为出嫁女未履行原所在村的村民义务。

本案中，阮某黄婚后未在他处取得承包地，而是一直在上榨村民组生活，其开办的幼儿园亦建立在上榨村民组土地上，未改变其以上榨村民组土地为生存保障的客观事实。因集体经济组织不得以村民议定程序违法剥夺出嫁女的集体经济组织成员资格，故阮某黄具有上榨村民组集体经济组织成员资格。

二、退役军人的集体经济组织成员资格的认定

当前，国家非常注重保护现役和退役军人的包括农村集体经济组织成员权益在内的合法权益：《集体经济组织成员确定办法》第七条规定："下列人员不丧失农村集体经济组织普通成员资格：原籍在本集体经济组织的解放军、武警部队的现役义务兵和符合国家有关规定的士官……"《退役士兵安置条例》第二十六条规定："自主就业的退役士兵入伍前通过家庭承包方式承包的农村土地，承包期内不得违法收回或者强制流转；通过招标、拍卖、公开协商等非家庭承包方式承包的农村土地，承包期内其家庭成员可以继续承包；承包的农村土地被依法征收、征用或者占用的，与其他农村集体经济组织成员享有同等权利。自主就业的退役士兵回入伍时户口所在地落户，属于农村集体经济组织成员但没有承包农村土地的，可以申请承包农村土地，村民委员会或者村民小组应当优先解决。"判断退役军人是否具有农

村集体经济组织成员资格应当根据其退役前和退役后的实际情况，进行综合分析。

一方面，要考察退役军人入伍前是否已享有农村集体经济组织成员资格。根据法律规定，解放军、武警部队的现役义务兵和符合国家有关规定的士官在其服役期间保留其农村集体经济组织成员资格。在司法实践中，判断退役军人退役后是否具备农村集体经济组织成员资格的首要因素就是考察其入伍前是否已经享有农村集体经济组织成员资格，如果入伍前不享有农村集体经济组织成员资格，那么其退伍后就当然不具备农村集体经济组织成员资格。

另一方面，要考察退役军人退役后是否享受国家分配或安置工作。根据国家政策规定，军人退役后可享受国家分配或安置工作，现实生活中也有部分军人放弃分配和安置而选择自主择业。军人在其服役期间保留其集体经济组织成员资格，如果选择国家安置则丧失原农村集体经济组织成员的资格；但如果选择自主择业，其退役后仍继续享有集体经济组织成员的资格。

本案中，焦某光在军校学习期间，其原所属集体经济组织取消了其集体经济组织成员资格，其不能证明为此提出了相关的申诉程序。其婚后基于婚姻关系落户上榨村民组，但并未在上榨村民组分配有承包地；依据国家政策，其退伍后本应享受工作安置，但其本人自愿选择领取一次性安置补偿费，并自谋职业，并非依赖上榨村民组的土地作为基本的生活保障。故焦某光不具备上榨村民组集体经济组织成员资格。

编写人：河南省新县人民法院　金莹莹

5

不能仅以户籍为标准认定集体经济组织成员资格

——陈某菲诉牛李村委会侵犯集体经济组织成员权益案

【案件基本信息】

1. 裁判书字号

山东省东营市中级人民法院（2019）鲁05民终1310号民事判决书

2. 案由：侵犯集体经济组织成员权益纠纷

3. 当事人

原告（被上诉人）：陈某菲

被告（上诉人）：牛李村委会

【基本案情】

牛某美系牛李村村民，于2013年11月12日与陈某龙登记结婚，陈某龙户口关系至今未落于牛李村。牛某美与陈某龙于2014年9月3日生育一女陈某菲，陈某菲于2014年12月2日因出生申报而落户于牛李村，户主为陈某菲外公陈某谦。牛李村因政府规划于2012～2013年度整体拆迁，村内全部土地流转给广饶县广饶街道办事处。2017年，牛李村委会按其确定的符合条件的村民，每人发放麦季土地补偿款1899.50元，根据村民代表会议的决议未向陈某菲发放。

【案件焦点】

1. 如何认定牛李村委会向村民发放土地补偿款的性质；2. 牛李村委会未向陈某菲发放2017年度麦季土地补偿款是否侵犯了其合法权益。

【法院裁判要旨】

山东省广饶县人民法院经审理认为：牛李村委会发放的土地补偿款应属于原家庭联产承包经营者所有。陈某菲出生时，二轮土地承包早已完成，牛李村委会也未再调整过土地，亦未给陈某菲补过土地。陈某菲在未取得土地承包经营权的情况下，不享有土地流转补偿收益，涉案土地流转补偿款中没有陈某菲的份额。

根据农村土地承包政策、本案土地补偿款的性质、来源、村规民约等实际情况，牛李村委会未给陈某菲发放2017年度麦季土地补偿款的行为没有侵犯其合法权益。陈某菲要求享受牛李村村民同等待遇的诉讼请求与本案不属同一法律关系，也未明确享受该村村民同等待遇的具体项目，故对陈某菲的该项诉讼请求在本案中不予认定与处理。

山东省广饶县人民法院依照《中华人民共和国民事诉讼法》第六十四条规定，判决：

驳回陈某菲的诉讼请求。

陈某菲不服一审判决，提起上诉。

山东省东营市中级人民法院经审理认为：集体经济组织成员资格的判断，应当综合考虑当事人的户口登记状况、生产、生活状况以及当事人是否获得其他替代性基本生活保障等因素。本案中，不宜认定陈某菲为牛李村集体经济组织成员：一是陈某菲出生前牛李村的土地已经进行流转，牛李村未再调整过土地，亦未给陈某菲分配过土地，陈某菲并未取得牛李村的土地承包经营权，故不足以认定陈某菲以牛李村的土地为基本生活来源。二是陈某菲虽主张其出生后一直与母亲在牛李村居住，但并无证据予以佐证，且其委托代理人一、二审中均未能明确讲明其父母陈某龙和牛某美所从事的职业情况、收入情况以及陈某菲就读幼儿园的情况，未能证实陈某菲与牛李村集体经济组织存在较为固定的生产、生活关系。综上，一审法院驳回陈某菲的诉讼请求并无不当。

关于陈某菲诉请确认享有牛李村村民同等待遇问题，民事诉讼法规定当事人的诉讼请求应当具体明确，而陈某菲该项诉求笼统概括，并未确定享受村民同等待遇的具体内容；本案系侵权纠纷，陈某菲该项诉求并非直接针对侵害集体经济组织成员权益的具体行为，与本案不属于同一法律关系。故一审法院对其该项请求不予处理并无不当。

山东省东营市中级人民法院依照《中华人民共和国民事诉讼法》第一百七十条第一款第一项、第一百七十五条规定，判决：

驳回上诉，维持原判。

【法官后语】

随着城镇化的快速发展，农村土地尤其是城中村、城镇郊边村等集体组织土地被征用的数量逐年增多，土地补偿费用分配带来的农村集体经济组织收益分配矛盾日益凸显。由于户籍改革，向村集体组织落户不再需要村集体组织预先审核，出具相应的接收证明，导致村集体组织人口数量激增。因城镇化建设所带来的红利，一些出嫁女婚嫁后未将户口迁出，结婚生子后将子女的户口随其落户于本村，以便能够分得相应的款项。针对上述情况，各基层组织也制定了相应的村规民约予以明确，本案中，牛李村委会也制定了村规民约，将落户本村的外甥（女）排除在分配土地补偿款范围之外，即使到公证处公证不在村分配利益的也不同意落户。《第八次全国法院民事商事审判工作会议（民事部分）纪要》（以下简称《八民会议纪要》）中第二十三条规定，审理土地补偿分配费纠纷时，要在现行法律规定框架内，综合考虑当事人生产、生活状况、户口登记状况以及农村土地对农民的基本生活保障功能等因素认定相关权利主体。要以当事人是否获得其他替代性基本生活保障为重要考量，慎重认定其权利主体资格的丧失，注重依法保护妇女、儿童以及农民工等群体的合法权益。

本案中需解决的第一个问题是陈某菲是否具备集体经济组织成员资格。全国现有法律、法规至今没有对集体经济组织成员的资格问题作出规定，全国人大常委会至今也未对此作出立法、修正或解释。按照《八民会议纪要》的原则性指导意见，对陈某菲的村集体经济组织成员资格的确定问题应结合陈某菲的户口状况、在牛李村委会处所尽义务状况进行考虑。但陈某菲的情况特殊，其出生时，牛李村已全部拆迁完毕、土地已全部流转完毕。陈某菲在拆迁、土地流转方案确定时并未出生，当然在村内也没有承包的土地，其现在是幼儿，只随父母共同生活，生活来源于父母收入，谈不上承担村内义务问题。就目前法律、法规及司法实务层面，对于陈某菲这种类型的农村个体是否具有村集体经济组织成员资格问题不明确，不能仅以户籍为准来认定其成员资格。

第二个问题是牛李村委会未向陈某菲发放2017年土地补偿款是否侵犯了其权益。该焦点问题的核心是土地补偿款的性质及拆迁、土地流转方案确定时土地的状况。牛李村每年所获得的征地补偿款是对征收、拆迁方案确定时村集体经济组织成员所承包土地的补偿，自第一轮农村土地承包后至村内拆迁、土地流转方案确定前未进行任何调整或收回。牛李村在拆迁、土地流转方案确定前已没有机动地，对于其他公产部分已经分完，陈某菲出生时牛李村已全部拆迁完毕，村内经村民代表会议决定落户于本村的外甥（女）不享有土地补偿款，牛李村内以村民代表大会形式，结合村内实际情况，把每年得到的土地流转补偿款按其确定的符合条件的人员按人头进行了平均分配。牛李村内每年所获得的土地补偿款的来源是牛李村耕地流转方案确定时对村内集体经济组织土地承包户的失地补偿，且上述承包户的承包期限并未到期，当时陈某菲并未出生，其不享有对该部分土地补偿款的合法权益，牛李村委会未给陈某菲发放2017年度土地补偿款并未侵犯陈某菲的合法权益。

编写人：山东省广饶县人民法院　李成

6

“生活保障标准”在认定农村集体经济组织成员资格中的适用

——黄某亮诉黄某琴承包地征收补偿费用分配案

【案件基本信息】

1. 裁判书字号

广西壮族自治区贺州市中级人民法院（2019）桂11民终1217号民事判决书

2. 案由：承包地征收补偿费用分配纠纷

3. 当事人

原告（被上诉人）：黄某亮

被告（上诉人）：黄某琴

第三人：彭某珍、黄某英、黄某珍、黄某平

【基本案情】

黄某亮与彭某珍婚后生育有黄某松、黄某荣、黄某红、黄某珍、黄某英五个子女。落实生产责任制时，黄某亮户有八人，因黄某松、黄某荣相继结婚，黄某亮户陆续分户，分户后黄某亮、彭某珍、黄某珍、黄某英、黄某红为一户。后黄某珍、黄某英相继出嫁。黄某红与黄某亮及彭某珍一直共同生活至其因病于2017年12月20日去世。黄某红终身未婚，于2000年左右抱养黄某平，但未办理收养手续。黄某平于2016年出嫁，婚后户口未迁移。黄某琴系黄某松的儿子，从未与黄某红共同生活。

因建设需要，政府对民田村部分土地进行征收，并于2018年11月12日进行地块现场面积丈量及对地上附着物进行登记。其中地块编号为106号的土地在落实生产责任制时分配给黄某亮一户承包，面积为1.1亩。106号地块的征收土地补偿款为56980元、青苗补偿款为1760元、产业发展用地折算货币补偿款为52800元，三项合计111540元。双方当事人对案涉征地补偿款权属问题发生争议，经村委会组织调解，双方达成“经调解黄某亮同意如数由黄某琴领取，并从中交四万元整给黄某亮。今后凡是黄某红生前名下分的田地、房屋、遗产均由黄某琴继承。同时黄某琴继续赡养黄某亮、彭某珍俩老至百年……”的协议。基于此协议，黄某亮出具授权委托书，由黄某琴领取了上述征地补偿款，后未按照协议给付黄某亮征地款及赡养黄某亮、彭某珍二人。

【案件焦点】

1. 案涉征收土地是属于黄某亮户承包土地还是属于黄某红个人承包土地；2. 黄某琴是否应当将征地补偿款全数返还给黄某亮；3. 彭某珍、黄某英、黄某珍、黄某平是否享有分配征地补偿款的权利。

【法院裁判要旨】

广西壮族自治区贺州市平桂区人民法院经审理认为：黄某红生前一直与黄某亮、彭某珍共同生活，其生前户籍住址与黄某亮、彭某珍的户籍住址一致，应认定黄某红生前与黄某亮、彭某珍属于同一家庭成员。案涉征收土地在落实生产责任制时属于黄某亮户的承包地，落实生产责任制后黄某亮户经过分户、家庭成员人数变化，双方当事人对案涉土地是属于黄某亮、黄某红等人共同承包还是属于黄某红个人承包存在争议。因黄某红与黄某亮属于同一家庭成员，根据《中华人民共和国农村土地承包法》第三条第二款的规定，应认定106号土地的土地承包经营权属于黄某亮户的家庭成员共同共有。根据《中华人民共和国农村土地承包法》第十六条第二款的规定，农户内家庭成员依法平等享有承包土地的各项权益。根据农村土地承包“增人不增地、减人不减地”政策，黄某红于2017年去世后依法不再对承包地的收益享有权利，案涉土地征收发生在黄某红去世之后，案涉土地征收补偿款应属于黄某亮户在土地被征收时的家庭成员共同共有。

黄某平与黄某红虽未办理收养手续，双方之间不形成收养法律关系，但黄某平幼时起便与黄某红共同生活，双方形成抚养与被抚养的关系，黄某平应属于黄某亮户的家庭成员。黄某亮户在分户后，黄某珍、黄某英属于同一户家庭成员，虽其二人相继出嫁，户口亦迁移至夫家，为确实保障妇女权益，应确认第三人黄某珍、黄某英对106号土地的土地征收补偿款享有权益。

黄某琴未与黄某红共同生活，不因封建性的“过继”“立嗣”形成抚养关系，与黄某红不属于同一家庭成员，即不是黄某亮户的家庭成员，不是案涉征地补偿款的共同共有人。双方当事人虽曾达成协议，由黄某琴领取案涉征地补偿款，但因该协议处置的财产涉及其他共同共有人的土地承包经营权而无效。黄某琴不能依据该协议取得案涉征地补偿款。黄某琴不属于黄某亮户的家庭成员，黄某琴占有案涉征地补偿款于法无据，应退还给相关权利人，即黄某亮、彭某珍、黄某珍、黄某英、黄某平。

广西壮族自治区贺州市平桂区人民法院依据《中华人民共和国民法通则》第九十二条，《中华人民共和国农村土地承包法》第三条第二款、第十六条，《中华人民共和国物权法》第九十七条，《中华人民共和国合同法》第五十八条，《中华人民共和国妇女权益保障法》第三十二条、第三十三条，《最高人民法院关于贯彻执行民事政策法律若干问题的意见》第三十八条，《中华人民共和国民事诉讼法》第一百四十四的规定，判决：

黄某琴于本判决生效之日起十日内归还黄某亮、彭某珍、黄某珍、黄某英、黄某平征地补偿款111540元。

黄某琴不服一审判决，提起上诉。

广西壮族自治区贺州市中级人民法院经审理同意一审法院裁判意见，依照《中华人民共和国民事诉讼法》第一百七十条第一款第一项规定，判决：

驳回上诉，维持原判。

【法官后语】

政府征收土地后发放土地征收补偿款的目的是保障失地农民的基本生活水平。要确实保障所涉农民的合法权益，如何确认承包户的家庭成员及案涉承包地的承包权人是处理承包地征收补偿费用分配纠纷案件的两大难点。

根据《中华人民共和国农村土地承包法》第三条的规定，除了不宜采取家庭承包方式的荒山、荒沟、荒丘、荒滩等农村土地，农村土地承包采取农村集体经济组织内部的家庭承包方式，即农村土地承包经营权以户为单位，属于该承包户家庭成员共同共有。承包户家庭成员的增减不改变该承包户承包地的面积，不减损该承包户的承包经营权；承包户家庭成员死亡的，其土地承包经营权也自然消亡，不再是共同经营权人，即土地承包经营权不属于遗产范畴，不得因继承获得土地承包经营权。目前，获得承包户家庭成员资格有以下几种情形：一是在第一次落实农村土地承包经营制度时明确属于该户的家庭成员，不论其因血缘或因婚姻还是收养等法律关系而成为该家庭成员。第一次落实农村土地承包经营制度前已出嫁而未明确属于该户家庭成员的妇女，不能取得该承包户家庭成员资格。二是承包户家庭成员所生的子女因出生当然获得该承包户家庭成员资格。根据养子女、与继父母形成抚养关系的继子女、非婚生子女在法律地位上等同于婚生子女的基本原理，与承包户家庭成员形成了有效收养关系的养子女、由承包户家庭直接抚养的继子女或非婚生子女，应当属于该户的家庭成员。三是承包户家庭成员结婚的，其配偶如果主要依赖该户的承包土地生活，也是该家庭承包户的家庭成员。不能仅以该配偶是否落户于该家庭户为标准确认其承包户家庭成员资格，户口迁移与否只是行政上对于户籍的管理，不能据此否认或承认承包户家庭成员配偶的家庭成员资格。

从上述常见取得承包户家庭成员资格的情形可以发现，个人是否获得某承包户家庭成员资格，关键在于辨别其生活保障是否来源于该户承包土地的收益。承包户的家庭成员依赖于承包土地的收益生活，承包土地的收益是其生活保障。在农村风俗习惯中，有将近亲属晚辈“过继”到本户未生育儿子的成员名下的情形，即所谓“立嗣”，形成封建性“父子关系”，这类“嗣子”是否属于该承包户的家庭成员，应当审慎判断，原则上应坚持“生活保障”标准。如果双方实际在一起生活，确实形成法律上的收养关系或者事实上的抚养与被抚养的关系，此时应确认“嗣子”的家庭成员资格。如果双方只是名义上的“过继”，并没有真正生活在一起，“嗣子”不以“名义父亲”所属家庭的承包土地为基本生活保障，则不能因此成为该承包户的家庭成员。特别是“嗣子”仍属于其亲生父母家庭户的成员，享有该户承包地权益的情形下，不能仅因“过继”而取得“名义父亲”家庭的家庭成员资格，即不能因此成为该户承包地的承包经营权人。而且，土地承包经营权不属于遗产范畴。因此“嗣子”也不能以“继承人”身份继承土地承包经营权，从而享有分配承包地征收补偿费用的权利。

本案涉及承包户家庭成员认定的两种特殊情形。一是黄某平与黄某红没有形成收养法律关系，但黄某平由黄某红抚养成人，已形成事实上的抚养与被抚养的关系，应认定黄某平和黄某红属于同一承包户家庭成员，即黄某亮户的家庭成员。二是能否因“过继”加入成为承包户家庭成员，黄某琴辩称其被过继给黄某红，故基于继承关系而享有黄某红名下的土地承包权益。但是其二人不具有法律意义上的收养关系或事实上的抚养与被抚养的关系，也从来不是同一承包户家庭成员，故黄某琴不能因“过继”而取得黄某亮户的家庭成员资格，不享有该户的土地承包经营权，也不能基于“嗣子”身份继承取得黄某红名下的土地承包收益。

关于黄某亮与黄某琴的涉案协议，内容包含有承包户家庭成员的认定、土地承包经营权的继承等内容，协议无效，黄某琴不能依据该协议取得黄某亮户家庭成员资格。而且双方在实际履行中对协议的内容也产生了新的争议，所以不能依据该协议分配案涉征地补偿费用。

综上，享有分配承包地征收补偿费用权利的前提是属于承包户家庭成员，是否为承包经营户的家庭成员，应同时坚持户籍、生活保障、实际生产生活等多重审查标准。

编写人：广西壮族自治区贺州市平桂区人民法院　袁巧

7

村集体经济组织作出的不分配“新生儿”自留地征地补偿费的决定应予撤销

——曹某等诉石柱林社区居委会、石柱林社区蒋场组承包地征收补偿费用分配案

【案件基本信息】

1. 裁判书字号

江苏省南京市六合区人民法院（2019）苏 0116 民初 172 号民事判决书

2. 案由：承包地征收补偿费用分配纠纷

3. 当事人

原告：曹某明、徐某琴、曹某庆、杜某成、曹某辰、曹某伟、陈某霞、曹某

被告：石柱林社区居委会、石柱林社区蒋场组

【基本案情】

曹某明、徐某琴婚后生育二子曹某庆、曹某伟，曹某庆、杜某成婚后生育一子曹某辰，曹某伟、陈某霞婚后生育一女曹某。2016年，因“金牛湖地球之窗主题公园”项目建设需要，征收石柱林社区蒋场组集体土地44.86亩。石林社区蒋场组就片区补偿费中的329790.5元组织召开分配会议，会议认为二轮土地承包后新增人口不应分配，故决定对杜某成、曹某辰、陈某霞、曹某四人不予分配。为此，曹某明等向六合区冶山街道办事处反映分配不公。2018年11月19日，石柱林社区蒋场组再次召开会议，会议内容：2016年“地球之窗”项目建设需要在石柱林社区蒋场组范围征地44.86亩，征地款659581元，已到社区账户。在经石柱林社区蒋场组内部会议讨论研究形成分配方案后，要求将征地款发放到位，但当时该地块上工矿企业未拆除完毕。社区考虑到工作的延续和完善，同意发放征地款的50%，剩余50%待拆迁完成后再行发放。在根据石柱林社区蒋场组提供的分配方案发放50%后，村民小组内部出现分歧。因此在发放剩余50%征地款前，社区要求石柱林社区蒋场组召集群众开会，再次征求意见，并形成最终分配方案。会议通过了方案：1. 同意按老人口分配方案的签字（见《石柱林社区蒋场组“地球之窗”征地补偿款第二次发放表》）；2. 在公示期内允许未签字人员通过法律程序维护自身权益。该次分配金额为329790.5元（系片区补偿费），该发放表与第一次发放表内容一致，其中杜某成、陈某霞、曹某辰、曹某系二轮土地承包后新增人口，再次未予以分配权益。

案涉被征土地系小组自留地，未发包给集体经济组织成员。曹某在土地征收前出生落户至该组，曹某辰在土地征收后出生落户至该组。杜某成、陈某霞均系二轮土地承包后嫁入该组，原集体经济组织未收回其土地。杜某成、陈某霞、曹某辰、曹某等认为石柱林社区蒋场组作出的对四人不予分配征地补偿费的决定侵犯了其利益，向法院起诉。

【案件焦点】

“外来女”“新生儿”是否有权享有村集体经济组织自留地权益。

【法院裁判要旨】

江苏省南京市六合区人民法院经审理认为：《中华人民共和国物权法》第六十

三条第二款规定，集体经济组织、村民委员会或者其负责人作出的决定侵害集体成员合法权益的，受侵害的集体成员可以请求人民法院予以撤销。农民集体所有的不动产和动产，属于本集体成员集体所有。曹某父亲曹某伟系石柱林社区蒋场组集体经济组织成员，在该组织所在地生产、生活并依法登记了常住户口，在丧失集体经济组织成员资格前，依法应享有集体经济组织成员权利。曹某出生于征地方案公布之前，石柱林社区蒋场组决定对其不予分配本次权益，侵害了其作为集体经济组织成员的权益，分配方案关于2017年2月22日前出生的新生儿不分配的决定部分应予撤销。石柱林社区蒋场组认为曹某在二轮承包后出生，系新增人口，分配时不应考虑。本次分配系村民小组未利用地的片区补偿费，并未涉及二轮承包地被征收，以此抗辩，于法无据，不予采信。杜某成、陈某霞系二轮土地承包后嫁入本地，户口虽在该组，但在原集体经济组织并未丧失土地承包经营权，其要求撤销决议中涉及的相关内容，不予支持。本次补偿费分配涉及的项目征收方案批准时间为2017年2月22日。曹某辰情况与曹某情况类似，但出生于征地补偿方案批准之后，石柱林社区蒋场组不予分配征地补偿方案批准以后出生人员的决定，不违反相关法律法规。

江苏省南京市六合区人民法院依据《中华人民共和国物权法》第五十九条第一款、第六十三第二款，《中华人民共和国民事诉讼法》第三十九条第一款规定，判决：

一、撤销石柱林社区蒋场组2018年11月19日作出的“地球之窗”征地补偿款第二次分配方案中2017年2月22日前出生的新生儿不分配补偿费的决定部分；

二、驳回其他诉讼请求。

【法官后语】

认定“新生儿”是否应该享有集体经济组织征地补偿款分配，应从集体经济组织成员资格是否丧失、土地本身属性及与外嫁女的区别等角度进行界定。

1. 集体经济组织成员资格系享有土地补偿费分配权益的前提。《最高人民法院关于审理涉及农村土地承包纠纷案件适用法律问题的解释》第二十四条规定，农村集体经济组织或者村民委员会、村民小组，可以依照法律规定的民主议定程序，决定在本集体经济组织内部分配已经收到的土地补偿费。征地补偿安置方案确定时已经具有本集体经济组织成员资格的人，请求支付相应份额的，应予支持。该条规定享有土地补偿费的前提是具有本集体经济组织成员资格。但该条规定并未具体界定集体经济组织成员资格问题。法院在审理过程中不应对集体经济组织成员的资格直接进行认定，但可以综合当事人的具体情况确定集体经济组织成员资格的取得或者丧失。本案中，曹某祖辈为石柱林社区蒋场组集体经济组织成员，曹某在征地之前出生后即落户该集体经济组织，土地是其维系基本生活的重要保障，为此，曹某集体经济组织成员资格系原始取得，之后亦并未丧失。

2. 征地补偿款的性质决定了集体经济组织成员分配范围。《中华人民共和国土地管理法》第四十八条规定，征地补偿费包括土地补偿费、人员安置补助费、地上附着物和青苗补偿费，其中人员安置补偿费、地上附着物和青苗补偿费是专门针对被实际征收土地的农民进行的补偿，该项补偿费应当全部由被征地农民享有，但土地补偿费则应当归属于整个村农民集体所有。既然土地补偿费归整个集体经济组织所有，那么具有集体经济组织成员资格的人都有权利享有该部分的分配份额。《中华人民共和国土地管理法》第九条规定，宅基地、自留地、自留山，属于农民集体所有。本案中，征地补偿款系自留山被征收的补偿款项，属于整个集体经济组织所有，"新生儿"作为集体经济组织成员的一分子，与其他成员享有同等的权益，没有理由排除其参与集体收益分配的资格。故无论承包地征地补偿费还是自留地征地补偿费都应由集体组织成员共同享有，不同点在于承包地中有承包人的专属权益（人员安置补偿费、地上附着物和青苗补偿费）。本案在审理过程中，石柱林社区蒋场组坚持认为曹某系二轮土地承包结束后出生，不应享有征地补偿费。该意见不具有法律基础。法律、行政法规保护二轮土地承包人的土地承包经营权，但并未排除之后新增人口作为集体经济组织成员的各项权益。曹某系二轮土地承包后、涉案土地征收前出生，具有集体经济组织成员资格，不存在丧失该资格的事由，石柱林社区蒋场组作出的分配方案认为其不属于二轮土地承包人，拒绝向其分配应属于集体经济组织所有的非承包人专属权益，损害其利益，相应内容应予撤销。

3. "新生儿"不能等同外嫁女。《中华人民共和国农村土地承包法》第三十一条规定，承包期内，妇女结婚，在新居住地未取得承包地的，发包方不得收回其原承包地。一般情况下，外嫁女户籍尚在原集体经济组织，即使户籍不在原集体经济组织，但土地承包经营权仍在原集体经济组织的，其原有的集体经济组织成员资格未丧失，应当参与原集体经济组织土地征用补偿费的分配，新居住地的集体经济组织因此在分配权益时即不对其进行分配。本案中，杜某成、陈某霞虽在征地前嫁入该村，但在原集体经济组织并未丧失土地承包经营权，其土地并未被收回，不具有石柱林社区蒋场组的成员资格，其要求撤销对其不予分配的决定，于法无据。但是，“新生儿”则不同，其出生即因原始取得而具有该集体经济组织成员资格，土地也是其赖以生存的基础，当然享有集体经济组织成员的相关权益。

土地系农民世代赖以繁衍生存的重要基础，也是农村集体经济组织最重要的生产资料，其作用在于养育生于斯、长于斯、依赖于斯的世世代代。前代人对集体经济组织的土地作出了贡献，后代人系前代人生命的延续，系新生生产力的一部分。集体经济组织在分配非专属于二轮土地承包人权益时，应依法依规保护“新生儿”合法权利。

编写人：江苏省南京市六合区人民法院　薛俊卫

8

农村集体经济组织成员资格的认定

——陈某洲诉新张村委会、新张村七组承包地征收补偿费用分配案

【案件基本信息】

1. 裁判书字号

湖南省益阳市中级人民法院（2020）湘09民终332号民事判决书

2. 案由：承包地征收补偿费用分配纠纷

3. 当事人

原告（上诉人）：陈某洲

被告（被上诉人）：新张村委会、新张村七组

【基本案情】

陈某洲系原新颜村第四组村民，以其父陈某生为户主共有承包责任田12亩。1989年陈某洲外出打工，其妻子带孩子搬迁至大洲村第九村民小组的娘家居住。

同年，经原新颜村村组同意，陈某洲以“户易户”的形式将自己在原新颜村的房屋出售给谈某南，同时将原承包的田土7.3亩交由谈某南耕种，另4.7亩寄予李某炳、李某东耕种。1993年4月19日，南县国土管理局对谈某南所居住房屋办理了《集体土地建设用地使用证》。同年5月30日，谈某南将其一家四口户籍迁入原新颜村四组。2001年，陈某洲将其一家三口户籍迁入大洲村，迁入后大洲村未给陈某洲分配田土。2015年，陈某洲另案起诉将其寄予李某炳、李某东耕种的4.7亩地全部收回。从2013年起，原新颜村部分土地因建设需要陆续被征收，2017年4月，原新颜村与张公塘村合并为新张村。2017年5月的最后一次征收，范围涉及陈某洲4.7亩承包面积。该村土地征收补偿款为每亩44500元，公益留存款提存20%，新张村委会和新张村七组经村民小组群众代表决议，决定按照组内每人80000元的标准享受征收补偿，其中含谈某南一家五口，对陈某洲及家人未发放征收补偿款，但按照其所承包田地面积4.7亩发放了青苗补偿款。陈某洲认为新张村委会及新张村七组应当给其分配征收补偿款，故起诉至法院。

【案件焦点】

1. 陈某洲是否具有新张村七组集体经济组织成员资格；2. 陈某洲是否应当参与分配土地征收补偿款。

【法院裁判要旨】

湖南省南县人民法院经审理认为：土地征收补偿费只能在本集体经济组织成员内进行分配，不具有集体经济组织成员资格的人，不能参与土地征收补偿费的分配。认定农村集体经济组织成员资格，应综合考量多种因素：1. 从户籍因素来看，2001年陈某洲将一家三口的户籍迁出原新颜村、迁入大洲村，已经获得大洲村村民资格，为大洲村集体经济组织的成员；2. 从是否形成固定的生产、生活条件来看，陈某洲购买了大洲村的地基，建筑了房屋，一家三口从1989年起居住在大洲村，已经在大洲村固定生产、生活多年；3. 从生活来源、生活保障方面来看，陈某洲1989年即外出务工，至2015年长达十余年的时间并未耕种原新颜村的土地，直至2015年才重新耕种原新颜村四组的4.7亩承包地，可见其并不完全以该4.7亩承包地为主要生活来源；4. 从是否履行义务、享有权利来看，陈某洲未提交证据证明其在迁出原新颜村四组后有履行原新颜村四组组民相关义务的行为，原新颜村四组向陈某洲发放青苗补偿费的行为，亦非对本集体经济组织成员的补偿行为。陈某洲自2001年迁出该村组起就不具备该村组集体组织成员资格，虽取得了4.7亩承包地，但在征收中，原新颜村、组已按照相关标准对其发放了青苗补偿费。故对陈某洲要求新张村委会、新张村七组给付集体土地征收分配款167320元的诉讼请求，不予支持。

湖南省南县人民法院依据《中华人民共和国民事诉讼法》第六十四条，《中华人民共和国土地管理法》第八条第二款、第十条、第四十七条第二款，《最高人民法院关于审理涉及农村土地承包纠纷案件适用法律问题的解释》第二十四条规定，判决：

驳回陈某洲的诉讼请求。

陈某洲不服一审判决，提起上诉。

湖南省益阳市中级人民法院经审理同意一审法院的裁判意见，依照《中华人民共和国民事诉讼法》第一百七十条第一款第一项规定，判决：

驳回上诉，维持原判。

【法官后语】

近年来，随着我国城镇化步伐的加快，农村土地被征用的情况逐年增加，因征地补偿款分配引发的纠纷亦逐年递增，已成为影响农村社会稳定的重要因素之一。因此，如何妥善处理好农村征地补偿款分配纠纷，对于保护村民合法权益、构建社会主义和谐社会有着十分重要的意义。

根据《中华人民共和国土地管理法实施条例》第二十六条第一款的规定，土地补偿款是对村集体经济组织丧失土地所有权的补偿，应该补偿给农村集体经济组织，村集体经济组织成员在承包期内对被征收的承包土地依法享有土地征收补偿款分配的权利。因此，享受征收补偿，必须要具有农村集体经济组织成员资格。农村集体经济组织成员，是具有承包经营权资格、集体土地征收补偿分配权资格等权益的前提，是司法实践相关纠纷案件解决的基础，故正确界定农村集体经济组织成员资格是解决好此类纠纷的必要前提。我国现行立法并未对农村集体经济组织成员资格的具体认定标准作出规定，欠缺系统、可操作的规范。若立法能进一步规范农民集体经济组织成员权制度，将给法院审判工作提供更为明确的指引，也能在保护农民合法权益上实现质的飞跃。

实践中，村委会、村小组作为农村集体经济组织的实际执行人通常以乡规民约及本地习俗来认定其成员资格。法院在认定农村集体经济组织成员资格时尚未形成统一的裁判标准，但一般可从以下多方面进行综合考虑：(1) 是否具有农村集体经济组织所在地的常住户口。以户籍标准作为基本的形式要件，一般应当认定集体经济组织户籍记载的人是该集体经济组织的成员；(2) 是否在农村集体经济组织所在地长期生产、生活，即审查当事人是否以本集体经济组织所在地为其实际生活和生产所在地。若仅有集体组织所在地户口，但并未在本地实际生产、生活，不需要以农村集体经济组织的土地为基本生活保障，则不应认定具有成员资格；(3) 当事人是否已形成固定的生产、生活条件，是否获得其他替代性基本生活保障。若已脱离原有集体组织，在外地获得了固定的具有可替代性的社会保障，则不再具有集体经济组织成员资格；(4) 是否仍履行本集体经济组织成员的其他义务，享有该集体经济组织成员才能享受的其他权利。除以上因素外，还应当从我国集体经济组织所具有的自然共同体特征出发，在尊重村民自治的情况下，结合当地民风民俗认定农村集体经济组织成员资格。

就本案而言，审理内容包括两个方面，一是成员资格认定，二是分配方案的合法性。其中，判定陈某洲是否具有新张村七组集体经济组织成员资格是本案审理的重点，相关的审理要点包括户籍、居住地、生活来源等。陈某洲于 2001 年将其一家三口户籍迁出原新颜村，不再具有新张村常住户口；同年，陈某洲将自己在原新颜村的房屋出售、土地流转，并在大洲村购买了地基，筑建了房屋，没有在新张村实际生产、生活；陈某洲通过诉讼的方式取回其自 1989 年开始交由他人耕种的 4.7 亩土地后，才开始重新耕种新张村的土地，其在 1989 年至 2015 年，并不以该 4.7 亩土地作为基本生活保障。关于新张村七组分配方案的合法性，该方案经新张村七组成员民主议定，并无违法情形，法院应当尊重村民自治。综合以上因素，认定陈某洲不具有新张村七组集体经济组织的成员资格，不享有请求分配征地补偿款的权利。

编写人：湖南省益阳市中级人民法院　陈海霞

9

以家庭承包方式取得土地承包经营权主体的认定

——陈某怀诉陈某林土地承包经营权案

【案件基本信息】

1. 裁判书字号

北京市延庆区人民法院（2019）京0119民初7656号民事判决书

2. 案由：土地承包经营权纠纷

3. 当事人

原告：陈某怀

被告：陈某林

【基本案情】

李某芬与陈某平于1993年结婚，二人先后于2009年、2017年去世，陈某怀（三级智力残疾）系李某芬的亲生儿子，陈某平的继子。

1998年1月9日，陈某平作为家庭成员代表承包了位于三里庄村的土地11.46亩，承包期限为30年。2008年9月2日，陈某平经与他人互换取得三十三亩（地名）地3亩并耕种。

2014年12月19日，陈某怀与陈某林（陈某平之弟）到三里庄村会计处，在陈某平家庭承包地的地亩账上备注将井良地2亩，三十三亩地3亩“转给陈某林”，二人在地亩账上签字捺印。后上述土地由陈某林耕种。

陈某怀诉至法院，要求确认其对井良地2亩、三十三亩地3亩享有承包经营权，并要求陈某林返还上述土地。三里庄村委会时任村会计称，陈某怀和陈某林来到村委会并在地亩账上签字捺印，不清楚是陈某平让陈某怀来办理的还是陈某怀自己要办理的，也不清楚“转给陈某林”是什么意思。陈某怀的姐姐陈某霞作为陈某怀的法定代理人亦表示对陈某怀在地亩账上签字捺印不知情。

另，陈某怀服兵役时将户口自陈某平家庭迁出，退役后，户口迁回三里庄村，但未与李某芬和陈某平户口迁入一户内，三人共同生活。陈某怀未与三里庄经合社签订土地承包合同。

【案件焦点】

1. 陈某林是否已经取得涉案土地的承包经营权；2. 陈某怀是否享有涉案土地的承包经营权。

【法院裁判要旨】

北京市延庆区人民法院经审理认为：农村土地承包采取农村集体经济组织内部的家庭承包方式，土地承包合同是我国农村集体经济组织内部普遍实行的家庭承包经营体制的具体表现形式，家庭承包的承包方是本集体经济组织的农户。承包人应得的承包收益，依照《中华人民共和国继承法》的规定继承；林地承包的承包人死亡，其继承人可以在承包期内继续承包。承包方之间为方便耕种或者各自需要，可以对属于同一集体经济组织土地的土地承包经营权进行互换，并向发包方备案。经发包方同意，承包方可以将全部或者部分土地承包经营权转让给本集体经济组织的其他农户，由该农户同发包方确立新的承包关系，原承包方与发包方在该土地上的承包关系即行终止。陈某平作为家庭成员的代表，与三里庄经合社签订了土地承包合同，其家庭取得了合同项下土地的承包经营权，各家庭成员对合同项下的土地享有相应的份额。陈某平签订土地承包合同时，陈某怀户口虽然未与陈某平、李某芬在一户内，但陈某怀与陈某平、李某芬一起生活，系家庭成员，且陈某怀亦未与三里庄经合社另行签订承包合同，故陈某平作为家庭成员的代表签订的土地承包合同项下的土地中有陈某怀的相应份额。陈某平经与他人互换取得了三十三亩地的承包经营权。陈某平和李某芬去世后，陈某平作为家庭成员代表签订的土地承包合同项下土地的承包经营权由陈某怀享有。2014 年 12 月 19 日，陈某怀虽然在地亩账中签字捺印，但因其系三级智力残疾，其法定代表人对此不知情，且“转给陈某林”的表述不明确，双方对此解释不一，不产生土地承包经营权发生转让的效力。现陈某怀要求确认其对诉争的陈某平的三十三亩地 3 亩、井良地 2 亩享有承包经营权，并要求陈某林返还上述土地的诉讼请求，合法正当，应予支持。

北京市延庆区人民法院依照《中华人民共和国农村土地承包法》第三条、第三十二条、第三十三条、第三十四条规定，判决：

一、陈某怀对位于三里庄村的三十三亩地3亩、井良地2亩享有承包经营权；

二、陈某林于本判决生效后七日内将三十三亩地3亩、井良地2亩返还陈某怀。

【法官后语】

一、陈某林是否取得涉案土地承包经营权

根据《中华人民共和国农村土地承包法》的规定，经发包方同意，承包方可以将全部或者部分土地承包经营权转让给本集体经济组织的其他农户，由农户同发包方确立新的承包关系，原承包方与发包方在该土地上的承包关系即行终止。据此，土地承包经营权有效转让的前提，一是承包方与受让方定有有效的转让合同，二是经发包方同意。本案中，在没有土地承包经营权转让合同的情况下，鉴于转让方陈某怀的智力状况，重点审查了陈某怀关于转让土地承包经营权的意思表示及其效力。首先，陈某林抗辩其已经取得涉案土地承包经营权的依据为其与陈某怀在村委会地亩账中书写的"转给陈某林"的字样，但是对于该表述的含义，双方有不同的理解。经与三里庄村委会财务会计核实，其表示不清楚双方的具体用意。故陈某林不能证明陈某怀有同意转让土地承包经营权的明确意思表示。其次，陈某怀系三级智力残疾，其法定代理人对陈某怀在地亩账上签字按手印不知情的情况下，陈某怀是否能理解其行为所产生的法律效力存疑。故陈某林不能证明陈某怀有同意转让土地承包经营权的真实意思表示。再次，因三里庄村委会表示不清楚陈某怀、陈某林双方的具体用意，陈某林也不能证明转让承包经营权已得到三里庄经合社的明确同意。最后，关于陈某林抗辩仅耕种了陈某平个人的土地，未侵犯陈某怀的土地承包经营权。家庭成员对承包地经营权属于共同共有，未发生法定情况不能进行分割。《中华人民共和国农村土地承包法》规定，家庭承包的承包方是本集体经济组织的农户，农户内家庭成员依法平等享有承包土地的各项权益。本案中，在陈某平、李某芬相继去世后，陈某平家庭成员仅剩陈某怀一人，不存在陈某平个人权利份额的问题。故陈某平代表家庭成员所签订的土地承包合同项下的所有土地的承包经营权都应归属于陈某怀。综上，不能认定陈某平家庭同意将土地承包权转让给陈某林。

二、陈某怀是否享有涉案土地承包经营权

审理该类土地承包经营权纠纷案件的基础是第二轮土地承包合同，首先，需要确定在二轮土地确权时承包户内的家庭成员。本案中，1993 年陈某平与李某芬结婚，陈某怀随其二人共同生活，故 1998 年陈某平作为家庭成员（李某芬、陈某怀）的代表签订土地承包合同，该户内享有土地承包经营权的人为陈某平、李某芬、陈某怀。因李某芬、陈某平已故，土地承包权应归属于陈某怀。其次，根据《中华人民共和国农村土地承包法》的规定，承包期内发包方不得收回承包地；《中华人民共和国兵役法》规定，义务兵和士官服现役期间，入伍前依法取得的农村土地承包经营权，应当保留。陈某怀因服兵役期间将户口自陈某平家庭迁出，退役后户口再次迁回三里庄村，虽然没有与陈某平、李某芬迁入一户内，但是三人一直共同生活，且陈某怀未在三里庄村另行取得承包土地，故陈某怀应继续享有陈某平为家庭成员的代表于 1998 年签订的土地承包合同项下的土地承包经营权。

编写人：北京市延庆区人民法院　杨玉华　高智新

10

农村集体经济组织成员资格的确定应综合考虑相应标准在整个农村社会层面所具有的合理价值

——刘某等诉箭竹潭组承包地征收补偿费用分配案

【案件基本信息】

1. 裁判书字号

湖南省高级人民法院（2019）湘民再 342 号民事判决书

2. 案由：承包地征收补偿费用分配纠纷

3. 当事人

原告（上诉人、再审被申请人）：刘某、曾某毛、刘哲某、刘芮某

被告（被上诉人、再审申请人）：箭竹潭组

【基本案情】

刘某系刘某华与钟某香之子，出生后户口登记在箭竹潭组。刘某华作为户主承包了箭竹潭组的土地。2004年5月6日，刘某与曾某毛登记结婚。因刘某在长沙市岳麓区已购房，2006年5月，刘某和曾某毛的户口迁至长沙市岳麓区，户口性质变更为非农业户口。同年12月19日，刘某与曾某毛生育刘哲某。2007年1月15日，刘某、曾某毛、刘哲某将户口迁回箭竹潭组处，户主为刘某，户口性质均为非农业户口，但未迁入刘某华为户主的家庭。2009年《湖南省农村土地承包经营权证登记簿》登记刘某华家庭土地承包经营权共有人为钟某香，箭竹潭组经营权证发放相关内容公示表中亦没有刘某家庭。

2013年11月27日，刘某与曾某毛生育刘芮某。2014年3月7日，刘芮某户口随父母登记在箭竹潭组处，户口性质为非农业户口。刘某家庭户主为刘某，均未在箭竹潭经常居住。刘某、曾某毛在外地工作，并缴纳了社会保险，刘某于2004年开始购买养老保险，至2012年断续缴纳共计57个月，2013~2016年每年均缴纳了12个月；曾某毛自2008年至2016年断续缴纳养老保险共计51个月。现刘某家庭的生活开销来源于刘某、曾某毛在外打工所得收入。2011年，箭竹潭组土地被征收，箭竹潭组分配给刘某家庭1人份额的征地补偿款。2015年8月11日，箭竹潭组被宁乡县经济技术开发区征地12亩，人均分配征地款10332元（含2015年征地树木费人均9134元和2010年社保费人均1198元）。此次分配，刘某分得2010年社保费1198元，曾某毛、刘哲某、刘芮某未参与分配。2016年7月6日，箭竹潭组再次被宁乡县经济开发区征地66.214亩，2016年11月10日人均分了70000元。此次分配，刘某、曾某毛、刘哲某、刘芮某均未参与分配。

【案件焦点】

1. 刘某、曾某毛、刘哲某、刘芮某是否具有箭竹潭组集体经济组织成员资格；2. 刘某、曾某毛、刘哲某、刘芮某的情形是否适用《长沙市人民政府关于进一步推进户籍制度的改革和实施意见》（以下简称《实施意见》）。

【法院裁判要旨】

湖南省宁乡市人民法院经审理认为：

关于刘某、曾某毛、刘哲某、刘芮某是否具有箭竹潭组集体经济组织成员资格，认定是否具有集体经济组织成员资格，应当从我国集体经济组织所具有的自然共同体特征出发，以成员权理论为基础，以是否依法登记所在地常住户口作为形式要件，以是否实际在本集体经济组织生产、生活为实质要件来综合判断。刘某、曾某毛、刘哲某、刘芮某的户籍虽登记在箭竹潭组，但其并未在该集体经济组织生产生活。具体阐述如下：其一，刘某虽出生在箭竹潭组，但其户口自 2006 年 5 月从箭竹潭组户主刘某华的家庭迁出至长沙市岳麓区转为非农业户口后，其间虽于 2007 年 1 月 15 日将户口迁回箭竹潭组并单独列户，妻子曾某毛、女儿刘哲某、女儿刘芮某随户主刘某登记在箭竹潭组，但其户口性质均为非农业家庭户口，且未承包箭竹潭组的集体土地，亦未在箭竹潭组经常居住；其二，刘某与曾某毛分别于 2004 年、2008 年开始缴纳社会保险，虽时间断续，但均已纳入城镇企业职工社会保障体系，刘某家庭的生活来源于刘某、曾某毛在外工作收入，不依赖箭竹潭组土地生活。因此刘某、曾某毛、刘哲某、刘芮某不具备箭竹潭组集体经济组织成员资格。

关于刘某、曾某毛、刘哲某、刘芮某的情形是否适用《实施意见》，2015 年 12 月 14 日颁发的《实施意见》指出，在全市实行城乡统一的居民户口登记制度后，农民进城镇落户的，与城镇居民同等享有社会福利，其原有的“三权”保留不变，而刘某在 2006 年即已由农转非，系在长沙市进一步推进户籍制度改革前，且其已加入城镇企业职工社会保障体系，故刘某、曾某毛、刘哲某、刘芮某的情形不适用《实施意见》。

综上，对刘某、曾某毛、刘哲某、刘芮某请求判令箭竹潭组支付征地补偿款 321328 元的诉讼请求不予支持。

湖南省宁乡市人民法院依照《中华人民共和国农村土地承包法》第十五条、第二十六条第三款，《中华人民共和国村民委员会组织法》第二十七条，《最高人民法院关于审理涉及农村土地承包纠纷案件适用法律问题的解释》第二十四条的规定，判决：

驳回刘某、曾某毛、刘哲某、刘芮某的诉讼请求。

刘某、曾某毛、刘哲某、刘芮某不服一审判决，提起上诉。

湖南省长沙市中级人民法院经审理认为：箭竹潭组于 2016 年 7 月被征地，同年 11 月人均分配 7 万元，此次分配的时间节点在《实施意见》颁发后，因该意见指出在全市实行城乡统一的居民户口登记制度后，农民进城镇落户的，与城镇居民同等享有社会福利，其原有的“三权”保留不变，故刘某、曾某毛、刘哲某、刘芮某应当享有该次征地补偿款分配权。

湖南省长沙市中级人民法院依据《中华人民共和国民事诉讼法》第一百七十条第一款第二项规定，判决：

撤销（2016）湘0124民初5994号民事判决，箭竹潭组支付刘某、曾某毛、刘哲某、刘芮某280000元。

箭竹潭组不服二审判决，申请再审。

湖南省高级人民法院再审认为：农村集体经济组织成员资格的确定应以是否形成较为固定的生产、生活和是否具有依法登记的集体经济组织所在地常住户口为基本判断标准，综合考虑相应标准在整个农村社会层面所具有的合理价值。刘某的户口虽已迁回，其家人也随刘某登记在箭竹潭组，但刘某未在该组承包土地，亦未在该组经常居住，与该组未形成较为固定的生产、生活关系，且刘某与曾某毛已纳入城镇企业职工社会保障体系，不依赖该组土地生活，故刘某、曾某毛、刘哲某、刘芮某不具备该组集体经济组织成员资格。《实施意见》于2015年颁布，而刘某于2006年就已将户口迁至长沙市岳麓区，故刘某不适用《实施意见》。

湖南省高级人民法院依照《中华人民共和国农村土地承包法》第十五条、第二十六条第三款，《中华人民共和国村民委员会组织法》第二十七条，《最高人民法院关于审理涉及农村土地承包纠纷案件适用法律问题的解释》第二十四条，《中华人民共和国民事诉讼法》第一百七十条第一款二项、第二百零七条规定，判决：

一、撤销湖南省长沙市中级人民法院（2017）湘01民终5549号民事判决；

二、维持湖南省宁乡县人民法院（2016）湘0124民初5994号民事判决。

【法官后语】

农村集体经济组织成员资格的确定是一个难题。从司法实践看，大量涉农纠纷之所以难处理，其根源在于农村集体经济组织成员资格的确定没有统一的、可操作的标准，导致各地法院的裁判标准不统一。因此，亟待确立一套可操作的成员资格判断标准来指导司法实践，以统一裁判思路。农村集体经济组织成员资格的确定不能仅以户籍作为参考标准，而应当从我国农村集体经济组织所具有的自然共同体特征出发，以成员权理论为依据，以是否具有依法登记的集体经济组织所在地常住户口为形式要件，以是否形成较为固定的生产、生活关系或者是否需要本集体经济组织农村土地为基本生活保障为实质要件。在具体个案中，参考上述标准判断是否具备成员资格时，还应综合考虑适用相应标准在整个农村社会层面所具有的合理价值，不能以某个极端的特例否定具有普遍合理性的处理思路，以免因个别人的利益冲突影响其他具有合法资格成员的整体利益。

本案中，刘某、曾某毛自2006年迁出箭竹潭组落户至城市转为非农业户口，几个月后又回迁原地，其家人也随刘某登记在箭竹潭组，形式上虽符合认定箭竹潭组成员资格的要件，但该二人未在箭竹潭组承包土地，亦未在箭竹潭组经常居住，偶尔回户籍地居住探亲，不能认定与箭竹潭组形成较为固定的生产、生活关系；同时该二人已纳入城镇企业职工社会保障体系，并不依赖农村土地作为基本生活保障，不符合认定箭竹潭组成员资格的实质要件。如将刘某等四人回箭竹潭组居住探亲视为与箭竹潭组形成较为固定的生产、生活关系，将刘某、曾某毛无正式单位，未连续缴纳社会保险视为其仍依赖农村土地为基本生活保障，将箭竹潭组曾分配部分征地补偿款给刘某即视为其已具备成员资格身份，则与农村社会层面所形成的普适性观点相悖。故应认定刘某等四人不具备箭竹潭组集体经济组织成员资格。

目前全国部分地方实行了户籍制度改革，取消了农业户口，在认定成员资格时既不能一概认定登记为非农业户口便丧失了成员资格，也不能简单认定登记为农业户口便自然享有农村集体经济组织成员资格，而应参考上述标准慎重认定资格的享有或丧失。

《实施意见》是在推进新型城镇化建设，推动城乡一体化发展，合理引导农业人口有序向城镇转移的大背景下出台的政策。其中对维护进城农民权益作出专门规定，实施一元化户口登记后，农民进城镇落户的，享受和城镇居民同样的社会福利，保留其原有“三权”（土地和山林承包经营权、宅基地使用权、集体收益分配权）不变。在司法实践中，应严格把握地方政策的出台背景及政策导向。上述《实施意见》于2015年颁布，本案涉及其是否具有溯及力的问题。应当认为其规定的政策只适用于在全市实行城乡统一的居民户口登记制度后，农民进城镇落户的情形，对在此意见颁布之前即已进城镇落户的农民不具有溯及力。需特别注意的是，不能以村组对征地款进行分配的时间节点为基准来确定是否适用相关新政，而应以农民进城镇落户的时间节点为基准。刘某于2006年就已将其户口迁至市区，故其集体经济组织成员资格的认定不适用上述实施意见。

编写人：湖南省宁乡市人民法院　李红波

11

农户取得土地承包经营权的依据系合法有效的承包合同

——晏某萍、晏某兰诉黄花场居委会、简某章农村土地承包合同案

【案件基本信息】

1. 裁判书字号

湖北省宜昌市中级人民法院（2019）鄂 05 民终 2352 号民事判决书

2. 案由：农村土地承包合同纠纷

3. 当事人

原告（上诉人）：晏某萍、晏某兰

被告（被上诉人）：黄花场居委会、简某章

【基本案情】

晏某萍之父晏某玉原系黄花场居委会的村民。1984 年 7 月，晏某玉经原宜昌县分乡区黄花乡人民政府、黄花场大队登记发证，承包了责任山，包括孙家坡（四至：东水沟、西走路、南田边大路、北走路）1 亩。1986 年，原黄花场大队根据上级政策，经召开大队、小队群众会议，决定统一将黄花场大队六小队 9 户的山林、土地收归集体开发，当时晏某玉承包的“孙家坡山林”经过村、组及晏某玉本人同意后一并收归集体统一开发。嗣后，大队号召村集体经济组织成员承包开发，当时晏某玉本人及本大队村民没有人报名承包。1987 年，简某章搬迁至黄花场村并将户口迁入该村、在该村登记建房定居。1988 年，黄花场大队实行对外招租承包等方式，简某章报名并以其他方式承包了“孙家坡”的土地。随后，简某章一直在承包的土地和黄桃基地上对黄桃树进行耕种管理，并按规定向黄花乡农经服务公司缴纳相关税费。后因上述经济林木管理不善，黄花场大队以家庭承包方式将简某章原承包的经济林地发包给简某章家庭。1998 年，农村土地进行二轮延包时，晏某玉“孙家坡”山林没有登记在晏某萍承包范围内。2008 年 10 月 14 日，宜昌市夷陵区

人民政府向简某章颁发了《农村土地承包经营权证》，宜昌市夷陵区林业局向简某章发放了《森林、林木、林地状况登记表》。2014 年，宜昌市夷陵区人民政府对简某章承包的土地再次进行确权。2015 年 2 月 28 日，黄花场居委会与简某章签订《农村土地承包合同》，该合同中所确认简某章承包的三宗地块“四至”并没有晏某萍所述“孙家坡”宗地“四至”。

晏某玉已去世，晏某萍系晏某玉唯一的女儿，晏某兰系晏某萍的女儿，二人均为黄花场社区居委会村民，在黄花场社区居委会承包有土地。

【案件焦点】

应当以什么标准判断土地承包经营权的归属。

【法院裁判要旨】

湖北省宜昌市夷陵区人民法院经审理认为：《中华人民共和国物权法》对土地承包经营权的变动采用了意思主义物权变动模式，农户取得土地承包经营权的途径是与发包方签订承包合同，而不是领取土地承包经营权证。晏某玉在 20 世纪 80 年代由原黄花场大队收回“孙家坡”宗地进行集体开发时，即以自己的事实行为与黄花场居委会解除了“孙家坡”宗地的承包合同。而简某章自 20 纪 80 年代至今，在其承包山经营耕种几十年，进行了大量的投入，并向有关部门缴纳了提成款等费用，现已取得“孙家坡”宗地土地承包经营权。由于晏某萍、晏某兰不能提供相关证据证实黄花场社区居委会与简某章签订的《农村土地承包合同》所确认简某章承包的三宗地块“四至”与晏某玉 1984 年土地承包经营权证上的“孙家坡”宗地“四至”一致，且简某章已取得了“孙家坡”林地林权证。故此，晏某萍、晏某兰的诉讼请求不能成立。

湖北省宜昌市夷陵区人民法院依照《中华人民共和国物权法》第一百二十七条，《中华人民共和国合同法》第十条、第九十一条，《中华人民共和国民事诉讼法》第六十四条、第一百四十二条，《最高人民法院关于适用〈中华人民共和国民事诉讼法〉的解释》第九十条第二款，《最高人民法院关于民事诉讼证据的若干规定》第二条规定，判决：

驳回晏某萍、晏某兰的诉讼请求。

晏某萍、晏某兰不服一审判决，提起上诉。

湖北省宜昌市中级人民法院经审理同意一审法院裁判意见，依照《中华人民共和国民事诉讼法》第一百七十条第一款第一项规定，判决：

驳回上诉，维持原判。

【法官后语】

本案涉及农村土地承包经营权的权属认定问题。我国实行农村土地承包经营制度至今已逾三十年，其间土地承包经营权往往历经多次流转。受历史原因和农民生产、生活现实需要影响，流转过程中存在手续不完备、程序未到位等问题，极易引发权属争议，而解决此类争议的实质，就是解决土地承包经营权取得的认定依据问题。

从我国现行法律规定来看，发包方与承包方之间依法成立的合法有效的承包合同，是承包方取得土地承包经营权的法律依据。《中华人民共和国民法典》第三百三十三条第一款明确规定："土地承包经营权自土地承包经营权合同生效时设立。"《中华人民共和国农村土地承包法》第二十三条亦规定："承包合同自成立之日起生效。承包方自承包合同生效时取得土地承包经营权。"可见，土地承包经营权作为物权取得登记要件主义的例外，实际上采取了意思主义物权变动模式，即土地承包经营权的设立，只需发包方和承包方达成意思表示上的一致。而《中华人民共和国民法典》第三百三十三条第二款"登记机构应当向土地承包经营权人发放土地承包经营权证、林权证等证书，并登记造册，确认土地承包经营权"和《中华人民共和国农村土地承包法》第二十四条"国家对耕地、林地和草地等实行统一登记，登记机构应当向承包方颁发土地承包经营权证或者林权证等证书，并登记造册，确认土地承包经营权"的规定，只是政府对承包方已经取得承包经营权的一种登记确认行为，并不是赋予承包经营权的行为。由此可见，判断土地承包经营权归属的标准，在于谁与发包方建立了有效的承包合同关系，而并非土地承包经营权证的持有。

然而，在我国20世纪80、90年代的农村实践中，承包方与发包方之间往往成立的是事实上的承包合同关系，或者以事实行为解除土地承包经营合同，并不具备现行法律所要求的程序性要件，如《中华人民共和国农村土地承包法》第三十条对承包方自愿交回承包地作出规定，要求"应当提前半年以书面形式通知发包方"。但实践中，农村土地的变动通常受当时历史政策的影响，而且村民在从事相关行为时也有惯常做法，如果以现在的法律规定来要求之前的行为，既违背了“法不溯及既往”的原则，也不符合当时的历史条件，故应认为只要该行为不违背当时相关法律法规的规定，就属有效法律行为。

具体到本案中，一、二审法院均精准把握承包合同是土地承包经营权取得依据的认定标准，并结合当时的土地政策，认为晏某兰以交回承包地的事实行为与黄花场居委会解除了诉争土地的承包合同，丧失了取得土地承包经营权的前提和基础，而简某章实际占有并使用经营该承包地、缴纳费用，履行了承包方的义务，其与黄花场居委会成立了事实上的承包合同关系，从而在双方均持有承包经营权证、林权证的情况下，认定诉争土地的承包经营权由简某章享有。

值得注意的是，土地承包经营权纠纷往往较为复杂，政策性强、敏感度高，处理此类案件，不仅要兼顾当时的历史背景、政策、法律以及农村居民生活交易习惯等多方面因素，更要着重审查争议双方提供的证据，并通过调证、勘验、走访的方式查清土地的种类、性质和现状等相关状况。

编写人：湖北省宜昌市夷陵区人民法院　李文哲

12

征地补偿费用分配纠纷中民事责任主体的确定

——刘某思诉宝塔七组、宝塔居委会承包地征收补偿费用分配案

【案件基本信息】

1. 裁判书字号

湖南省益阳市中级人民法院（2018）湘09民终892号民事判决书

2. 案由：承包地征收补偿费用分配纠纷

3. 当事人

原告（被上诉人）：刘某思

被告（上诉人）：宝塔七组、宝塔居委会

【基本案情】

刘某思系宝塔七组村民刘某云之女，在宝塔七组出生，1998年其父母离婚，随其叔祖母和外公生活，2006年回宝塔七组后在外务工，每年均回宝塔七组居住生活。2013年、2016年两次嫁往外地，但均无承包地，其户籍在刘某云家庭户中一直没有变迁，2017年12月5日单独登记刘某思为家庭户户主。南县城镇任公司从2013年开始陆续征收宝塔七组集体土地，其中刘某云家庭承包地在刘某云死亡后被征收，现该户无承包田土。2015年1月30日，宝塔七组对征收补偿款进行了预支分配，刘某云家庭户按人口数2人预支金额20000元，宝塔七组及宝塔居委会提出该20000元系针对刘某云的预支分配，没有刘某思的份额。2017年宝塔七组集体土地征收工作完成，对征收补偿款的分配，宝塔七组根据宝塔居委会给出的应分配补偿款数额，于2017年3月11日组织召开村民代表会，参会村民共14人，由宝塔居委会原主任殷某某进行监督，经讨论作出分配方案：1. 以最后一次承包人口为基数，征收期间家庭户有人员死亡，不减少该户分配人数，新增已婚妇女和出生人口的，予以增加，为最终分配人口；2. 为待结婚青年预留部分资金，三年内如增加人口的，按本次分配人平均金额总数的70%分配。宝塔七组根据上述方案制作了明细表提交宝塔居委会，考虑刘某云以前有田地，明细表载明刘某云家庭户分配人数1人，应分金额28500元。宝塔居委会对分配方案和明细表认可后向各家庭户发放了征地款，刘某思已领取刘某云家庭户分配款。征收补偿款发放完毕后，宝塔七组于2017年11月24日向宝塔居委会出具了领条，载明领取征地款4941338元。刘某思因上述分配方案及明细未对其进行分配，向法院提起诉讼。

【案件焦点】

1. 刘某思是否具有宝塔七组农村集体经济组织成员资格，应否得到征地补偿款；2. 宝塔居委会是否应当对诉争征地补偿款的支付承担连带清偿责任。

【法院裁判要旨】

湖南省南县人民法院经审理认为：法律赋予村民集体自治权，但须以现行法律规定框架为限。对农村集体经济组织成员资格的确认，应以依法取得农村集体经济组织所在地的户籍为基本原则，同时兼顾在该集体组织中生产、生活或者离开后又没有取得所在地最低生活保障的情形进行认定。刘某思在宝塔七组出生，户籍初始登记在其父刘某云家庭户中一直没有迁出，刘某云家庭户承包地在刘某云死亡后被征收，刘某思在嫁入地没有取得承包地，也没有在当地取得最低生活保障，故应认定其原始取得宝塔七组的集体经济组织成员资格宝塔居委会虽派人参加宝塔七组的村民代表会，对分配方案的议定进行监督，并对补偿款在认可宝塔七组提交的分配方案和明细后进行发放，但未公平、平等地保护集体经济组织成员的合法权益，应对上述应支付补偿款承担连带清偿责任。

湖南省南县人民法院依照《中华人民共和国物权法》第五十九条，《中华人民共和国妇女权益保障法》第三十三条，《最高人民法院关于审理涉及农村土地承包纠纷案件适用法律问题的解释》第二十四条规定，判决：

一、由宝塔七组于本判决生效后十日内给付刘某思征收补偿费28500元；

二、宝塔居委会对上述款项承担连带清偿责任。

宝塔七组、宝塔居委会不服一审判决，提起上诉。

湖南省益阳市中级人民法院经审理认为：根据《最高人民法院关于审理涉及农村土地承包纠纷案件适用法律问题的解释》第二十四条规定，宝塔湖七组作为农村集体经济组织，系涉案被征土地的所有权人，有权依照法律规定的民主议事程序决定在本集体经济组织内部分配已经收到的土地补偿款；宝塔居委会已举证证明宝塔七组已领取全部征地补偿款，宝塔七组对此也予以认可。因此，涉案征地补偿款分配和给付的义务主体是宝塔七组，而非宝塔居委会，并且该组织的监督行为并不构成共同侵权；原审判决认定宝塔居委会承担连带清偿责任依据不足。

湖南省益阳市中级人民法院依照《中华人民共和国妇女权益保障法》第三十三条。《中华人民共和国农村土地承包法》第三十条，《中华人民共和国民事诉讼法》第一百七十条第一款二项规定，判决：

一、维持湖南省南县人民法院（2017）湘0921民初1837号民事判决第一项；

二、撤销湖南省南县人民法院（2017）湘0921民初1837号民事判决第二项；

三、驳回宝塔七组的上诉请求。

【法官后语】

随着社会经济的发展和城镇化建设进程的加快，越来越多的农村土地被征收，承包地征收费用分配纠纷时有发生。本案中，刘某思具有宝塔七组集体经济组织成员资格，享有与其他成员同等的土地征收补偿款分配权。但刘某思以宝塔七组与宝塔居委会为共同被告起诉，要求宝塔七组、宝塔居委会承担连带责任，其诉求引发的争议，实质是对村民小组与村委会主体关系的理解不同。

在审判实务中，谁应是该类纠纷的责任承担主体，各地做法不一，出现了同案同法不同判的现象。有的以“村委会是征地补偿款分配方案的批准者”为由，判令村民小组、村委会承担分发征地补偿款的共同责任；有的以“以村委会未参与土地补偿款的分配及分配方案的制定”为由，驳回了对村委会的诉讼请求；也有的以“村委会对分配方案没有尽到监督、管理、指导之责”为由，判令村委会承担连带或者共同责任；还有的以“征地补偿款暂存于村委会”，判令付款责任由村委会承担。究其原因，是对基层自治组织与农村集体经济组织两个组织的权责混淆。

《中华人民共和国村民委员会组织法》第八条一方面规定了村委会管理本村属于村农民集体所有的土地和其他财产，另一方面也明确村委会应当尊重并支持集体经济组织依法独立进行经济活动的自主权。加之我国法律对农村集体经济组织的具体规定相对缺失，导致农村集体经济组织的地位不受市场认可，现实中，很多经济活动都是以基层自治组织的名义进行的。

《中华人民共和国村民委员会组织法》第二条规定：“村民委员会是村民自我管理、自我教育、自我服务的基层群众性自治组织……”《中华人民共和国土地管理法》第十一条规定：“农民集体所有的土地依法属于村农民集体所有的，由村集体经济组织或者村民委员会经营、管理；已经分别属于村内两个以上农村集体经济组织的农民集体所有的，由村内各该农村集体经济组织或者村民小组经营、管理；已经属于乡（镇）农民集体所有的，由乡（镇）农村集体经济组织经营、管理。”由此可见，一个自然村区域内只能有一个基层自治组织，它是农村公共事务的管理者；但可以有多个农村集体经济组织，它拥有农村集体资产，其目的是用集体资产实现收益，二者不应当是隶属关系。

《中华人民共和国土地管理法实施条例》第二十六条规定：“土地补偿费归农村集体经济组织所有。”《最高人民法院关于审理涉及农村土地承包纠纷案件适用法律问题的解释》第二十二条规定：“农村集体经济组织或者村民委员会、村民小组，可以依照法律规定的民主议定程序，决定在本集体经济组织内部分配已经收到的土地补偿费……”《中华人民共和国村民委员会组织法》第二十四条规定：“涉及村民利益的征地补偿费的使用、分配方案，经过村民会议讨论决定方可办理……”根据上述规定，村民小组对属于村内集体经济组织所有的土地及其征地补偿款享有独立的管理权，村民小组会议有独立的决定权，有权依照法律规定的民主议事程序决定在本集体经济组织内部分配已经收到的土地补偿款，故村委会对征地补偿款分配方案予以审批也没有法律依据。若分配方案制定主体和程序合法，内容未违反法律的强制性规定，对该自治权应予以尊重。

综上，此类案件的引发在于“分配”问题，确定承担责任主体的关键在于明确土地补偿款分配方案由谁确定。当事人对分配方案有异议，应以作出分配方案的农村集体经济组织为承担责任主体。因本案征地补偿款分配主体是宝塔七组，所以给付的义务主体也是宝塔七组，而非宝塔居委会。

此外，根据《中华人民共和国民法典》第一百七十八条第三款规定：“连带责任，由法律规定或者当事人约定。”因连带责任系从保障债权人利益的角度出发，加重了债务人责任，故除当事人自行约定外，我国法律对承担连带责任的情形有严格明确的规定，即基于合伙、代理行为、共同侵权、滥用法人独立地位等行为而产生。本案中，宝塔居委会对于宝塔七组的给付责任，既无承担连带责任的约定，又不符合法律规定应承担连带责任的具体情形，故宝塔居委会在本案中不承担连带责任。

编写人：湖南省南县人民法院　姚赛

13

未取得承包经营权的土地承包纠纷不属于人民法院受理范围

——黄某某、潘某某诉某集体经济组织土地承包案

【案件基本信息】

1. 裁判书字号

广西壮族自治区河池市中级人民法院（2019）桂12民终2082号民事裁定书

2. 案由：土地承包纠纷

3. 当事人

原告（上诉人）：黄某某、潘某某

被告（被上诉人）：某集体经济组织

【基本案情】

黄某某、潘某某系母子关系，均系某集体经济组织成员，诉争集体土地系生产承包责任制到户时，集体分配给黄某某、潘某某承包经营的，其中位于安阳镇一小后的0.33亩责任地及0.1亩自留地，于1993年与生产队其他农户的责任及自留地一并租赁给本生产队社员吴某某经营，经营期限至2018年1月，双方签订了《承包耕地合同书》，都安县公证处为该合同书出具《公证书》。位于那达的面积为0.78亩的承包地一直由黄某某、潘某某经营。在土地承包确权发证过程中，某集体经济组织以黄某某、潘某某户口已迁出为由，否定黄某某、潘某某对涉案土地享有承包经营权，黄某某、潘某某遂诉至法院。

【案件焦点】

本案是否属于人民法院受理民事案件的范围。

【法院裁判要旨】

广西壮族自治区都安瑶族自治县人民法院经审查认为：根据《中华人民共和国农村土地承包法》第十九条、第二十一条、第二十二条的规定，农村土地承包应当签订承包合同，确定承包地块名称、坐落、面积等。承包合同自成立之日起生效。承包方自承包合同生效时取得土地承包经营权。起诉人黄某某、潘某某因没有与某集体经济组织签订土地承包合同，属于集体经济组织成员未实际取得土地承包经营权的情况，现向法院起诉，根据《最高人民法院关于审理涉及农村土地承包纠纷案件适用法律问题的解释》第一条第二款的规定："集体经济组织成员未实际取得土地承包经营权提起民事诉讼的，人民法院应当告知其向有关行政主管部门申请解决。"根据《中华人民共和国土地管理法》第十六条第一款、第二款规定："土地所有权和使用权争议，由当事人协商解决；协商不成的，由人民政府处理。单位之间的争议，由县级以上人民政府处理；个人之间、个人与单位之间的争议，由乡级人民政府或者县级以上人民政府处理。"综上，本案不属于人民法院直接受案范围。

广西壮族自治区都安瑶族自治县人民法院依照《中华人民共和国民事诉讼法》第一百一十九条、第一百二十三条规定，裁定：

对黄某某、潘某某的起诉，法院不予受理。

黄某某、潘某某不服一审裁定，提起上诉。

广西壮族自治区河池市中级人民法院经审查同意一审法院裁判意见，依照《中华人民共和国民事诉讼法》第一百七十条第一款第一项、第一百七十一条规定，裁定：

驳回上诉，维持原裁定。

【法官后语】

本案是因村民将户口从集体经济组织迁出而引发的一起纠纷。黄某某、潘某某的户口迁出集体经济组织后，某集体经济组织拒绝与黄某某、潘某某签订承包合同，从而导致黄某某、潘某某无法得到政府核发的土地承包经营权证，引起本案诉讼。

人民法院审理民事案件的范围是平等主体之间的权利义务关系，根据《最高人民法院关于审理涉及农村土地承包纠纷案件适用法律问题的解释》第一条的规定，下列涉及农村土地承包民事纠纷，人民法院应当依法受理：（一）承包合同纠纷；（二）承包经营权侵权纠纷；（三）土地经营权侵权纠纷；（四）承包经营权互换、转让纠纷；（五）土地经营权流转纠纷；（六）承包地征收补偿费用分配纠纷；（七）承包经营权继承纠纷；（八）土地经营权继承纠纷。农村集体经济组织成员因未实际取得土地承包经营权提起民事诉讼的，人民法院应当告知其向有关行政主管部门申请解决。农村集体经济组织成员就用于分配的土地补偿费数额提起民事诉讼的，人民法院不予受理。

《中华人民共和国农村土地承包法》第十九条规定，集体经济组织成员享有“平等地行使承包土地的权利”，其取得承包权后，因承包合同而与发包方形成平等的民事主体关系。但是在未取得承包权前，就集体经济组织是否发包、如何发包，不具有民事纠纷的可诉性。集体经济组织成员关于取得土地承包经营权的要求应当向集体经济组织和相关行政机关提出，而不能作为民事诉讼提出。本案中，黄某某、潘某某作为原告主体不适格，主要理由如下：

第一，黄某某、潘某某户口已经迁出原集体经济组织，是否还属于该集体经济组织成员有待考查，在黄某某、潘某某是某集体经济组织成员的前提下才有资格承包本集体的土地。本案中，某集体经济组织否认黄某某、潘某某为该集体经济组织成员，这是矛盾纠纷的源头。故黄某某、潘某某能否在某集体经济组织取得土地承包经营权存疑。

第二，黄某某、潘某某没有和某集体经济组织签订涉案土地的土地承包合同，还没有获得涉案土地的承包经营权。此种情形属于《最高人民法院关于审理涉及农村土地承包纠纷案件适用法律问题的解释》中“集体经济组织成员因未实际取得土地承包经营权提起民事诉讼的”情形，法院应当告知其向有关行政主管部门申请解决。故本案不属于人民法院管辖的范围。

本案中，黄某某、潘某某与某集体经济组织对黄某某、潘某某是否实际取得土地承包经营权存在争议，其纠纷从根源上看是农村集体经济组织成员资格的认定，但黄某某、潘某某以土地承包纠纷为诉由，实质是想通过诉讼的方式要求土地确权，但是该诉求属于村民与集体经济组织内部关系，不属于人民法院管辖。

编写人：广西壮族自治区都安瑶族自治县人民法院　韦俏丰

14

农村集体经济组织与其成员之间因收益分配产生的纠纷是否属于法院民事案件受理范围

——廖某姣等诉第一村民小组侵害集体经济组织成员权益案

【案件基本信息】

1. 裁判书字号

广西壮族自治区柳州市中级人民法院（2019）桂02民再8号民事判决书

2. 案由：侵害集体经济组织成员权益纠纷

3. 当事人

原告（被上诉人、再审申请人）：廖某姣、黄某梅、朱某洋、朱柳某、朱可某

被告（上诉人、再审被申请人）：第一村民小组

【基本案情】

廖某姣是第一村民小组的村民。廖某娇户共有5人：廖某娇及其女儿黄某梅、女婿朱某洋、外孙女朱柳某和朱可某)。该户于1976年由柳州市柳北区长塘镇鹧鸪江村第七村民小组迁入第一村民小组，参加过生产队集体劳动，在实行家庭联产承包责任制后，有承包田地。2000年6月1日，该户取得《土地承包经营权证书》，登记人口5人、劳动力3人。

1986年2月1日，第一村民小组作出决议："关于生产队分配土地青苗费，经社员研究讨论（老社员）从1960年前参加分配，1960年以后迁来的，不能参加分配。"廖某姣户迁入第一村民小组后，未能参与该小组历年年终分配，遂多次要求相关部门给予处理。1997年12月19日，原柳州市郊区人民政府对鹧鸪村一组部分村民要求年终分配请示批复如下：同意你乡关于年终集体分配问题的处理意见，在实行家庭联产承包责任制之前迁到生产队，参加过生产队集体劳动，并有承包田地的，应当享受生产队、村集体的年终分配，年终集体分配应平等对待，一视同仁。2013年1月18日，第一村民小组作出决议：对集体年终分配问题，决定分配原则以1986年2月1日形成的分配决议为基础，生产队分配土地青苗费经队员研究讨论决定从1960年前参加分配并落户的村民可参加分配，1960年以后迁来的不参加分配。具体细则如下：一、在1960年前落户本队并有土地承包的村民享有分配权。二、1960年前落户村民户中子女，在1981年前出生的村民享有分配权，其中户口迁出的不享有分配权。三、1960年前落户的村民中，在1981年后过世的村民可继续享有分配权，其分配权由其子女继承。

第一村民小组分配款的来源为集体房屋出租的租金收益、集体经营市场收益等。第一村民小组1985年至2015年的分配款的具体分配方案为：1985年至2008年按人口分；2009年至2010年按户分；2011年至2015年按劳动力分。

再审过程中，廖某姣户变更诉讼请求中分配款金额为825855元，变更的事实与理由为：因2016年12月26日起诉后被法院裁定驳回，至广西壮族自治区高级人民法院于2018年4月28日作出（2018）桂民再130号民事裁定书，指令再审本案，其间第一村民小组又实际发放了2016年、2017年的分配款。廖某姣户经复核后，明确主张第一村民小组应支付1985年至2017年的分配款共计825855元。

【案件焦点】

1. 廖某姣户是否有权提起本案的起诉；2. 廖某姣户是否应当获得集体分红款，应获得的金额为多少；3. 廖某姣户主张2009年前的分红款是否已经超过诉讼时效。

【法院裁判要旨】

广西壮族自治区柳州市柳北区人民法院经审理认为：廖某姣户迁入第一村民小组后一直在该集体经济组织生产、生活，并有相应的户籍及土地承包经营权，具有第一村民小组集体经济组织成员资格，作为第一村民小组的集体经济组织的一员，应当与其他成员一样享有集体经济组织收益分配权。1986年2月1日，第一村民小组作出的决议是"关于生产队分配土地青苗费"，并不能反映包括所有的该集体经济组织全部收益，而第一村民小组用于分配的款项来源于集体房屋出租的租金收益、集体经营市场收益等。《中华人民共和国村民委员会组织法》第二十七条第二款规定："村民自治章程、村规民约以及村民会议或者村民代表会议的决定不得与宪法、法律、法规和国家的政策相抵触，不得有侵犯村民的人身权利、民主权利和合法财产权利的内容。"廖某姣户应当与其他经济组织成员一样享有集体经济组织收益分配权，第一村民小组从1985年至2015年不分配给廖某姣户相应的集体分配款，侵害了上述村民的合法财产权利，也有违公平原则。廖某姣户从1985年起至今，不间断地向长塘镇鹧鸪江村村民委员会、长塘镇人民政府等部门提出要求处理此事宜，其诉讼请求没有超过诉讼时效。为此，廖某姣户的诉讼请求，有事实及法律依据，予以支持。

《最高人民法院关于适用〈中华人民共和国民事诉讼法〉的解释》第四百零五条第一款规定："人民法院审理再审案件应当围绕再审请求进行。当事人的再审请求超出原审诉讼请求的，不予审理；符合另案诉讼条件的，告知当事人可以另行起诉。"对于廖某姣户再审期间申请增加的2016年、2017年的分配款数额，超出了原审诉讼请求，且法院经询问第一村民小组的意见，第一村民小组对此亦不同意一并处理。故对于超出原审诉讼请求的2016年、2017年的分配款的支付问题，本案不予审理。

结合廖某姣户的主张及第一村民小组1985年至2015年的实际分配方案，法院确认廖某姣户应得分配款数额为764485元。

广西壮族自治区柳州市柳北区人民法院依据《中华人民共和国民法通则》第四条、第一百一十七条，《中华人民共和国村民委员会组织法》第二十七条第二款，

《最高人民法院关于适用〈中华人民共和国民事诉讼法〉的解释》第四百零五条规定，判决：

第一村民小组停止对廖某姣、黄某梅、朱某洋、朱柳某、朱可某的集体经济组织成员权益的侵害，支付廖某姣、黄某梅、朱某洋、朱柳某、朱可某 1985 年至 2015 年分配款共计 764485 元。

第一村民小组不服一审判决，提起上诉。

广西壮族自治区柳州市中级人民法院经审理认为：关于廖某姣、黄某梅、朱某洋、朱柳某、朱可某是否有权提起本案的起诉。本案系因农村集体经济组织与其成员之间因收益分配产生的纠纷，属于平等民事主体之间的纠纷，且根据《最高人民法院关于适用〈中华人民共和国民事诉讼法〉的解释》第二百一十二条规定，本案符合驳回起诉再次起诉依法受理的情形，因此本案应由人民法院予以受理。

关于廖某姣、黄某梅、朱某洋、朱柳某、朱可某是否应当获得集体分红款，应获得的金额为多少。首先，廖某姣户落户第一村民小组已长达四十余年，其家人履行了集体经济组织成员应尽的义务，该户是享有土地承包经营权并承担农业义务的农民，因此具有本集体经济组织成员资格。而第一村民小组从 1985 年起集体分红的基金来源于集体房屋出租的租金收益、集体经营市场收益等。况且，其中 2010 年、2011 年每户的分红 600000 元资金更是直接来源于其间第一小组所获得的集体土地征收补偿费，而按《最高人民法院关于审理涉及农村土地承包纠纷案件适用法律问题的解释》第二十四条“……征地补偿安置方案确定时已经具有本集体经济组织成员资格的人，请求支付相应份额的，应予支持……”的相关规定，土地补偿费是对集体土地所有权丧失的补偿，归农村集体经济组织所有，其受益主体也应是集体经济组织内部的全体成员。基于上述分红的基金来源属性，并结合廖某姣户长期在第一村民小组生活以所在第一村民小组的土地为其基本生活来源、具有本集体经济组织成员资格的情况，不予分配其集体分红有违公平原则。

其次，《中华人民共和国村民委员会组织法》第二十七条第二款规定：“村民自治章程、村规民约以及村民会议或者村民代表会议的决定不得与宪法、法律、法规和国家的政策相抵触，不得有侵犯村民的人身权利、民主权利和合法财产权利的内容。”第二十七条第三款规定：“村民自治章程、村规民约以及村民会议或者村民代表会议的决定违反前款规定的，由乡、民族乡、镇的人民政府责令改正。”第一村民小组作出的对1960年以后迁来村民不参加分配的决议不符合村民委员会组织法及最高人民法院有关司法解释的相关规定，侵害了该集体部分村民的合法财产权利。1993年10月27日、1994年4月19日，第一村民小组部分村民均持续在向原柳州市郊区人民政府要求第一村民小组给予年终分配，1997年12月19日，原柳州市郊区人民政府关于鹧鸪村一组部分村民要求年终分配请示有明确批复。故此，第一村民小组所举证据不足以否定廖某姣户参加集体分红分配收益的权利，一审判决支持廖某姣户主张获得集体分红的诉讼请求符合法律规定，予以维持。

至于第一村民小组认为判决计算分配款时朱某洋、朱柳某、朱可某并未享有分配数额却在一审判决结论中获得支持分配明显错误的问题，根据一审判决书载明朱某洋、朱柳某、朱可某为廖某姣户成员，在计算分配表中已明确该户所具体应享有的分配数额，故第一村民小组的主张没有事实依据，不予支持。

关于廖某姣、黄某梅、朱某洋、朱柳某、朱可某主张2009年前的分红款是否已经超过诉讼时效。本案争议系基于集体经济组织成员身份利益请求权，并非基于债权请求权，而根据《最高人民法院关于审理民事案件适用诉讼时效制度若干问题的规定》第一条的规定，诉讼时效适用于债权请求权，故第一村民小组主张本案已超过诉讼时效，与法不符，不予采纳。

广西壮族自治区柳州市中级人民法院依照《中华人民共和国民事诉讼法》第一百七十条第一款第一项规定，判决：

驳回上诉，维持原判。

【法官后语】

本案是被广西壮族自治区高级人民法院（以下简称广西高院）裁定再审的案件。原审时，一、二审法院均以农村集体收益分配纠纷不是平等主体之间的民事纠纷，不属于人民法院受理民事诉讼案件的范围为由，裁定驳回起诉。在廖某姣户向广西高院申请再审后，广西高院经审查认为农村集体经济组织与其成员之间因收益分配产生的纠纷，属于平等民事主体之间的纠纷，符合《中华人民共和国民事诉讼法》第一百一十九条之规定，故撤销原驳回起诉裁定，指令原审法院再审本案。

原审之所以裁定驳回起诉，缘于当时人民法院对于此类纠纷是否属于人民法院受理民事诉讼的范围在认识上存在分歧。原一、二审法院认为，农村集体经济组织（村民小组）是基层群众自治组织，属于特别法人，依法取得法人资格。根据《中华人民共和国村民委员会组织法》相关规定，属于村民小组集体所有的土地、企业和其他财产的经营管理以及公益事项的办理，由村民小组会议依照有关法律的规定讨论决定，所作决定及实施情况应当及时向本村民小组的村民公布。村民小组基于收益分配作出的决议，其成员应予遵守，法院不应干涉，故此类纠纷是该村民小组内部收入分配问题引起的纠纷，不属于人民法院受理民事诉讼案件的范围。同时，考虑到村民小组所作的决议在实际执行之后，相应的分配款已按照该协议分配到户，若多年以后再由法院去改变该分配方式（增加了参与分配的人员基数），因已经实际分配到户的款项难以追回，无法强制执行。为此，当时对于此类纠纷的处理，一般采取裁定驳回起诉的方式。

2015年12月2日，广西高院出台了《关于审理承包地征收补偿费用分配纠纷案件若干问题的解答》，该解答中明确农村集体经济组织与其成员之间因收益分配产生的纠纷，属于平等民事主体之间的纠纷，符合《中华人民共和国民事诉讼法》第一百一十九条之规定，应当依法登记立案。其理由是，虽然属于村民小组集体所有的财产经营、管理事项的办理，由村民小组会议讨论决定，但村民会议决定不得有侵犯村民的人身权利、民主权利和合法财产权利的内容。集体收益款的分配原则上应当均等，不宜差别对待。村民小组是村民自治组织，不是政府机构，其进行管理、分配等活动不具有行政性。来源于农村集体所有的土地等资源的收益，依法属于全体村民，在法律没有特别规定的情况下，每个成员的权利是平等的，对该集体土地等的收益享有特定份额。村民小组分配集体收益的行为，是依法行使集体土地经营、管理权的具体体现，本身是一种民事行为。为此，农村集体收益分配权是一项财产性民事权利，对该民事权利的侵害是一种侵权行为，依法应当由侵害人承担民事责任。农村集体经济组织与其成员之间因收益分配产生的纠纷，属于平等民事主体之间的纠纷，应当作为民事案件处理。本案经过再审，依据该解答受理并支持了廖某姣户的诉讼请求。上述解答，对于司法实践中准确理解集体经济组织与其成员之间的关系性质、集体经济组织分配收益的性质以及促进集体经济组织成员权益的平等保护具有积极的指引作用。

编写人：广西壮族自治区柳州市柳北区人民法院　覃素红

15

承包方家庭成员变更为非农业户口不必然丧失土地承包经营权

——黄某民诉侯东仪村委会土地承包经营权案

【案件基本信息】

1. 裁判书字号

北京市通州区人民法院（2019）京0112民初19807号民事判决书

2. 案由：土地承包经营权纠纷

3. 当事人

原告：黄某民

被告：侯东仪村委会

第三人：黄某天

【基本案情】

侯东仪村根据村民代表大会进行确权确地，每人1.6亩地，均为耕地。确定各户后，村委会与户主签订合同书、发放土地收益证。承包期限均为2004年9月25日至2028年9月25日。合同书有三个版本，分别为：A确权确地、B确收益（无地）、C确收益（亏地）。黄某民属于B确收益（无地）情形。2004年确地确收益时，黄某民户包含黄某民、季某萍、黄某天三人的土地收益权。该版合同书显示黄某民同意将本户享有承包经营权的土地4.8亩流转给侯东仪村委会经营。土地流转收益为每年每亩70元，共计336元，一年兑现一次，于每年12月31日前兑现。后黄某天于2007年就读中专，应学校要求户口转为非农业户口。侯东仪村委会以此为由，在2007年与黄某民签订合同书时，将该户享有承包经营权的土地亩数由4.8亩变更为3.2亩。自2007年起，侯东仪村委会均按两人向黄某民发放土地收益款，未再发放黄某天的土地收益款，黄某民遂诉至法院。

【案件焦点】

承包方的家庭成员变更为非农业户口后，该家庭成员是否丧失土地承包经营权。

【法院裁判要旨】

北京市通州区人民法院经审理认为：根据《最高人民法院关于审理涉及农村土地承包纠纷案件适用法律问题的解释》第四条的规定："农户成员为多人的，由其代表人进行诉讼。农户代表人按照下列情形确定：（一）土地承包经营权证书上记载的人；（二）未依法登记取得土地承包经营权证等证书的，为在承包合同上签字的人；（三）前两项规定的人死亡、丧失民事行为能力或者因其他原因无法进行诉讼的，为农户成员推选的人。"黄某民作为土地承包经营权证书上记载的人，有权代表农户参与诉讼主张户里土地收益款。

黄某民与侯东仪村委会之间的农村土地承包合同关系，系双方当事人的真实意思表示，且不违反法律、行政法规的强制性规定，应属有效，双方当事人均应恪守履行。根据《中华人民共和国农村土地承包法》第二十八条第一款的规定："承包期内，发包方不得调整承包地。"承包地分配到农户家庭，确定范围和面积后一般不再调整和变动，如果该农户增加人口，并不相应增加承包地的面积，如果该农户出现减员，包括部分家庭成员丧失集体经济组织成员资格，也不予扣减相应的承包地面积。除非该农户家庭出现"绝户"，即死亡、迁出等原因导致户内无人再享有本集体经济组织成员资格，此时发包方可以依法收回承包地。侯东仪村委会于2014年9月25日通过确收益的方式将本村土地承包给黄某民及其户里其他两位成员，承包期限均为2004年9月25日至2028年9月25日。按照上述"增人不增地、减人不减地"的土地政策，即使黄某天后来变更为非农业户口，也不影响其土地权益。侯东仪村委会未按约支付土地收益款，已经构成违约，理应承担继续给付的责任。经核实，侯东仪村委会尚欠黄某民户2007年9月至2018年9月的土地收益款合计15696元，故对黄某民要求侯东仪村委会给付上述土地收益款的请求，予以支持。

北京市通州区人民法院依照《中华人民共和国合同法》第一百零七条、第一百零九条，《中华人民共和国农村土地承包法》第二十八条第一款，《最高人民法院关于审理涉及农村土地承包纠纷案件适用法律问题的解释》第四条规定，判决：

侯东仪村委会给付黄某民土地收益款15696元，于本判决生效之日起七日内付清。

【法官后语】

本案系数位侯东仪村村民同时向法院起诉侯东仪村委会土地承包经营权系列案件中的一例典型案例。据了解，该村类似黄某民家庭情况有上百件。现行起诉的数件案件的判决结果及执行情况，将对后续未诉村民以及后续侯东仪村委会的行为产生示范作用。所以，对上述案件的处理需要综合考虑现行法律法规、土地政策及实际情况，作出裁判。

首先，需要解决诉讼的主体的问题。如前所述，虽然本案系因承包方家庭成员变更为非农业户口而产生的纠纷，但该成员并不享有诉权。农民家庭是土地承包经营的法定主体，农村集体土地由集体经济组织内的农民家庭承包。家庭成员依法平等享有承包土地的各项权益，但是在产生诉讼时应由其代表人进行诉讼。具体到本案中则为土地承包经营权证书上记载的人即黄某民作为原告提起诉讼，黄某天作为第三人便于查清案件事实。

承包期内，发包方是否可以对土地承包经营权进行调整。现行法律明确规定，承包期内，发包方不得调整承包地。农户承包地要保持稳定，发包方及其他经济组织和个人不得违法调整。本案中，侯东仪村实行的确地、确收益也是土地承包经营权的实现方式，虽然黄某民没有实际分配到耕地，但是其应分配耕地是以土地收益款的形式体现的。侯东仪村委会对该村土地承包经营权作出的“三年一调整”的方案没有法律依据。

其次，承包方的家庭成员变更为非农业户口后，该家庭成员是否丧失土地承包经营权，该问题包含两种情形：其一，部分家庭成员变更为非农业户口；其二，全部家庭成员变更为非农业户口。本案属于第一种情形，应适用“增人不增地，减人不减地”的土地政策。即承包地分配到农户家庭，确定范围和面积后一般不再调整和变动，如果该农户增加人口，并不相应增加承包地的面积，如果该农户出现减员，包括部分家庭成员丧失集体经济组织成员资格，也不予扣减相应的承包地面积。第二种情形应根据《中华人民共和国农村土地承包法》第二十七条规定处理，该条规定，国家保护进城农户的土地承包经营权。承包期内，不得以退出土地承包经营权作为农户进城落户的条件；承包农户进城落户的，引导支持其按照自愿有偿原则依法在本集体经济组织内转让土地承包经营权或者将承包地交回发包方，也可以鼓励其流转土地经营权；承包方交回承包地或者发包方依法收回承包地时，承包方对其在承包地上投入而提高土地生产能力的，有权获得相应的补偿。据此可知，对于承包方转为非农业户口的，村集体可依法收回承包地。所以，本案中，即使黄某天为上学原因户口变更为非农业户口，也不影响其所在的农民家庭作为整体享有的土地承包经营权，其享有的承包土地的各项权益仍应得到保障。

本案作出裁判后，双方当事人均未提起上诉，侯东仪村委会在判决生效后主动履行了付款义务，承包方的土地承包经营权得到了有效保护。同时，侯东仪村在新一轮土地确权、土地收益证登记过程中，及时更正问题，防止类似情况发生。

党的十九大提出，保持土地承包关系稳定并长久不变，第二轮土地承包到期后再延长三十年。因此，涉及土地承包经营权案件审理的过程中，要充分保障农民土地承包权益，把农民土地权益维护好、实现好、发展好。

编写人：北京市通州区人民法院　张学君

16

享有土地承包经营权的进城农户具备土地征收补偿费分配主体资格

——杨某碧诉棉花湾村二组侵害集体经济组织成员权益案

【案件基本信息】

1. 裁判书字号

四川省乐至县人民法院（2019）川 2022 民初 701 号民事判决书

2. 案由：侵害集体经济组织成员权益纠纷

3. 当事人

原告：杨某碧

被告：棉花湾村二组

【基本案情】

杨某碧原户籍在棉花湾村二组。2000年10月，乐至县天池镇政府向杨某碧颁发土地承包经营权证书，证书载明：户主杨某碧，住址天池镇棉花村2社，家庭、承包人口4人。2007年，杨某碧将户籍从棉花湾村二组迁入城镇，但未退出承包土地，承包经营期间履行了相关义务。2012年，棉花湾村二组将部分土地租赁给乐至县国土资源局堆放泥土。棉花湾村二组于2015年至2017年对小组内有户有地村民三次分配土地租赁费共计2845元/人。2015年、2018年因土地被征收，棉花湾村二组对小组内有户有地村民先后分配收益款7300元/人、16000元/人。

【案件焦点】

1. 农村集体经济组织成员资格如何认定；2. 土地征收补偿款如何进行分配。

【法院裁判要旨】

四川省乐至县人民法院经审理认为：农民集体所有的土地依法属于本集体成员集体所有，集体所有土地因被征收所取得的补偿费用亦属于集体所有财产，属于本集体成员集体所有。本集体经济组织应当依照法定程序根据土地补偿费用的各项组成部分的不同性质，区别决定土地补偿费用的使用、分配办法。

杨某碧出生于棉花湾村二组，成为该村民小组集体经济组织成员。但2007年杨某碧将户籍迁入城镇，其集体经济组织成员资格已丧失，不应参与土地补偿费分配。

杨某碧在棉花湾村二组有承包土地经营权。棉花湾村二组将部分土地租赁给乐至县国土资源局使用，对土地承包经营权统一进行流转，有土地承包经营权者应分享其收益，故杨某碧有权分配土地租赁费2845元。杨某碧对棉花湾村二组因土地被征收所获得的土地补偿费用中安置补助费享有分配权。2015年、2018年棉花湾村二组向该集体经济组织成员分配土地补偿款7300元/人、16000元/人，未区分土地补偿费、安置补助费，结合乐至县土地统征办公室与其达成的土地补偿安置方案，土地补偿费与安置补偿费各占50%，杨某碧主张按50%比例分配收益款应予支持。

四川省乐至县人民法院依照《中华人民共和国土地管理法》第四十七条，《中华人民共和国农村土地承包法》第二十七条、第二十八条，《中华人民共和国物权法》第五十九条和《最高人民法院关于审理涉及农村土地承包纠纷案件适用法律问题的解释》第二十四条规定，判决：

一、棉花湾村二组在判决生效后十日内给付杨某碧土地补偿费 11650 元、土地租赁费 2845 元；

二、驳回杨某碧的其他诉讼请求。

【法官后语】

随着市场经济高速发展以及城镇化进程的快速推进，城郊农村集体土地被征收、征用的情况越来越多，涉及土地收益分配款等集体经济利益分配的纠纷案件不断增加，此类案件涉及集体经济组织成员资格认定、土地承包经营权审查等问题，因牵涉面广、案件事实时间跨度长，纠纷往往不易调和。

关于农村集体经济组织成员的资格认定，当前我国尚未就其标准制定全国性法律，全国人大也未针对该问题出台相关立法解释，各地法院在审判实践中对集体经济组织成员资格认定上存在差异。《全国民事审判工作会议纪要》（法办〔2011〕442 号）第十三条规定，在界定征地补偿费用分配等纠纷中所涉集体成员资格时，要在现行法律规定框架内，综合考虑当事人生产、生活状况、户口登记状况、农村土地对农民的基本生活保障功能等因素予以认定，并以其是否获得其他替代性基本生活保障为实质性要件，慎重、从严认定集体成员资格的丧失，最大限度地保护农民特别是妇女、儿童以及农民工等群体的合法权益。

《四川省人大常委会法制工作委员会关于如何确定农村集体经济组织成员问题请示的答复》（川人法工〔2002〕5 号）对集体经济组织成员作出解释，农村集体经济组织的成员，是指正住户口在被征用土地农村集体经济组织内，依法享有该农村集体经济组织成员应有的权利（如土地承包经营权、宅基地使用权、重大事项的决定权、集体经济组织财产权益分配权等），并依法履行该农村集体经济组织成员应尽的义务（如缴纳税金，承担村提留、乡统筹等费用和农村义务工、劳动积累工）的人员。因此，农村集体经济组织成员资格的认定，应按照在本集体经济组织的户口登记，并结合实际生产、生活状况、集体经济组织内享有成员权利、履行成员义务状况、承包土地为基本生活保障等情形予以确定。

因集体所有土地被征收所产生的补偿费用包括土地补偿费、安置补助费、地上附着物和青苗补偿费。土地补偿费是指因国家征收土地对土地所有者在土地上的投入和收益造成损失的补偿。土地补偿费的对象是土地所有权人。安置补助费是因国家征收农民集体土地后，为了解决以土地为主要生产资料并取得生活来源的农业人口因失去土地造成的生活困难而给予的补助费用，其对象应是失去土地承包经营权的农民。青苗补偿费及地上附着物补偿费是指征收土地时，对被征收土地上生长的农作物及各种地上建筑物、构筑物等造成的财产损失所给予的一次性经济补偿费，其对象是地上农作物、建筑物、构筑物的所有者。因此，集体经济组织应当根据补偿费各项组成部分的不同性质，区别决定土地补偿费用的使用、分配办法。

本案中，杨某碧户籍已迁出棉花湾村二组至城镇落户，其集体经济组织成员资格已丧失，不应参与分配土地补偿费。杨某碧虽进城落户，但未退出土地承包经营权，其对棉花湾村二组流转土地租赁费、征地安置补助费享有平等的分配权。

编写人：四川省乐至县人民法院　李阳

二、承包地征收补偿费用分配纠纷

17

集体经济组织分配资产原则应根据不同资产特性决定

——吴某忠户诉娄桥村经合社承包地征收补偿费用分配案

【案件基本信息】

1. 裁判书字号

浙江省温州市瓯海区人民法院（2019）浙 0304 民初 2840 号民事判决书

2. 案由：承包地征收补偿费用分配案

3. 当事人

原告：吴某忠户

被告：娄桥村经合社

【基本案情】

吴某忠户属娄桥村集体经济组织农户，于 1998 年 10 月 10 日承包娄桥村集体土地 6.935 亩。

在城市发展过程中，娄桥村的集体土地先后依据温州市人民政府 69 号令、101 号令、143 号令等文件数次被征收，其中吴某忠户承包经营的 6.935 亩土地依据 101 号令被征收。对数次土地征收中获得的征地补偿费，娄桥村集体按照“征收谁的承包地，相关补偿权益发放给谁”的原则进行了分配。依据 69 号令进行的土地征收，娄桥村获得每亩 70 平方米二产安置用地指标及 30 平方米三产安置用地指标，村集体按征收田亩数将三产安置用地指标先行分配给 69 号令征地户（按照 1.5

容积率换算成住宅用房安置指标为45平方米/亩），二产安置用地指标共计175.4041亩未予分配；依据101号令、143号令进行的土地征收，娄桥村获得每亩60平方米的住宅用房安置指标，村集体按征收田亩数分别将其中45平方米指标先行分配给101号令、143号令征地户，剩余每亩15平方米指标由村集体提留。

后因温州市城乡统筹综合改革和瓯海区四大功能区规划调整，瓯海区大部分村级二产建设项目暂停建设手续审批、已审批的停止建设，娄桥村的上述175.4041亩二产安置用地指标因此无法落实。娄桥村集体经民主议定程序，决定办理“退二进三”手续，并与温州市瓯海区人民政府娄桥街道办事处签订《娄桥街道娄桥村二产返回地指标置换三产指标（住宅）协议书》，按同时点等价置换的原则，将上述175.4041亩二产安置用地指标置换为建筑面积69026.78平方米三产指标（住宅），落实在中心区横屿单元F-04-1地块。

2017年5月25日，娄桥村集体经民主议定程序，决定与森马公司合作，将上述69026.78平方米三产指标（住宅）以托底价7160元/平方米整体挂牌出让，托底价所得款项由村经济合作社和农户按3:7享成。

2017年8月1日，娄桥村集体经民主议定程序，表决通过“二产置换三产指标分配方案”，决定上述69026.78平方米三产指标（住宅），由69号令农户按征地面积每亩享有28.7平方米，剩余部分村集体提留。

2017年9月28日，娄桥村集体经民主议定程序，表决通过“二产置换三产留地指标委托挂牌出让方案”。后经挂牌出让，娄桥村集体得出让金554071970元，除去支付给森马公司等溢价款5700万元外，收益为497071970元。娄桥村集体将部分收益（按每亩28.7平方米、每平方米7160元的标准）分配给了69号令征地户，并将部分款项予以提留。

2018年1月20日，娄桥村集体经民主议定程序，决定将村集体原提留的依据101号令、143号令征地获得的每亩15平方米住宅用房安置指标（折价）发放给相应征地户，即将每亩60平方米住宅用房安置指标均分配给101号令、143号令征地户。吴某忠户称其已取得每亩60平方米住宅用房安置指标或折价款。

2019年1月27日，娄桥村召开村民代表会议，表决通过“娄桥村资产量化之前一次性对69号令产生的经济效益进行分配方案”，决定将娄桥村原提留的“退二进三”余款约1.24亿元（包括二产租金）的70%由69号令征地户享有（约每亩

4.7 万元)，剩余30%由全村农户享有（约每亩1.4 万元)，农户田亩数按第二轮承包权证登记为准。分配方法：以分多次发放形式进行，首次将村里现有资金6000万元按田亩数先发放给69 号令各征地户（非全村农户)；三产二期店面成功出让后，进行两次全村发放完毕；如店面未成功出让，等村里累积到足够资金再进行二次发放，以此类推分配方案多次发放完毕。并规定此分配方案作为69 号令产生的全部经济效益的最终分配方案，如有与之前相关决策不符，以本次决议为准。

2017 年4 月8 日，娄桥村召开村民代表会议并形成一份会议记录，该会议记录没有记载相关表决情况及结果。

吴某忠户主张享有与69 号令征地户同等分配权并要求娄桥村集体给付相应款项。

【案件焦点】

1. 吴某忠户主张的权益性质是什么；2. 娄桥村集体经济组织有无就该权益分配作出相关决议。

【法院裁判要旨】

浙江省温州市瓯海区人民法院经审理认为：关于权益性质的问题，《娄桥村资产量化之前一次性对69 号令产生的经济效益进行分配方案》所针对的分配标的为“娄桥村原提留的退二进三余款资金”，根据征地政策（依据101 号令、143 号令征地没有二产安置用地指标补偿）及娄桥村就相关征收补偿权益的处置情况（各次征地的征地补偿费及三产指标均已分配给农户）可知，该笔约1.24 亿元提留款系娄桥村部分村民承包经营的集体土地依据69 号令被征收，政府返回给村集体的二产安置用地指标经办理“退二进三”手续并出让后的出让金收益（包括二产租金)。吴某忠户主张该笔款项来源于娄桥村依据69 号令、101 号令、143 号令被征收土地的征收补偿款，缺乏事实依据。《中华人民共和国土地管理法实施条例》第二十六条系对土地补偿费、安置补助费、青苗补偿费和地上附着物补偿费等征地补偿费的归属和使用所作的规定，《最高人民法院关于审理涉及农村土地承包纠纷案件适用法律问题的解释》第二十四条系对土地补偿费的分配所作的规定，案涉1.24 亿元提留款并非土地补偿费抑或其他征地补偿费，吴某忠户依上述法律规定主张权利，亦显属法律依据错误。

关于娄桥村经合社有无就该权益分配作出相关决议的问题，根据《中华人民共和国村民委员会组织法》第二十四条的规定，农村集体经济组织可以依照法律规定的民主议定程序，决定在本集体经济组织内部分配集体经济收益。娄桥村集体依据前述法律规定经村民代表会议表决通过《娄桥村资产量化之前一次性对 69 号令产生的经济效益进行分配方案》，议定程序合法；综观娄桥村就土地征收补偿权益的处置情况，其对原提留的依据 101 号令、143 号令征地所获得的住宅用房安置指标亦按照“征收谁的承包地，相关补偿权益发放给谁”的原则予以分配，不足以认定案涉分配方案的内容违反法律的强制性规定，对娄桥村全体村民应具有法律约束力。按照该分配方案，案涉 1.24 亿元提留款的 70% 由 69 号令征地户享有，剩余 30% 由全村农户享有，吴某忠户并非 69 号令征地户，其主张享有与 69 号令征地户同等分配权并要求娄桥村集体给付相应款项，依据不足，不予支持。此外，2017 年 4 月 8 日村民代表会议记录虽记载了二产置换三产地块公开出让后所得收益的分配方案，但并无证据证明此分配方案已经过民主议定程序表决通过，不能以此作为分配依据。

浙江省温州市瓯海区人民法院依照《中华人民共和国村民委员会组织法》第二十四条、第二十六条，《中华人民共和国民事诉讼法》第六十四条第一款，《最高人民法院关于适用〈中华人民共和国民事诉讼法〉的解释》第九十条规定，判决：

驳回吴某忠户的诉讼请求。

【法官后语】

我国赋予农村集体经济组织依照法律规定的民主议定程序，决定在本集体经济组织内部分配集体经济收益或土地补偿费等资产的权利。实践中，对于村集体作出的分配方案因不同成员间分配数额存在差别待遇引发的纠纷较多。该类纠纷的症结在于对相关资产分配权是应当采取均等分配，还是以权利义务一致为原则存在争议。笔者认为，适用哪个原则应区分不同资产，应根据资产特性来确定。

1. 征地补偿费中的土地补偿费。《中华人民共和国土地管理法实施条例》第二十六条第一款规定，土地补偿费归农村集体经济组织所有。土地补偿费实质上是集体土地所有权的补偿，集体土地是集体经济组织全体成员的基本生活保障，只要土地属于农村集体经济组织所有，就始终存在保障作为自然共同体的集体经济组织全体成员基本生活的功能。作为一种集体所有的自然资源，集体土地的形成与集体经济组织成员的个人劳动或者贡献没有关系，因此集体土地所有权的替代物价值（即土地补偿费的数额）大小与农村集体经济组织成员的个人劳动或者贡献亦没有关系。集体土地所有权的权利主体是农民集体，土地补偿费的受益主体也应是集体经济组织。只要具有该集体经济组织的成员资格，就应具有相应的分配权。按照成员权理论，就土地补偿费分配而言，每个集体经济组织成员的分配权应当是均等的。而不是以权利义务相一致为由对不同的人差别对待，这是成员权项下自益权平等性的必然要求。这种“平等性”的保障，也是对基本人权的维护。因此，关于土地补偿费，《最高人民法院关于审理涉及农村土地承包纠纷案件适用法律问题的解释》第二十四条规定，农村集体经济组织或者村民委员会、村民小组，可以依照法律规定的民主议定程序，决定在本集体经济组织内部分配已经收到的土地补偿费。征地补偿安置方案确定时已经具有本集体经济组织成员资格的人，请求支付相应份额的，应予支持。

2. 征地补偿费中的地上附着物补偿费和青苗补偿费等。《中华人民共和国土地管理法实施条例》第二十六条第一款规定，地上附着物补偿费和青苗补偿费归所有者所有。该规定明确了上述费用是对财产所有人财产损失的补偿。实际上地上附着物补偿费和青苗补偿费并非真正的村集体资产，而是附着物和青苗所有人的权益。但实践中由于相关费用往往被统一支付给作为发包方的农村集体经济组织，因此亦将其单独列出加以明确。

3. 征地补偿费中的安置补助费。《中华人民共和国土地管理法实施条例》第二十六条第二款规定，安置补助费必须专款专用，不得挪作他用。需要安置的人员由农村集体经济组织安置的，安置补助费支付给农村集体经济组织，由农村集体经济组织管理和使用；由其他单位安置的，安置补助费支付给安置单位；不需要统一安置的，安置补助费发放给被安置人员个人或者征得被安置人员同意后用于支付被安置人员的保险费用。上述规定的基本内容和考虑是，安置补助费的目的在于解决集体经济组织因土地被征收而产生的剩余劳动力的安置问题，具有强烈的人身性，因此安置补助费只能补助给失去土地的农村集体经济组织和农村集体经济组织成员，非农村集体经济组织成员不能成为安置补助费的给付对象。

4. 其他村集体经济所得收益，这里主要指的是经营性收益，如村办企业收入、出租集体财产租金收益等。法律并未明确该类资产的分配规则，因该类资产与土地承包权属、劳动贡献等因素相关，村集体经济组织可以结合实际情况在分配上实行一定差别待遇。以本案为例，案涉提留款1.24亿元来源于依据69号令被征地户的二产安置用地指标，后经办理“退二进三”手续并出让后的出让金收益。一般来说，安置用地指标系鼓励和支持被征用土地的农村集体经济组织和被征地承包户兴办企业，发展第二、第三产业，安排被征地承包户就业，即主要用于村集体壮大集体资产、安置被征地承包户，虽可统筹分配，但应着重保障被征地承包户。在村集体部分土地被征收，村集体未重新调整承包地的情况下，被征收土地的承包户未能重新取得承包土地，基于对被征承包户的保障，村集体依据“征收谁的承包地，权益归谁”的原则并适当予以统筹将权益予以分配是公平、合理的，符合该类收益与承包权属、贡献大小相关的特性。

最后，如果可以明确不同资产的分配原则，一定程度上也需要通过发挥法院的审判职能作用，对村集体经济组织在作出相关分配方案时起到指引作用，从源头上减少此类矛盾的产生，将有利于进一步健全自治、法治、德治相结合的乡村治理体系，推进基层依法治理，提升基层乡域治理现代化、法治化水平，推进诉源治理。

编写人：浙江省温州市瓯海区人民法院　陈伟克　陈绵绵

18

离异妇女具有参与集体土地征收补偿款分配的权利

——周某飞诉席桥居委会侵害集体经济组织成员权益案

【案件基本信息】

1. 裁判书字号

江苏省淮安市中级人民法院（2019）苏08民终522号民事裁定书

2. 案由：侵害集体经济组织成员权益纠纷

3. 当事人

原告（上诉人）：周某飞

被告（被上诉人）：席桥居委会

【基本案情】

周某飞系席桥村街心组村民，户籍地为席桥村街心组。2005 年 1 月 4 日，周某飞结婚，其婚后未在原籍居住，户籍未迁出。2016 年 10 月 10 日，周某飞离婚，后回到户籍地居住至今。1997 年 3 月，原席桥镇人民政府（现山阳街道办事处）对席桥村街心组部分集体土地进行征用并与席桥村街心组达成土地征用（实为征收）补偿协议，2007 年 1 月、2015 年 5 月，双方就土地征用协议签订补充协议。2015 年 9 月，席桥居委会街心组就土地征用补偿款如何分配进行民主讨论并公示，周某飞户代表亦参与该讨论并同意了分配方案，分配方案中规定“已婚出但户口未迁出人口不参与租金分配”。自 2016 年起，周某飞要求参与分配土地补偿款，席桥居委会街心组向全组村民征求意见，其中 30 户居民不同意，另有 24 户居民未表态，周某飞遂诉至法院。

【案件焦点】

1. 集体土地征收补偿款分配纠纷是否属于人民法院受案范围；2. 如何保护离异妇女在集体经济组织中的合法权益。

【法院裁判要旨】

江苏省淮安市淮安区人民法院经审理认为：席桥居委会街心组按照法定程序，民主协商决定本组居民如何分配征用土地补偿款，系席桥居委会街心组在其自治范围内行使村民自治权利的体现，周某飞要求席桥居委会支付集体经济收益的诉讼请求不属于人民法院民事诉讼受理范围。

江苏省淮安市淮安区人民法院依照《中华人民共和国民事诉讼法》第一百一十九条、第一百五十四条第一款第三项，《最高人民法院关于适用〈中华人民共和国民事诉讼法〉的解释》第二百零八条第三款规定，裁定：

驳回周某飞的起诉。

周某飞不服一审裁定，提起上诉。

江苏省淮安市中级人民法院经审理认为：集体经济组织成员间享有平等的集体经济组织收益分配权，农村集体经济组织与其成员之间因收益分配产生的纠纷，属于人民法院受案范围，人民法院应当予以受理，原审人民法院径行驳回起诉不当，应予纠正。

江苏省淮安市市中级人民法院依照《中华人民共和国民事诉讼法》第一百七十条第一款第二项、《最高人民法院关于适用〈中华人民共和国民事诉讼法〉的解释》第三百三十二条规定，裁定：

一、撤销江苏省淮安市淮安区人民法院（2018）苏0803民初5344号民事裁定；

二、本案指令江苏省淮安市淮安区人民法院审理。

【法官后语】

随着新农村建设和城市化进程的推进，农村征地补偿款分配纠纷案件越来越多，其中侵害妇女合法权益的现象屡见不鲜，本案即为一起典型的以“民主议定”为由，经“合法程序”通过的侵害妇女集体经济组织收益分配权的案例。本案需要从两个方面进行审查：

1. 集体土地被征收所得的土地补偿款分配纠纷是否属于人民法院受案范围。依照《中华人民共和国民法典》第二百四十三条第二款规定，征收集体所有的土地，应当依法及时足额支付土地补偿费、安置补助费以及农村村民住宅、其他地上附着物和青苗等的补偿费用，并安排被征地农民的社会保障费用，保障被征地农民的生活，维护被征地农民的合法权益。本案中，村集体土地被征收后，土地补偿费用已经交付至席桥村委会，由席桥村委会负责在本集体经济组织成员内发放。集体经济组织可以通过民主议定方式经法定程序决定如何分配土地补偿款，但该决定不得侵害集体经济组织成员尤其是妇女的收益分配权。席桥村委会虽然在程序上履行了民主协商等必要程序，尤其是周某飞户代表也同意了土地补偿款的分配方案，但程序合法的同时实体内容也必须合法，即土地补偿款分配方案的内容必须符合法律规定。涉案土地补偿款的分配方案规定，已经结婚但户籍未迁移的村民不参与分配补偿款，剥夺了不在原集体经济组织居住但户口未迁移的已婚妇女的集体经济组织成员的收益分配权。周某飞婚后户籍未迁出，在实际居住地亦未加入其他集体经济组织，离婚后回到户籍地居住，具备户籍地集体经济组织成员的身份，其需要通过集体经济组织来维持基本的生活，故依法应当享有相应的权益。集体经济组织的每个成员应当享有平等的集体经济组织收益分配权，农村集体经济组织与其成员之间因收益分配产生的纠纷，属于人民法院受案范围。

2. 保护离异妇女在集体经济组织中的合法权益的方式。当下部分农村地区已婚或离异妇女在村集体中合法权益被侵害的情况屡见不鲜，部分村民基于“嫁出去的女儿泼出去的水”等乡土观念，在土地承包、集体经济收益分配、征地补偿等权益方面将已婚或离异妇女排除在外，并且是经过“民主讨论”“少数服从多数”得出的决议，类似内容的决议，不仅严重违反法律、行政法规强制性规定，且侵害了村集体中已婚、离异妇女的合法权益，无法保障实际上依赖村集体经济收益的妇女的生活、发展利益。基于这些现实，人民法院应加大涉及土地承包、妇女权益保护等方面的法律宣传力度，适时参与到农村基层治理中去，提高基层组织依法、科学、合理地进行民主自治。

编写人：江苏省淮安市淮安区人民法院　陆伟

19

农村集体经济组织成员放弃村民待遇的承诺效力是否及于其未成年子女

——孔甲、孔乙诉某居民委员会承包地征收补偿费用分配案

【案件基本信息】

1. 裁判书字号

湖南省长沙市岳麓区人民法院（2018）湘0104民初9117号民事判决书

2. 案由：承包地征收补偿费用分配纠纷

3. 当事人

原告：孔甲、孔乙

被告：某居民委员会

【基本案情】

孔甲于2009年9月25日与某居民委员会村民刘某登记结婚。孔甲于2009年11月9日向某居民委员会出具《户口迁移协议书》，协议第二条约定，非农户口迁入不享受该村任何待遇（包括土地征收补偿费、集体生产生活利益分配和股份分红等）。孔甲的户籍随后于2011年迁至某居民委员会处。2012年11月，孔甲与刘某经法院判决离婚，孔甲于2013年12月2日与刘某分户，在某居民委员会处单独立户。2016年10月9日，孔乙由孔甲合法收养，其户口于同年10月13日迁入某居民委员会处。孔甲、孔乙现皆属农业户口。2018年1月19日，长沙市国土资源局岳麓区分局发布（2018）第107号征地补偿安置方案实施公告，内容涉及征收土地房屋及拆迁人口数量、征地补偿标准、征地补偿总费用等。2018年5月10日，某居民委员会经居民代表大会决议，将土地征收补偿费按2.5万元/人进行分配，随后依该分配方案造表分配了土地征收补偿费，但孔甲、孔乙未取得上述分配款。

【案件焦点】

孔甲放弃村民待遇的承诺效力是否及于受其监护的未成年子女。

【法院裁判要旨】

湖南省长沙市岳麓区人民法院经审理认为：孔甲作为完全民事行为能力人，其在《户口迁移协议书》上签名并捺印，系自行处分其民事权利的民事法律行为，且未侵害他人合法权益，孔甲应自行承担法律后果。孔甲在明确放弃村组集体经济利益分配权利后，要求参与分配，由某居民委员会向其支付土地征收补偿费的诉讼请求，缺乏事实和法律依据，不予支持。孔乙因合法收养落户某居民委员会，其户籍来源合法，且生活在某居民委员会处，虽尚未取得承包土地，但并不影响其享有与土地承包权相关的财产分配权利。孔乙的落户时间在涉案集体土地被征收之前，符合分配要求，某居民委员会没有证据证明孔乙已享受到外地的有关福利待遇，某居民委员会拒绝向孔乙分配土地征收补偿费，侵犯了孔乙的合法权益。孔乙请求某居民委员会向其支付与同组其他村民已取得征地补偿款同等数额的土地征收补偿费25000元，予以支持。孔甲、孔乙请求确认具有某居民委员会集体经济组织成员资格的诉讼请求，不属于法院民事案件受案范围，本案不作处理。孔甲、孔乙要求某居民委员会支付集体收益分红1500元和水电费补助费的诉讼请求，证据不足，不予支持。

湖南省长沙市岳麓区人民法院依照《中华人民共和国民法总则》第十八条、第一百一十九条、第一百二十条、第一百三十三条、第一百三十六条，《中华人民共和国农村土地承包法》第五条，《最高人民法院关于审理涉及农村土地承包纠纷案件适用法律问题的解释》第二十四条规定，判决：

一、某居民委员会在本判决生效之日起五日内支付孔乙土地征收补偿费25000元；

二、驳回孔甲、孔乙的其他诉讼请求。

【法官后语】

未成年人利益最大化是《儿童权利公约》的一项重要原则，我国作为该公约的加入国，在立法上和司法实践中越来越重视未成年人利益最大化原则的贯彻实施。根据《中华人民共和国未成年人保护法》第三条规定，未成年人享有生存权、发展权、受保护权、参与权等权利，国家根据未成年人身心发展特点给予特殊、优先保护，保障未成年人的合法权益不受侵犯。《中华人民共和国国民经济和社会发展第十三个五年规划纲要》也明确提出，强化对未成年人生存权、发展权、受保护权、参与权的依法保障和社会责任。《中华人民共和国民法典》进一步体现了未成年人利益最大化的原则，第三十五条规定，监护人应当按照最有利于被监护人的原则履行监护职责，监护人除为维护被监护人利益外，不得处分被监护人的财产。司法实践中，未成年人利益最大化的落实主要体现于家事审判中，是家事审判改革着力强调的重要内容之一。

对于未成年人利益的保护不仅体现在家事审判中，凡是涉及未成年人的司法活动，都应以未成年人利益最大化为裁量的首要原则。本案的典型意义在于通过“未成年人利益最大化”原则在司法实践中的运用，充分体现人民法院对未成年人权益的强有力保障。

本案当事人的争议焦点在于孔甲放弃村民待遇的承诺效力是否及于受其监护的未成年子女。目前，随着经济的快速发展，农村集体经济组织成员在国家土地征收、集体经营等方面获益越来越多，集体经济组织成员资格及权益也越来越受关注，因此，在农村人口的户籍迁移过程中，往往有当事人为了能获得拟迁入集体经济组织的准许，而选择向该集体经济组织承诺放弃相关权益，当该承诺涉及财产权益的争议时，法院一般会认为该承诺属于当事人对自身民事权益的让渡和处分，从而确认该承诺对于承诺人具有约束力，由其承担放弃民事权利的法律后果。

但是，在户籍迁移过程中，未成年子女往往需要随父母一同迁移，那么，其父母作为监护人作出的放弃迁入地集体经济组织成员权益的承诺是否及于该未成年子女，在审理此类案件时，法院应当对“未成年人”这一特殊群体的合法权益保护给予更高的关注。

本案中，孔乙落户于某居民委员会时仅一岁，虽尚未取得承包土地，但其作为农村集体经济组织成员所享有的相关权益属于其基本生存保障，对于未成年人获得国家给予失地农民的承包地征收补偿的权益，应当给予特殊保护，故本案从“未成年人利益最大化”原则出发，判决其监护人孔甲的承诺效力不及于受其监护的未成年子女孔乙，充分体现了司法对未成年人权益的有力保障。

综上，随父母户籍迁移而落户于农村集体经济组织的未成年人，其父母入户时的权利放弃承诺的效力不应当然及于该未成年人，因为此种承诺不是对未成年人利益的维护，不符合《中华人民共和国民法典》第三十五条关于监护人可以处分被监护人财产的目的要求，应当认定该未成年子女不因其父母的权利放弃而丧失对农村集体经济组织成员权益的享有。

编写人：湖南省长沙市岳麓区人民法院　刘群　孙昤

20

承包地征收补偿费用分配民事纠纷与行政协议纠纷的区分标准

——陈成某诉夏良经济联社、太和镇政府承包地征收补偿费用分配案

【案件基本信息】

1. 裁判书字号

广东省广州市中级人民法院（2019）粤01民终22037号民事裁定书

2. 案由：承包地征收补偿费用分配纠纷

3. 当事人

原告（上诉人）：陈成某

被告（被上诉人）：夏良经济联社、太和镇政府

【基本案情】

2017年9月，太和镇政府（甲方）、夏良经济联社（乙方）、陈成某（丙方）签订《广州铁路枢纽东北货车外绕线（太和段）地上附着物补偿协议书（编号：XL24）》，约定：甲方受白云区征地办公室委托，以《太和镇夏良村第十三经济合作社用地红线内建（构）筑物及附属物测量清点详查资料》作为征收补偿依据。三方根据“测量清点详查资料”填写《广州铁路枢纽东北货车外绕线工程项目太和镇夏良村征地红线范围内建（构）筑物拆迁补偿计价确认表》（以下简称《拆迁补偿计价确认表》），经各方签字确认后即为丙方补偿款。丙方收到补偿款后3天内与乙方自行清理完毕，并交给甲方作建设铁路及附属设施使用。因地块已由乙方实际转让给丙方有偿使用建设厂房，乙方及丙方对该厂房征拆补偿款归属存在争议，经三方协商，补偿款暂由甲方征拆补偿专用户保管，待乙方和丙方协商一致或经法

院生效法律文书明确补偿款归属后，由甲方支付给相应权属人。

2017年9月12日，太和镇夏良村民委员会出具《公示》：权属人陈成某位于东北货车外绕线项目红线范围内的地上建构筑物，面积5687.879平方米，建于2007年6月30日前。9月20日，《拆迁补偿计价确认表》详细记载了补偿的类别、数量、金额、补偿依据等，补偿总金额为24776749.4元，权属人陈成某、太和镇政府、白云区征地办公室等签名确认。9月21日，夏良经济联社、太和镇政府分别在《历史用房证明》上签名、盖章确认，经公示七天无异议。

另，夏良经济联社（甲方）与案外人廖某雅（乙方）于1993年签订《有偿使用土地建厂房合同》，约定：甲方有偿转让夏良村北太公路以南耕地八亩给乙方建厂使用，使用年限至2042年。土地使用期内，乙方对所建厂房及设施，有使用、改建、出租、转让等权利，合同期满后，土地及所有不动产业归甲方所有。同年6月，廖某雅出具《委托书》，委托陈成某代办与夏良经济联社洽购土地建厂事宜，夏良经济联社在《委托书》上签署“情况属实”并盖章。2018年12月30日，廖某雅（甲方）与陈成某（乙方）签订《确认书》，内容为：双方确认因考虑政策优惠，双方在1993年3月协商以甲方名义与夏良经济联社就涉案地块签订《有偿使用土地建厂房合同》，该地块的全部用地款、建设厂房的实际出资人是乙方。甲方确认该地块上的建筑物及厂区设施设备的所有权一直属于乙方所有，其不享有任何权益。

【案件焦点】

陈成某是否有权通过民事诉讼主张涉案地上建筑物的拆迁补偿款。

【法院裁判要旨】

广东省广州市白云区人民法院经审理认为：夏良经济联社认为该拆迁补偿款不能归属陈成某，主要事实依据是夏良经济联社与廖某雅签订的《有偿使用土地建厂房合同》，而根据陈成某提交的《确认书》，廖某雅已经明确表示是基于当时政策优惠等因素方以其名义与夏良经济联社签订《有偿使用土地建厂房合同》，用地款、建设厂房费用实际出资人均为陈成某，并确认涉案厂房归陈成某所有，其不享有任何权益，虽然夏良经济联社否认该《确认书》的真实性，但并未提交相反证据推翻，再结合陈成某提交的国家企业信用信息公示系统查询资料、《历史用房证明》《公示》等证据，进一步印证了涉案地上建筑物属陈成某所有，陈成某有权获得相关拆迁补偿款。鉴于《有偿使用土地建厂房合同》约定合同期限为50年且期满后土地及所有不动产业归夏良经济联社所有，意即如果合同正常履行届满后涉案地上建筑物的所有权应归夏良经济联社所有，现陈成某实际使用了近25年未至合同期限，夏良经济联社不能取得该建筑物的所有权，在此情形下，根据公平原则，可依照实际使用年限酌情确定拆迁补偿款的支付比例，即对于涉案地上建筑物及附属物拆迁补偿款24776749.4元应由陈成某、夏良经济联社各享有一半的份额，故太和镇政府应将其中的12388374.7元（已支付3000000元）支付给陈成某。

广东省广州市白云区人民法院依照《中华人民共和国土地管理法实施条例》第二十六条，《中华人民共和国物权法》第四十二条，《中华人民共和国民事诉讼法》第六十四条规定，判决：

一、于本判决生效之日起七日内，太和镇政府给付陈成某地上建筑物及附属物拆迁补偿款9388374.7元；

二、驳回陈成某的其他诉讼请求。

陈成某不服一审判决，提起上诉。

广东省广州市中级人民法院经审理认为：根据太和镇政府、夏良经济联社与陈成某于2017年9月签订的《广州铁路枢纽东北货车外绕线（太和段）地上附着物补偿协议书（编号：XL24）》约定，经各方签字确认《拆迁补偿计价确认表》后即为陈成某的补偿款，该补偿协议实为行政协议，即便夏良经济联社作为利害关系人参与了该协议某些内容的协商，也并未改变该协议的行政性质，协议当事人的地位没有改变。现陈成某请求按补偿协议发放补偿款，属于行政诉讼受案范围，其可依法提起行政诉讼。原审法院将本争议作为民事诉讼受理，不符合《中华人民共和国民事诉讼法》第一百一十九条第四项规定的条件，予以纠正。

广东省广州市中级人民法院依照《最高人民法院关于适用〈中华人民共和国民事诉讼法〉的解释》第三百三十条规定，裁定：

一、撤销广东省广州市白云区人民法院（2019）粤0111民初4939号民事判决；

二、驳回陈成某的起诉。

【法官后语】

近年来，随着经济的持续快速发展以及城市化进程的加快，土地征收补偿引发的问题不断凸显。农村集体土地征收涉及市或县级人民政府、具体征收部门和农村集体经济组织、集体经济组织成员、土地承包经营权人等行政、民事多重法律关系交叉。集体土地的征收一般需经历拟订征收方案、征求意见、公布意见、听证、风险评估、准备补偿费、征收决定、补偿被征收人等一系列过程，是否妥善保障被征收人和相关权利人的知情权、补偿权、救济权直接关系土地征收的顺利实现。在集体土地征收案件中，补偿问题牵涉被征收人切身利益。根据《中华人民共和国民法典》第二百四十三条第二款的规定，集体土地征收补偿费用包括三个部分：土地补偿费、安置补助费、地上附着物和青苗补偿费。由政府、村集体经济组织和集体经济组织成员构成的集体土地征收三级关系中，因征收补偿费用问题产生争议的，应当具体审查法律关系的内容及属性。

本案针对的是地上附着物补偿费争议属于民事还是行政诉讼受理范围的问题。

首先，对补偿协议书法律关系性质的审查判断。涉案补偿协议书符合行政协议的四个要素，一是主体要素，协议一方当事人为行政机关，即太和镇政府在协议中享有行政优益权（即为实现公共利益需要，行政机关享有对协议履行的监督权、指挥权、单方变更权和解除权）；二是目的要素，即必须为了实现行政管理或公共服务目标，涉案协议是为建设广州铁路枢纽东北货车外绕线而协商签订；三是内容要素，协议内容具有行政法上的权利义务内容，太和镇政府需向权利人支付补偿费用；四是意思要素，协议经双方当事人协商一致。本案双方当事人的法律地位不完全平等，涉案协议并非平等主体之间的民事合同，应为行政协议。

其次，地上附着物权利主体作为原告诉讼资格的审查。根据《中华人民共和国土地管理法实施条例》第二十六条第一款规定，土地补偿费归农村集体经济组织所有，地上附着物及青苗补偿费归地上附着物及青苗的所有者所有。陈成某作为涉案地块上建设厂房的实际投资人和实际经营者，同时与夏良经济联社、太和镇政府签订了地上附着物补偿协议书，故其与涉案土地征收具有利害关系，陈成某提出地上附着物补偿费用的分配请求应认定诉讼主体适格。因此，陈成某就争议另行提起行政诉讼不存在障碍。

最后，近年来，因征地补偿款归属问题引发的纠纷逐渐增多，特别是涉及承包地被征收的。虽然《中华人民共和国民法典》第三百三十八条以及《最高人民法院关于审理涉及农村土地承包纠纷案件适用法律问题的解释》第二十二条中均有明确规定，承包地被征收的，土地承包经营权人有权获得相应补偿，承包方请求发包方给付已经收到的地上附着物和青苗的补偿费的，应予支持。但是，在实践中，镇政府为了避免地上附着物和青苗的补偿款发放错误，即使明知相关款项应支付给承包方，亦不愿意主动发放，而是以所谓的提存方式保管在政府账户，并会建议发包方与承包方通过民事诉讼的方式确定补偿款归属。然而，需要注意的是，上述提及的法律规定，其所涵盖的内容是发包方未支付和未全额支付其已经收到的地上附着物和青苗补偿费的情形，承包方要求发包方给付地上附着物和青苗补偿费的前提是发包方必须已经收到相关的费用，因为作为发包方的农村集体经济组织，其支付义务不是基于土地征收而发生，只有在收到国家给付的相关补偿费用的前提下，其才具有将补偿费用给付有关承包方的义务。故，在镇政府未将补偿款发放的情形下(无论发放给发包方还是承包方)，发包方和承包方之间因补偿款产生的争议都不应通过民事诉讼的方式解决。与此同时，2020 年 1 月 1 日起施行的《最高人民法院关于审理行政协议案件若干问题的规定》第五条明确规定，下列与行政协议有利害关系的公民、法人或者其他组织提起行政诉讼的，人民法院应当依法受理：认为征收征用补偿协议损害其合法权益的被征收征用土地、房屋等不动产的用益物权人、公房承租人；其他认为行政协议的订立、履行、变更、终止等行为损害其合法权益的公民、法人或者其他组织。本案中，太和镇政府、夏良经济联社与陈成某已经签署了补偿协议，确认地上附着物补偿款归属陈成某，若太和镇政府怠于履行发放职责，陈成某可以太和镇政府在行政协议履行过程中的行为损害其合法权益为由提起行政诉讼；若夏良经济联社认为补偿协议有损其合法权益，亦可提起行政诉讼。镇政府在处理青苗补偿款归属问题时，要求发包方与承包方通过民事诉讼确定青苗补偿款归属后再行发放，虽然表面上看可以最大化地避免补偿款错误发放，但却有怠于履行职责之嫌，不仅增加了当事人的诉累，亦会导致个人与村集体经济组织、镇政府之间矛盾激化。

笔者认为，镇政府的社会地位有其特殊性，肩负着党和国家政策的贯彻、城镇经济发展的重任，同人民群众关系密切，故镇政府应积极履行行政职责，严格依法行政，给予公民、法人和其他组织正确的指引，切实保护公民、法人和其他组织的合法权益，以更好地达到维护社会稳定、构建和谐社会的目的。

编写人：广东省广州市白云区人民法院　周蕾　林嘉丽

21

农村集体土地被征收后土地补偿费归属的认定和分配原则的适用

——耿某春诉锡腊村委会承包土地征收补偿费用分配案

【案件基本信息】

1. 裁判书字号

山东省淄博市中级人民法院（2019）鲁03民终12号民事判决书

2. 案由：承包土地征收补偿费用分配纠纷

3. 当事人

原告（上诉人）：耿某春

被告（被上诉人）：锡腊村委会

【基本案情】

2000年，锡腊村委会将8.9亩砖厂、4.29亩晾坯场共计13.2亩土地以公开协商的方式承包给耿某春，期限为30年（2000年12月～2030年12月1日），年租金为700元，合同约定在承包期内若遇到国家政策变化，该合同自行终止。2017年3月，淄博市临淄区北齐路北延征用耿某春承包地4.36亩，因土地被征收按双方合同第七条的约定，耿某春应交回承包土地4.36亩，按政策规定征用土地每亩补偿56000元，共计获得土地补偿费244160元。耿某春要求锡腊村委会支付其土地补偿款及安置补助费229510.4元未果，遂诉至法院。

【案件焦点】

耿某春主张土地补偿款及安置补助费有无事实和法律依据。

【法院裁判要旨】

山东省淄博市临淄区人民法院经审理认为：耿某春与锡腊村委会通过公开协商方式承包土地，与农村土地家庭承包性质截然不同。家庭承包土地具有生产资料性质，是农民赖以生存的基础。而耿某春承包的土地具有生产经营性质，具有营利性质，享有承包经营权。无论是前者还是后者，土地所有权都归集体经济组织所有，《中华人民共和国土地管理法》第四十七条第二款规定，“征收耕地的补偿费用包括土地补偿费、安置补助费以及地上附着物和青苗的补偿费”，被征土地地上附属物补偿、安置补助对象是针对失地农民，同时《中华人民共和国土地管理法实施条例》第二十六条第一款规定，“土地补偿费归农村集体经济组织所有”，《中华人民共和国村民委员会组织法》第二十四条规定，村集体有权以村民会议或村民代表会议的形式决定征地补偿费用的使用。锡腊村委会按照《山东省土地征收管理办法》第二十二条的规定，对不需调整家庭承包土地的占地户，按80%的比例将土地征地补偿安置费支付给土地承包户（占地户），符合法律规定，耿某春承包的土地并非家庭农村承包土地，被征用时已享有获得地上附属物、青苗补偿的权利，其要求锡腊村委会支付土地补偿费和安置费229510.4元的诉讼请求，无法律依据，不予支持。

山东省淄博市临淄区人民法院依照《中华人民共和国土地管理法实施条例》第二十六条第一款，《山东省土地征收管理办法》第二十二条，《中华人民共和国农村土地承包法》第十五条、第十六条、第四十五条，《中华人民共和国民事诉讼法》第六十四条第一款规定，判决：

驳回耿某春的诉讼请求。

耿某春不服一审判决，提起上诉。

山东省淄博市中级人民法院经审理认为：以家庭承包方式承包的土地是农民赖以生存的生产资料，是农村集体经济组织成员每个人都必须享有的土地权益，俗称为“口粮地”；而对于不宜采取家庭承包方式的荒山、荒沟、荒丘、荒滩等农村土地，村民可根据自己的意愿选择与村集体经济组织的管理人即村民委员会签订土地承包合同，获得土地承包收益，同时向村民委员会交纳承包费，而承包费的享有人系村集体经济组织全体成员。以采取招标、拍卖、公开协商等方式承包与以家庭承包方式取得的土地使用权性质不同。耿某春作为锡腊村村民以家庭承包方式在本村已经享有3.99亩的“口粮地”使用权，涉案土地是耿某春以公开协商、交纳承包费的方式从锡腊村委会承包的砖厂和晾坯场，砖厂和晾坯场归锡腊村全体村民所有，根据《中华人民共和国土地管理法实施条例》第二十六条第一款“土地补偿费归农村集体经济组织所有”的规定，砖厂和晾坯场被征用的土地补偿费归锡腊村集体经济组织所有。耿某春依据对砖厂和晾坯场土地承包合同主张该土地补偿费归其所有的诉讼请求，于法无据，亦损害村集体经济组织其他成员的利益，不予支持。

山东省淄博市中级人民法院依照《中华人民共和国民事诉讼法》第一百七十条第一款第一项规定，判决：

驳回上诉，维持原判。

【法官后语】

土地补偿费是在建设需要的前提下，由国家向农民集体（一般为村集体）征用其所有的土地时，用地单位依法向被征地单位所支付的款项。其实质应为国家对农民集体在土地上的投入和收益造成损失的补偿。被征用土地的补偿费属于专用款项，依法应由被征地单位进行统一掌握，主要用于发展农业生产及其他涉农事项。本案争议因土地补偿费引发。耿某春主张其协商承包的砖厂和晾坯场土地被征收后，锡腊村委会应按家庭承包地被征收的土地补偿费发放标准向其支付承包土地补偿费。对此问题予以正确处理，需要对征地补偿中的土地补偿费的归属和分配问题进行准确理解和把握。

从征地和补偿的法律依据上来看，《中华人民共和国宪法》第十条第三款规定：“国家为了公共利益的需要，可以依照法律规定对土地实行征收或者征用并给予补偿。”《中华人民共和国民法典》第一百一十七条规定：“为了公共利益的需要，依照法律规定的权限和程序征收、征用不动产或者动产的，应当给予公平、合理的补偿。”第二百四十三条第一款规定：“为了公共利益的需要，依照法律规定的权限和程序可以征收集体所有的土地和组织、个人的房屋及其他不动产。”《中华人民共和国土地管理法》第二条第四款规定：“国家为了公共利益的需要，可以依法对土地实行征收或者征用并给予补偿。”由上述法律规定可见，农村集体经济组织虽然对于土地具有合法权利，但需要服从于国家公共利益的需要。因为基本建设等公共利益需求，国家有权征收农村集体所有的土地，同时要给予农村集体合理的补偿，即农村集体有权因其土地被征收而取得合理的补偿。关于补偿费用的归属和分配，主要是依据《中华人民共和国土地管理法》第四十八条第二款、《中华人民共和国土地管理法实施条例》第二十六条等规定进行。其中非常明确的是，土地补偿费归农村集体经济组织所有，地上附着物及青苗补偿费归地上附着物及青苗的所有者所有。这也贯彻了补偿费用归所有人所有的基本原则。具言之，土地补偿费系对被征收土地的补偿，其依法应当归原土地所有权人即农村集体；地上附着物及青苗补偿费系对被征收土地的地上附着物及青苗的补偿，其依法应当归地上附着物及青苗的所有人即具体承包土地进行经营的农户所有。

从理论上讲，土地补偿费是对农村集体土地所有权丧失的补偿，依法应当归农村集体经济组织所有，其受益主体自然应当是集体经济组织内部的所有成员。集体经济组织成员因土地补偿费而受益，除了将土地补偿费用于本集体经济组织的公益项目以外，最直接的方式莫过于将土地补偿费分配给集体成员。即集体成员可以基于其成员身份通过分配来取得土地补偿费。不过集体成员通过这种分配来具体取得土地补偿费是有一定条件的，即农民集体所有的土地全部被征收或者征收土地后没有条件调整承包土地。之所以如此，是因为国家实行农村土地承包经营制度，农村土地承包采取农村集体经济组织内部的家庭承包方式，农民以家庭承包方式承包的土地是农民赖以生存的生产资料，是农村集体经济组织成员人人享有的土地权益。如果村集体土地被部分征收，农民的“口粮地”应予以调整以保证其土地权益，无法调整的自然应有权通过分配得到土地补偿费来实现其对原承包土地的土地权益；如果村集体土地被全部征收，则农民的“口粮地”已无法通过调整来实现，只有通过分配得到土地补偿费来实现其对原承包土地的土地权益。也就是说，集体土地在被征用后，集体土地的所有权已归于消灭，该土地上的承包经营权也随之消灭，农民的“口粮地”不复存在。虽然集体成员作为承包经营权人会依据法律规定取得地上附着物和青苗的补偿，但这些都属于承包人的实际损失所理应获得的补偿。既然土地承包经营权的灭失直接影响到承包人今后的生活保障与经济收入，因此土地补偿费在分配上应当主要用于对失去“口粮地”的农民的补偿。对此，《中华人民共和国土地管理法》及其实施条例并未有更具体的规定，而是由各地根据情况自行规定。如《山东省土地征收管理办法》第二十二条第一款就明确规定：“农民集体所有的土地全部被征收或者征收土地后没有条件调整承包土地的，土地征收补偿安置费的80%支付给土地承包户，主要用于被征收土地农民的社会保障、生产生活安置，其余的20%支付给被征收土地的农村集体经济组织，用于兴办公益事业或者进行公共设施、基础设施建设。”当然，上述土地补偿费的使用和分配需要村集体履行一定的程序来进行。对此《中华人民共和国村民委员会组织法》第二十四条明确规定：“涉及村民利益的下列事项，经村民会议讨论决定方可办理……（七）征地补偿费的使用、分配方案……”《最高人民法院关于审理涉及农村土地承包纠纷案件适用法律问题的解释》第二十二条亦规定：“农村集体经济组织或者村民委员会、村民小组，可以依照法律规定的民主议定程序，决定在本集体经济组织内部分配已经收到的土地补偿费……”

本案中，耿某春作为村民已经以家庭承包方式在本村享有“口粮地”使用权，其与锡腊村委会以公开协商方式承包涉案砖厂和晾坯场土地，其性质并非系“口粮地”。因砖厂和晾坯场土地被征收的土地补偿费归锡腊村集体经济组织所有，耿某春无权参与分配。故对其要求锡腊村委会向其支付砖厂和晾坯场的土地补偿费的诉讼请求，依法不予支持。

编写人：山东省淄博市中级人民法院　荣明潇　杨富元　朱倩茹

22

不服青苗费及地上附着物补偿费分配方案可依法请求人民法院撤销

——林某惠诉付家村一组承包地征收补偿费用分配案

【案件基本信息】

1. 裁判书字号

四川省自贡市沿滩区人民法院（2019）川0311民初第2069号民事判决书

2. 案由：承包地征收补偿费用分配纠纷

3. 当事人

原告：林某惠

被告：付家村一组

【基本案情】

林某惠及其丈夫邓某刚属于付家村一组集体经济组织成员，其子邓某强户籍已迁出付家村，不属于该集体经济组织成员，其母李某英已去世。林某惠家庭现承包耕地面积为4.8亩（人均1.2亩）。

2019年6月21日，汇东板仓街道办事处与付家村一组签订《产业结构调整土地流转协议》，付家村一组将集体土地518.8599亩流转给汇东板仓街道办事处，协议约定“土地流转期从2019年6月24日至土地征收为止，在协议期间如该宗地被征收土地流转协议自行终止。土地流转范围的青苗、附着物及构筑物一次性清点，登记造册。按《自贡市人民政府第69号令》的规定进行补偿”。协议签订后，付家村一组收到汇东板仓街道办事处支付的青苗和土地附着物补偿款4949923.45元。该补偿款系对付家村一组土地面积内的青苗及地上附着物的总体补偿，没有对付家村一组各承包户应得金额进行区分。2019年6月19日，付家村一组按照民主议定程序，召开集体经济组织成员户代表大会，讨论青苗、附着物补偿费分配方案，绝大多数户代表签字同意按照现有集体经济组织成员219人平均分配补偿款，仅5户代表认为应当按照付家村一组承包地170份平均分配，每户家庭根据承包土地的份数（包括已经死亡的人口，只要土地没有被收回）分得补偿费。邓某刚参会，签字同意按照土地份数分配。付家村一组三分之二以上成员通过按照现有集体经济组织成员人数平均分配的方案后，对收到的补偿款4949400元进行了分配和公示，人均分得青苗和地上附着物补偿费22600元，剩余补偿款523.45元转入集体账户，留作集体资金。林某惠领取其和邓某刚的补偿款45200元。林某惠不服分配方案，认为应按照其家庭承包土地份数（包括儿子邓某强一份和已故母亲李某英一份）分配补偿款116468元，故诉至法院。

【案件焦点】

林某惠请求撤销付家村一组民村小组会议决定的分配方案是否符合法律规定，能否得到法律支持。

【法院裁判要旨】

四川省自贡市沿滩区人民法院经审理认为：本案是因土地流转产生的青苗、地上附着物补偿费分配纠纷，但从本案土地流转协议签订主体以及补偿的青苗费、地上附着物补偿费可以看出，土地流转实为征地前的准备，其纠纷的性质与承包地征收补偿费用分配纠纷一致。

根据《中华人民共和国土地管理法实施条例》第二十六条第一款的规定："土地补偿费归农村集体经济组织所有；地上附着物及青苗补偿费归地上附着物及青苗的所有者所有。"付家村一组将土地承包给林某惠后，地上附着物及青苗补偿费应归林某惠家庭所有。付家村一组抗辩该方案是经过村民小组大会民主讨论形成的，是大多数村民小组成员的意见，但青苗补偿费及地上附着物补偿费不属于集体经济组织的集体财产，不同于土地补偿费，村民小组大会无权处置青苗补偿费及地上附着物补偿费，故法院对付家村一组的抗辩主张不予采纳。根据《中华人民共和国物权法》第六十三条第二款"集体经济组织、村民委员会或者其负责人作出的决定侵害集体成员合法权益的，受侵害的集体成员可以请求人民法院予以撤销"的规定，付家村一组以村民小组大会的方式讨论形成并实际执行分配方案，该决定损害了土地承包户对青苗和地上附着物补偿费的合法权益，故林某惠请求撤销付家村一组执行的青苗及地上附着物补偿费分配方案于法有据，应予支持。

四川省自贡市沿滩区人民法院依照《中华人民共和国土地管理法实施条例》第二十六条第一款，《中华人民共和国物权法》第六十三条第二款规定，判决：

撤销付家村一组关于青苗和地上附着物补偿费的分配方案决定。

【法官后语】

随着城镇化进程的加速发展，征占农村土地引发的矛盾纠纷越来越多。在诉至法院的此类案件中，多数案件争议焦点集中在集体经济组织成员资格认定以及如何分配土地补偿款等问题上。本案的特殊性在于，双方争议的焦点为"由集体经济组织讨论通过的青苗和地上附着物补偿费分配方案是否合法"，涉及哪些主体享有参与分配权利的问题，与村民身份和经济利益息息相关。

从《中华人民共和国土地管理法实施条例》第二十六条第一款"土地补偿费归农村集体经济组织所有；地上附着物及青苗补偿费归地上附着物及青苗的所有者所有"的规定可以看出，土地补偿费、地上附着物及青苗费在法律性质和补偿对象上有所区别。土地补偿费是对农村集体土地征收的补偿，其补偿对象是农村集体经济组织，青苗及地上附着物补偿费是对农村土地进行征收时，对被征收土地上生长的农作物及各种地上建筑物、构筑物等造成的财产损失所给予的经济补偿，补偿对象是青苗及地上附着物的所有者。对地上附着物及青苗费的补偿，更侧重于对实际财产所有权人损失的补偿。因此，村组在确定补偿分配原则时，应将二者进行区分，要注重对青苗实际种植者利益的保护，不能将青苗及地上附着物补偿费作为集体经济组织的集体财产，由村组集体讨论决定分配，更不应按照集体经济组织总土地面积平均分配或者按照集体经济组织成员人数平均分配。

本案中，付家村一组就是根据现有集体经济组织成员人数对地上附着物补偿费进行了平均分配。在这样的分配原则下，集体经济组织成员资格的认定又成为参与分配的资格和前提，进一步加剧了分配的难度，更容易导致矛盾纠纷。付家村一组关于青苗和地上附着物补偿费分配方案不合法的原因，主要是村组集体对青苗、地上附着物补偿费以及土地补偿费的界限认识不清晰，将青苗、地上附着物补偿费与土地补偿费的概念和性质混同，从而直接由村组集体按照土地补偿费分配原则进行处理，损害了有关村民的合法权益。

《中华人民共和国民法典》第二百六十五条第二款沿袭了《中华人民共和国物权法》第六十三条第二款的规定，明确：农村集体经济组织、村民委员会或者其负责人作出的决定侵害集体成员合法权益的，受侵害的集体成员可以请求人民法院予以撤销。村组通过会议形成的分配方案属于决定，直接影响集体经济组织成员权益。同时，由于青苗费、地上附着物补偿费不属于集体资产，不应进行分配。因此，该分配方案违反法律规定，侵害了林某惠的合法权益，其要求撤销分配方案的请求应予支持。

通过本案可以看出，目前，有些地方关于农村土地征收补偿的分配存在操作不规范的问题。一方面，征收主体在划拨相关补偿费时，没有严格将青苗费、地上附着物补偿费等费用与土地补偿费进行区分，未将青苗费、地上附着物补偿费直接划拨到农民的账户，而是将所有费用打包统一支付给村组，由村组集体自行分配，从而导致村组作出错误的分配决定，侵犯相关村民的合法权益。另一方面，由于分配决定系村民委员会或者村民代表会议讨论决定的，多数村民在合法权益受到侵害后，考虑到各方面因素，往往被迫接受，少有通过法律途径要求撤销集体决定的情况。本案厘清了青苗费与地上附着物补偿费的法律性质和补偿对象，保护了相关村民的合法权益，其示范作用有利于推进我国农村社会的法治进步。

编写人：四川省自贡市沿滩区人民法院　李培林

23

私自开荒土地征收补偿费用的分配

——王某林诉丁山村委会承包地征收补偿费用分配案

【案件基本信息】

1. 裁判书字号

安徽省淮南市八公山区人民法院（2019）皖 0405 民初 1057 号民事判决书

2. 案由：承包地征收补偿费用分配纠纷

3. 当事人

原告：王某林

被告：丁山村委会

【基本案情】

王某林系丁山村村民，2013 年因建安置房，王某林开荒地被征用。2018 年 3 月，该地地面附着物补偿款 59798.7 元发放到丁山村委会，因其他村民对该补偿款有争议，丁山村委会将该补偿款扣留，至今未发放给王某林，王某林遂起诉至法院。

【案件焦点】

私自开荒的荒山土地被征收时，开荒人是否有权享有开荒土地地面附着物补偿款。

【法院裁判要旨】

安徽省淮南市八公山区人民法院经审理认为：当事人对自己的主张有责任举证加以证明。王某林向法院提交的丁山安置房征地补偿明细表（发放表）、丁山村委会出具的证明，证明王某林在集体荒山种植果树 4.5999 亩，按照补偿标准，王某林个人地面附着物和青苗损失补偿款为 59798.7 元，根据法律规定，该补偿款应当由实际种植者即王某林获得。该补偿款现已发放至丁山村委会，故对王某林的诉请，予以支持。

安徽省淮南市八公山区人民法院根据《中华人民共和国土地管理法》第三十八条、第四十七条,《中华人民共和国民事诉讼法》第一百四十二条规定，判决：

丁山村委会于本判决生效之日起十五日内支付王某林地面附着物和青苗损失补偿款 59798.7 元。

【法官后语】

我国农村地区存在丰富的未利用的土地，即四荒地，包括荒山、荒沟、荒丘、荒滩等，属于自然资源中的宝贵财富。我国法律规定，农村的四荒地属于农村集体经济组织所有，既可以采取家庭联产承包的方式进行承包，也可以通过招标、拍卖、公开协商等方式进行承包；既可以承包给本集体经济组织成员，也可以承包给本集体经济组织以外的人；既可以直接通过招标、拍卖、公开协商等方式实行承包经营，也可以将土地经营权折股分给本集体经济组织成员后，再实行承包经营或者股份合作经营。通过这些法定方式进行承包的四荒地，国家根据其土地承包关系进行土地确权。实际生活中，部分村民未经批准，自行开发四荒地，其土地利用行为因缺乏法律依据而不能被确权，在四荒地被征收进行征地补偿分配时，对于私自开荒人的权益保护应根据补偿费的性质区分处理。

《中华人民共和国土地管理法》第四十八条规定：“征收土地应当给予公平、合理的补偿，保障被征地农民原有生活水平不降低、长远生计有保障。征收土地应当依法及时足额支付土地补偿费、安置补助费以及农村村民住宅、其他地上附着物和青苗等的补偿费用，并安排被征地农民的社会保障费用……”土地补偿费归集体经济组织所有，地上附着物补和青苗补偿费归其所有者所有，安置补助费支付给安置单位或发放给被安置人员。据此，私自开荒人因对四荒地不享有物权，四荒地也不是其生存和发展的基本保障，故其不能取得土地补偿费和安置补助费。但是私自开荒人在四荒地上有一定的劳动和资金投入，四荒地上的附着物和青苗是其劳动所得，其作为所有者，四荒地征收补偿中的地上附着物和青苗补偿费应当归私自开荒者所有。这既符合土地征收补偿分配中的权利义务相一致原则，也符合国家鼓励对四荒地进行合理有效利用开发的土地政策。

案例中，王某林私自开荒的荒山，在 20 世纪 90 年代以前，一直是丁山村委会集体企业采石场的场地，后该采石场因政策原因关停，场地一直处于闲置状态，2000年，王某林对该场地进行了平整，种植果树。该开发行为没有经过丁山村委会同意，村委会也没有通过招标、拍卖、公开协商等方式与王某林建立土地承包关系，所以王某林属于私自开荒行为。但是，王某林对该荒山平整进行了投入，该荒山上的果树为王某林种植、管理、收获，故该荒山土地被征收时，地面附着物和青苗的损失补偿款应当归王某林个人所有。

我国现行法律不认可私自开荒者对于其开荒土地的承包经营权，但是，不能因此剥夺私自开荒者从其开荒土地上获得收益的权利。因此，在四荒地被征收进行征地补偿分配时，应当充分保障私自开荒人应得的财产利益。但值得注意的是，四荒地的开发、利用应当遵守有关法律、法规的规定，合理利用，防止水土流失，保护生态环境。

编写人：安徽省淮南市八公山区人民法院　朱冠永

三、土地承包经营权流转纠纷

（一）土地承包经营权转包纠纷

24

土地承包合同约定承包费“随行就市”的承包费逾期支付的认定

——康某诉林某农村土地承包合同案

【案件基本信息】

1. 裁判书字号

新疆维吾尔自治区高级人民法院伊犁哈萨克自治州分院（2019）新40民终114号民事判决书

2. 案由：农村土地承包合同纠纷

3. 当事人

原告（被上诉人）：康某

被告（上诉人）：林某

【基本案情】

2011年9月30日，康某与林某经协商签订《土地转包合同》，约定康某将其承包的位于伊宁县阿吾利亚乡一块总面积为1100亩的土地转包给林某，由林某种植林木和经济作物，转包期限为30年，自2011年9月30日至2041年9月30日，土地上附属设施有：机井三口、井房三间，电路、电线2.5公里，滴灌地下主管道铺设1100米。约定承包费金额和交纳方式为：第一年免费，之后三年按1050亩、每亩240元收取承包费，最后26年按市场价格“随行就市”，面积固定为1100亩。承包合同签订时，由林某提前一年度向康某交清当年的承包费，并以此类推，不得拖欠。合同第九条第二款约定“林某应按照本合同约定期限足额交纳承包费，超过一年不交，康某有权解除合同”。

合同签订后，康某履行了合同义务。林某在第一年应交252000元承包费，欠交10000元，康某诉至法院后，法院于2012年6月21日作出（2012）伊县法民初字第770号民事判决。该判决生效后，林某交清10000元承包费。2013年，林某未按《土地转包合同》约定在2012年9月30日前交清下一年（即2013年9月30日至2014年9月30日）的承包费252000元，康某再次起诉至法院。法院于2013年6月作出民事判决，判决林某在判决生效后十日内支付康某违约金50400元。2016年度承包费，林某依合同按每亩480元共计528000元，已于2014年10月10日之前全部交清。

本案在审理期间，康某申请对争议承包土地市场单价进行价格鉴定，经依法委托，泽信评估公司作出评估报告书，评估意见为：2016年、2017年、2018年，涉案承包土地每亩、每年的市场承包价格为300元，康某支付评估费10000元。截至2018年8月27日一审庭审结束，林某向康某共交纳承包费1399510元。

【案件焦点】

1. 林某欠付康某承包费的数额如何认定；2. 涉案合同是否符合约定解除条件。

【法院裁判要旨】

新疆维吾尔自治区伊宁县人民法院经审理认为：双方签订的《土地转包合同》合法有效，对双方具有法律约束力，应当按照约定履行自己的义务，林某多次未按合同约定履行支付土地承包费义务，康某要求解除合同，符合法律规定，予以支持。康某同时要求林某按实际耕种年限（至2018年止）支付承包费的主张，合情合理，符合法律规定。2016年承包费为528000元，林某交清了2017年和2018年1100亩的承包费，价格应按评估报告书的评估意见确定的市场承包价格300元/亩计算，即2017年和2018年承包费均为330000元。据此，林某自2010年承包康某

1100亩土地开始至2018年止，各年应交承包费分别为：2013年至2015年承包费为756000元、2016年承包费为528000元、2017年承包费为330000元、2018年承包费为330000元，合计1944000元，减去已交承包费1399510元，还欠544490元。林某未按合同约定交清承包费，构成违约，理应按合同约定承担20%的滞纳金108898元。故林某欠康某土地承包费544490元、滞纳金108898元，合计653388元。康某的其他诉讼请求因无事实和法律依据，不予支持。鉴定费10000元，应由康某负担6000元、林某负担4000元。

新疆维吾尔自治区伊宁县人民法院依照《中华人民共和国合同》第六十条、第九十四条规定，判决：

一、解除康某与林某于2011年9月30日签订的《土地转包合同》；

二、林某于判决生效后三日内支付拖欠康某土地承包费544490元，并支付滞纳金108898元，合计653388元；

三、鉴定费10000元，由康某负担6000元、林某负担4000元。

林某不服一审判决，提起上诉。

新疆维吾尔自治区高级人民法院伊犁哈萨克自治州分院经审理认为：

一、关于林某欠付康某承包费的数额认定问题

双方承包合同对前四年（自2011年9月至2015年9月）承包费标准约定明确，即756000元（第一年免收，后三年为252000元/年）。至于2015年9月以后的承包费标准，双方合同明确约定按市场价格计算并支付。根据价格评估报告，2016～2018年涉案承包土地承包费市场价格为300元/亩，林某应当按上述承包费标准予以支付。故林某应支付康某截至2018年9月的承包费数额应为346490元。

二、关于涉案合同是否符合约定解除条件

首先，涉案合同第九条第二款关于“林某应按照本合同约定期限足额交纳承包费，超过一年不交，康某有权解除合同”的约定，是双方关于合同解除权的约定条款，该条款符合法律规定，对双方具有拘束力。林某对于2012年9月至2014年9月共二年的承包费，尽管存在逾期支付违约行为，并经过两次诉讼后分别由人民法院作出的两份民事判决予以确认，但康某在两次诉讼中均主张支付承包费或违约金，并未提出解除合同。此后近4年时间康某又多次接受林某支付的承包费并出具收据，由于康某在解除权条件具备后的合理期限内以接受林某支付的承包费行为表

明其愿意继续履行合同，其就林某前二期承包费违约行为产生的合同解除权已经归于消灭。其次，康某提出解除合同时，林某并不存在逾期支付承包费的违约行为，约定解除权条件并未成就。当事人以诉讼形式解除合同，应当按照起诉状副本送达对方时的状态考察解除权条件是否成就。故康某以林某逾期支付近4年承包费为由主张解除合同，无事实和法律依据，不予支持。综上所述，林某的上诉请求部分成立。

新疆维吾尔自治区高级人民法院伊犁哈萨克自治州分院依照《中华人民共和国合同法》第六十条，《中华人民共和国民事诉讼法》第六十四条第一款、第一百七十条第一款第二项规定，判决：

一、撤销新疆维吾尔自治区伊宁县人民法院（2017）新4021民初1996号民事判决第一项、第三项；

二、变更新疆维吾尔自治区伊宁县人民法院（2017）新4021民初1996号民事判决第二项为：林某于本判决生效之日起三日内支付康某截至2018年9月30日的土地承包费欠款346490元；

三、驳回康某要求解除双方签订的《土地转包合同》的诉讼请求。

【法官后语】

近年来，我国农村承包土地实行的“三权分置”改革进一步激活了农户对承包土地流转的热情，农村承包地的市场价值亦逐年提升。承包地流转双方出于自身利益考虑，有时会在承包地流转合同中约定承包费按市场价“随行就市”。该种承包费约定尽管最符合市场原则，能最大限度保障流转双方的经济利益，但在实际履行时由于承包费约定不明确，土地流转双方对于承包费金额的确定、是否逾期支付进而是否构成违约，容易产生争议。就本案而言，争议核心就是承包合同约定“随行就市”情况下承包费的确定和约定解除权是否成就的判断。

1. 合同履行期较长，价款约定不明的处理。本案中，涉案合同约定的“随行就市”条款是当事人意思自治的体现，理应遵守。但是承包费如何“随行就市”，合同没有具体约定，以致无法确定合同履行后期承包费价格，属于《中华人民共和国合同法》第六十一条规定的“合同价款约定不明”，应当按照合同条款补充（又称合同漏洞填补）规则进行确定。《中华人民共和国民法典》第五百一十条和第五百一十一条承袭了《中华人民共和国合同法》关于合同条款补充的相关规定。根据《中华人民共和国民法典》第五百一十条的规定，双方“可以协议补充；不能达成补充协议的，按照合同相关条款或者交易习惯确定”；第五百一十一条第二项规定，当事人就有关合同内容约定不明确，依据前条规定仍不能确定的，价款或者报酬不明确的，按照订立合同时履行地的市场价格履行；依法应当执行政府定价或者政府指导价的，依照规定履行。因此，承包费约定不明确时，按照合同条款补充规则，应当遵循下列规则：首先，应尊重私法自治原则，由当事人协议补充；其次，不能达成补充协议的，按照合同有关条款或者交易习惯确定；最后，根据以上两条仍无法确定的，按照《中华人民共和国民法典》第五百一十一条第二项规定的法定合同补充规则确定。

本案双方当事人未能就后期承包费标准达成一致意见，也无相关的交易习惯可参照，而土地承包费亦不属于应当执行政府定价或者政府指导价的情形，故应按照《中华人民共和国民法典》第五百一十一条第二项（对应《中华人民共和国合同法》第六十二条第二项），按照合同履行地市场价格确定每年承包费。由于每年承包费市场价没有一个固定、可操作的确定机制，本案的难点就在于如何在法律规定的框架内寻找双方认可的价格确定方法和程序。法院最终通过委托司法鉴定，对双方争议年份承包费市场价作出评估认定，使双方当事人的承包费标准才得以确定。

2. 价款约定不明情形下逾期支付是否构成违约的认定。违约是对合同当事人对约定义务或法定义务的违反，而按时履行合同义务应当以义务具体、确定为前提。在双方当事人无法就承包费市场价达成一致时，承包费的及时支付就极为困难。本案中，双方虽然约定了承包费支付期限及逾期支付情况下守约方的约定解除权，但在双方直至进入诉讼仍未能就承包费市场价达成一致的情况下，承包人林某不存在逾期支付承包费的违约情形，故发包人康某以林某逾期支付承包费主张解除合同，没有事实依据，未得到法院支持。

该起案件足以给土地承包合同当事人相当大的启示。土地承包合同中的当事人都是经济人，趋利避害、寻求经济利益的最大化是双方的本能选择。但土地承包费价款是承包合同的主要条款，当事人应当尽量明确、谨慎地在合同中予以表述，尤其是对于履行周期长并且双方将承包费定期支付约定为解除权行使条件的承包合同，双方当事人更应当在订约时就承包费价款措辞严谨、清楚、准确表述，以易于操作，避免因承包费价款约定不明而导致合同履行困难。即便双方为追求经济利益最大化考量，需要约定以市场价确定承包费，亦应尽量约定固定、可操作的承包费市场价确定方法，譬如约定“以承包地相邻数块承包土地当年平均承包费价格”或“当地基层组织当年对外发包承包地平均承包费价格”作为承包费市场价格确定标准，以消除承包合同中承包费价款漏洞，避免承包合同纠纷的发生。

编写人：新疆维吾尔自治区高级人民法院伊犁哈萨克自治州分院　李政

25

沙滩地所有权归属的认定

——芦林农业公司诉王某红农村土地承包合同案

【案件基本信息】

1. 裁判书字号

湖北省襄阳市中级人民法院（2019）鄂06民终872号民事判决书

2. 案由：农村土地承包合同纠纷

3. 当事人

原告（上诉人）：芦林农业公司

被告（被上诉人）：王某红

【基本案情】

王某红系田畈村农民。2015年2月3日、5日，芦林农业公司分别与王某红签订《农村土地承包经营权流转合同》两份，先后受让了王某红在万洋村委会承包的“沙滩”和在南河村委会承包的汉江滩涂，承包金分别为300万元、120万元。合同签订后，两村委会均在合同上加盖公章，并签署了“合同期内同意转包”的字样。此外，合同还对流转滩涂四至，以及王某红与发包方之间的土地承包关系不变等其他权利义务进行了约定。2015年2月6日，芦林农业公司与王某红签订补充协议，约定上述滩涂流转后，因雅口电站建设所得赔偿为王某红所得。2016年3月4日，湖北省发展和改革委员会发文，主要内容为“同意建设汉江雅口航运枢纽工程”。2017 年 4 月 25 日，芦林农业公司第 3 次向王某红支付滩涂流转款 84 万元，王某红出具收条。上述转让款 420 万元付清后，双方因滩涂交付事宜发生争议芦林农业公司遂诉至法院。

【案件焦点】

1. 如何确认农村土地承包经营权流转合同的效力；2. 案涉“沙滩地”属于河道管理范围，应归国家所有还是归农村集体所有。

【法院裁判要旨】

湖北省宜城市人民法院经审理认为：《中华人民共和国合同法》第五十二条规定了合同无效的法定情形，《最高人民法院关于适用〈中华人民共和国合同法〉若干问题的解释（二）》第十四条对上述条款的表述进一步细化，明确强制性规定是一种效力性规定，将强制性条款区分为管理性条款和效力性条款，只有违反后者才影响合同的效力。芦林农业公司与王某红达成合意流转的土地为“万洋村沙滩”和“南河村北沙滩”，应多为汉江滩涂，是常水位与洪水位之间的滩地，其面积大小直接受汉江水位高低的影响。由此可见，芦林农业公司在合同签订时已充分了解合同标的物的属性，对受让的沙滩地与汉江水位之间的关系有足够认知。合同签订后，双方就汉江航运枢纽工程建设后的淹没补偿事宜签订了补充协议，芦林农业公司在汉江航运枢纽工程建设有关文件公布后支付了一笔转让款，该事实说明芦林农业公司对汉江航运枢纽工程项目建设与其受让沙滩地之间存在的风险影响也有充分的预期。以上事实足以证明芦林农业公司与王某红是在平等、自愿基础上签订的土地经营权流转合同，系其真实意思表示，不违反法律、行政法规的强制性规定，亦未侵害国家、集体、第三人利益。

重审期间，芦林农业公司还提出案涉合同指向的标的物“沙滩地”属于汉江河道管理范围，所有权不属于农村集体，主张万洋村、南河村无权发包和同意转包国有滩涂，并要求追加万洋村、南河村为第三人，但没有提交案涉合同标的物为国家所有的证据，而宜城市国土资源管理局向王某红出具的情况说明及其附载的地块图，以及王某红持有的林权证，能够充分证明相应汉江滩涂属于万洋村、南河村集体所有。依据《中华人民共和国土地管理法》第十条、第二十三条规定，在江河管理和保护范围以及蓄洪滞洪区内，只要符合江河综合治理和开发利用规划，在不违背河道行洪、蓄洪和输水要求的情况下，土地仍然可以被合理利用。为此，对芦林农业公司要求追加万洋村、南河村为第三人的请求，不予准许。同时，芦林农业公司主张案涉流转滩涂位于行洪区河道内，但没有提交水行政主管部门认定王某红在案涉流转滩涂上种植林木的行为属于违法行为，并责令王某红停止违法行为的证据，其诉讼主张没有证据支撑，相反，王某红提交的林权证能够证明其在案涉滩涂上种植林木的合法性。参考（2018）鄂06民终2120号民事判决对相应法律关系作出的认定，对芦林农业公司主张案涉土地经营权流转合同无效的诉讼请求，依法予以驳回。芦林农业公司提出的其他诉讼请求均依附于其确认合同无效的诉求，故不予支持。

湖北省宜城市人民法院依照《中华人民共和国合同法》第八条、第五十二条、第七十七条，《中华人民共和国农村土地承包法》第十一条、第四十九条，《中华人民共和国民事诉讼法》第六十四条第一款，《最高人民法院关于民事诉讼证据的若干规定》第二条规定，判决：

驳回芦林农业公司的诉讼请求。

芦林农业公司不服一审判决，提起上诉。

湖北省襄阳市中级人民法院经审理认为：关于是否应当追加南河村委会及万洋村委会作为第三人参加本案诉讼，根据《中华人民共和国民事诉讼法》第五十六条第二款规定，人民法院可以通知同案件处理结果有法律上的利害关系的第三人参加诉讼，也可以不通知第三人参加诉讼。一审法院对芦林农业公司以南河村委会及万洋村委会无权发包和同意转包涉案滩涂为由申请将其追加为第三人参加诉讼的请求不予准许，并无不当，予以维持。芦林农业公司称一审程序违法，理由不能成立。

关于芦林农业公司与王某红签订的《农村土地承包经营权流转合同》的效力问题。芦林农业公司注资案涉滩涂位于汉江行洪区内，双方未流转该滩涂用于种植芦竹而签订的合同，违反《中华人民共和国防洪法》及《中华人民共和国水法》的规定，依法应属无效合同。因芦林农业公司并无充分证据证明王某红转包的滩涂在汉江行洪区内以及双方流转合同存在《中华人民共和国合同法》第五十二条规定的合同无效的法定情形，依法应当承担举证不能的不利后果，故对其关于确认案涉《农村土地承包经营权流转合同》无效并要求王某红退还转让款的上诉请求不予支持。

湖北省襄阳市中级人民法院依照《中华人民共和国民事诉讼法》第一百七十

条第一款第一项规定，判决：

驳回上诉，维持原判。

【法官后语】

随着农村土地承包经营权流转的盛行，投资沙滩地、滩涂等从事作物种植的土地经营方式得到了发展。同时，也出现了因当地电站建设等导致土地经营权人无法按照合同预期取得相关利益，为了挽回损失，主张签订的土地流转合同无效的情况。而依法成立的合同受法律保护。在商事合同法律关系中，承担市场变化风险的主体是合同当事人。对合同效力的认定，应遵循以当事人的意思自治调整为主，以法律的强制干预为辅的原则，从法律的视角予以评判。

土地承包经营权流转合同的效力来源于当事人的意志、国家政策与法律的规定。审查农村土地承包经营权流转合同的效力，可以从两方面着手，一方面，要审查合同的形式是否符合法律规定。包括合同主体、标的及其数量、质量，价款、履行期限、违约责任、解决争议的方式等；另一方面，要审查合同的内容是否违反法律、行政法规的强制性规定。违反法律、行政法规强制性规定的民事法律行为无效，但是，该强制性规定不导致该民事法律行为无效的除外。

本案中，主要审查发包主体、涉案滩涂的归属及是否违反法律强制性的规定。从发包主体来看，农村土地承包合同的发包人只能是农村集体经济组织，包括村内各农村集体经济组织或者村民小组、村经济组织或者村民委员会、乡（镇）农村集体经济组织等。因此，本案的发包人万洋村委会、南河村委会有权发包。从涉案滩涂的归属来看，要确定河流滩涂的权属，需要明晰河流滩涂的性质是水域还是土地。矿藏、水流、海域属于国家所有，而森林、滩涂等自然资源，实行“国家所有与集体所有”的二分法结构，即属于国家所有，但是法律规定属于集体所有的除外。涉案滩涂的性质属于集体土地，要进一步确认河流滩涂的所有权，只能以县级以上人民政府依据相关法律、法规颁发的土地所有权证为依据。王某红提交了其持有的林权证予以佐证，而芦林农业公司未提交涉案滩涂为国家所有的证据。因此，涉案滩涂归农村集体所有。从是否违反法律、行政法规强制性规定来看，要在考量强制性规定所保护的法益类型、违法行为的法律后果以及交易安全保护等因素的基础上认定其性质，对强制性规定涉及金融安全、市场秩序、国家宏观政策等公序良俗的；交易标的禁止买卖的，如禁止人体器官、毒品、枪支等买卖；违反特许经营权规定的，如场外配资；交易方式严重违法的，交易场所违法的等，应当认定为效力性强制性规定，违反上述规定，将导致合同无效。本案中，王某红持有林权证，在涉案滩涂上种植林木符合当时江河综合治理和开发利用规划，符合土地被合理利用的法律规定。因此，王某红在涉案滩涂上种植林木未违反法律、行政法规的强制性规定。最后，民商事合同中，遵循合同双方当事人意思自治，若不存在法无禁止的行为即可以从事该行为。

《中华人民共和国民法典》通过具体法条规范了土地经营权的流转，其实质是对于民商事领域基于当事人意思自治形成的土地流转关系的保护，法律的干预也是通过赋予经营权人用益物权，加强对经营权人的保护，同时确保土地合理利用，兼顾保护善意第三人的合法利益。其立法宗旨在于鼓励农村土地经营权流转，从而提高农民收入。而双方当事人应当对其商事行为负责，坚守诚信原则，合同一旦签订，除非出现法定无效情形，都应当依约履行并承担相应的法律后果。

编写人：湖北省宜城市人民法院　李海艳

26

农村土地承包经营权流转后土地征收补偿费的归属

——何某红诉潘某庄农村土地承包合同案

【案件基本信息】

1. 裁判书字号

广东省广州市中级人民法院（2019）粤01民终23687号民事判决书

2. 案由：农村土地承包合同纠纷

3. 当事人

原告（被上诉人）：何某红

被告（上诉人）：潘某庄

【基本案情】

2015 年 3 月 9 日，潘某庄为承包沙尾一村经济合作社、沙尾一村第一村民小组位于沙尾一村一队宇字号 31.7 亩鱼塘用于养殖，双方续签《土地承包合同书》，内容记载：承包期内，因国家和集体建设需要征收土地时，潘某庄必须无条件服从，如鱼塘原有的茅棚、电线、电杆、桓仔、水管有补偿归潘某庄所有，其余新增的地上附着物、青苗费和土地征收的有关其他一些补偿款归一队所有。一队退还当年剩下月数的租金给乙方等。同年，何某红与潘某庄口头约定，潘某庄将其承包的涉案鱼塘中的 7.5 亩鱼塘转包给何某红，潘某庄于同年 3 月 1 日起向何某红收取涉案鱼塘的租金。

2018 年，潘某庄因对涉案鱼塘的承包地征收补偿费用分配问题与沙尾一村经济合作社、沙尾一村第一村民小组产生纠纷，于同年 8 月 15 日向法院提起诉讼，要求沙尾一村经济合作社和沙尾一村第一村民小组向其支付涉案鱼塘的青苗、地上附着物补偿费 951000 元和奖励金 475500 元。经法院认定：双方已明确约定涉案土地的新增地上附着物、青苗费归沙尾一村经济合作社所有，潘某庄仅享有原有地上附着物补偿费，作出（2018）粤 0115 民初 4777 号民事判决书，判决沙尾一村经济合作社支付地上附着物补偿款 211914.6 元给潘某庄，同时驳回潘某庄的其他诉讼请求。潘某庄不服该判决提起上诉，广州市中级人民法院于 2019 年 6 月 6 日作出（2019）粤 01 民终 8300 号民事判决书，判决驳回上诉，维持原判。基于上述事实，何某红请求其接包的上述 7.5 亩鱼塘的青苗及地上附着物补偿款以及奖励金应归其所有。

【案件焦点】

何某红是否有权主张潘某庄向其支付涉案青苗及地上附着物补偿费。

【法院裁判要旨】

广东省广州市南沙区人民法院经审理认为：潘某庄应清楚知悉其承包的涉案鱼塘在承包期内若遇征收，则新增的地上附着物、青苗费归沙尾一村经济合作社所有，其仅享有续签合同之前的原有地上附着物的补偿费。在此情况下，潘某庄将涉案鱼塘转包给何某红，却未如实向何某红告知前述合同条款内容，亦未就此条款与何某红进行磋商并达成一致意见，显然有违诚实信用原则，具有过错。而何某红作为转包中的承包方，应当向潘某庄了解核实涉案鱼塘的权属、潘某庄与发包人之间的合同条款等以决定是否与潘某庄建立合同关系，现何某红未尽到前述审慎注意义务，亦负有过错。

广东省广州市南沙区人民法院依照《中华人民共和国合同法》第四十二条规定，判决：

一、潘某庄应于本判决发生法律效力之日起十日内向何某红赔偿青苗和地上附着物补偿费135000元。

二、驳回何某红的其他诉讼请求。

潘某庄不服一审判决，提起上诉。

广东省广州市中级人民法院经审理认为：一方面，何某红在与潘某庄达成协议时，应对自身合法权益重点关注。在达成书面协议时，应将自身重点关注事项记载在合同条款中；如达成口头协议，则应对前手（即潘某庄与沙尾一村经济合作社、沙尾一村第一村民小组）的承包合同进行了解和研判。另一方面，何某红系从潘某庄处承包涉案鱼塘，其权利来源于潘某庄与沙尾一村经济合作社和沙尾一村第一村民小组续签的《土地承包合同书》。在何某红与潘某庄没有明确约定的情况下，何某红与潘某庄口头约定从潘某庄处承包涉案鱼塘的合同权利义务应涵盖于上述《土地承包合同书》中。承包鱼塘是具有长期性和周期性的经营活动且何某红作为与潘某庄同一经济合作社的成员，其理应了解潘某庄与沙尾一村经济合作社、沙尾一村第一村民小组之间合同约定的内容，因此订立的口头协议应受前述合同的约束。综上所述，潘某庄的上诉请求依法成立，应予支持。依照《中华人民共和国合同法》第四条、第五条、第十条第一款、第六十条，《中华人民共和国农村土地承包法》第二十二条、第四十八条，《中华人民共和国民事诉讼法》第一百七十条第一款第二项规定，判决：

一、撤销广东省广州市南沙区人民法院（2019）粤0115民初5574号民事判决；

二、驳回何某红的全部诉讼请求。

【法官后语】

按照我国相关法律的规定，国家征收土地的，应进行相应的补偿。承包方如没有将土地承包经营权流转，地上附着物和青苗的补偿费则应属于承包方，如发包方已经领取地上附着物和青苗补偿费的，承包方有权要求发包方返还这部分费用。如承包方对土地承包经营权进行了流转，流转双方当事人对此有约定的则按约定处理，如双方当事人对此没有约定的先协商处理，协商不成的按照实际投入来划分，根据地上附着物补偿费归附着物所有人所有的规则进行分配。本案中，转包方与接包方只有口头约定，且未对地上附着物和青苗补偿费的归属进行约定，相应的征收补偿费归属应如何认定。关键在于，对土地征收补偿费没有约定或约定不明时，如何通过合同的权利义务责任来判定土地征收补偿费的归属。

本案涉及农村土地承包经营权流转中的转包情形。农村土地承包经营权转包的主体是转包方和接包方，转包方是原来承包土地的农户，接包方是本村集体经济组织农户或集体经济组织本身，转包是一种暂时性的权利流转，转包合同并未改变转包方与发包方之间的权利义务关系，转包合同生效后，依然由转包方向发包方履行相应的义务，履行义务的主体并未改变，所以，对发包方的权利并没有影响，接包方向转包方履行义务。转包相对于其他的流转方式来说更为灵活，且对主体条件的限制没有转让的严格。法律法规对转包方的限制比较宽松，只要是农村土地承包户即可，而对接包方的要求是本集体经济组织本身或者是本集体经济组织内从事农业生产经营的农户。对接包方的限制主要是为了保障农地的更好利用。转包行为发生后，转包方依然享有土地的承包经营权，接包方受转包合同的约束。同时，如果接包方对转包的土地未按土地利用规定使用，发包方有权指出并行使相应的权利。且转包行为发生在同一集体经济组织内部，接包方也为本集体经济组织的成员，与转包方享有同等的成员权。转包方对转包的事宜享有自主决定权，转包方与接包方对转包期限、金额协商一致即可，无须发包方的同意。因此，双方达成转包协议时，应对自身合法权益重点关注。如达成书面协议，应将自身重点关注事项记载在合同条款中；如达成口头协议，则应对前手合同进行了解和研判。

何某红系从潘某庄处承包涉案鱼塘，其权利来源于前手合同。对于双方没有明确约定的事项，应在前手合同约定的框架内确定转包双方的权利义务。同时鉴于接包方和转包方同为本集体经济组织的农户，应共同遵守法律关于农地使用的规定，故可推定接包方在建立转包关系时应当知晓前手合同的相关内容，并受前手合同的约束，承担相应的法律后果。

编写人：广东省广州市南沙区人民法院 钟丽炜 张博文

27

户主签字的农村土地承包经营权流转协议效力应及于农户其他成员

——姜某华诉三合庄经合社农村土地承包合同案

【案件基本信息】

1. 裁判书字号

北京市房山区人民法院（2019）京0111民初2691号民事判决书

2. 案由：农村土地承包合同纠纷

3. 当事人

原告：姜某华

被告：三合庄经合社

【基本案情】

2014年6月，流转方（甲方）姜某书与接转方（乙方）三合庄经合社签订土地经营权流转合同书，约定：甲方将集体所有的土地0.6亩流转给乙方承包（租赁）经营。地块名称为大黄岩对面，面积为0.6亩，用途为樱桃园。流转期限自2014年1月1日至2027年12月31日，共14年，承包费金额为4200元；流转费交付办法，签订合同之日一次性付清。合同对双方的权利义务、违约责任等事项进行了约定。同年10月，流转方（甲方）姜某书又与接转方（乙方）三合庄经合社针对地块名称为十二亩地、面积为0.45亩、用途为林下经济的土地签订了土地经营权流转合同书，该合同约定的承包费金额为3150元；流转期限等其他内容与第一份合同相同。上述两份流转合同由姜某书作为家庭代表在流转方处签名捺印，三合庄经合社在接转方处盖章，法定代表人签名确认，并经张坊镇农村合作经济经营管理站进行盖章鉴证。合同签订后，姜某书分别于2014年7月、12月领取了上述两份流转合同的流转费。案件审理中，姜某华向法院提交了姜某书于2018年10月7日出具的证明，内容为：其只签了自己的一份，没有代表其他人签此合同。

姜某书与穆某香生有长女姜某英、长子姜某俊、次子姜某华、三子姜某良。姜某书所签两份流转合同的涉案土地包含上述6人份额。姜某书于2018年12月12日因死亡而注销户口。

【案件焦点】

1. 户主是否为农村土地承包经营权流转协议的适格签字人；2. 其签字效力是否及于农户其他成员。

【法院裁判要旨】

北京市房山区人民法院经审理认为：依法成立的合同对当事人具有法律约束力。姜某书作为姜某华之父及家庭代表与三合庄经合社签订的两份土地经营权流转合同书系双方的真实意思表示，内容不违反法律及相关司法解释规定，合法有效。鉴于两份流转合同已于2014年开始履行，姜某书亦一次性领取了14年的土地流转费，姜某华以姜某书与三合庄经合社签订流转合同未取得其授权同意、三合庄经合社强制与姜某书签订流转合同，因未提供证据证实，不予采信；姜某华据此要求解除土地经营权流转合同书、归还土地、恢复原状并赔偿姜某华合同流转期间的土地使用损失30000元等诉讼请求均没有事实和法律依据，应当不予支持。

北京市房山区人民法院依照《中华人民共和国合同法》第六十条、《最高人民法院关于审理涉及农村土地承包纠纷案件适用法律问题的解释》第四条规定，判决：

驳回姜某华的全部诉讼请求。

【法官后语】

本案涉及在农户其他成员事前没有书面授权、事后又予以否认的情况下，农村土地承包经营权流转协议中户主签字效力范围的认定问题。由于我国农业人口众多，当前正处于大规模城镇化的进程中，且国家已将农业规模化生产、集约化经营作为实施乡村振兴战略的重要举措予以推进，本案的裁判思路及审理结果具有一定的参考意义。农户从集体经济组织承包土地后，将农村土地承包经营权流转给他人的，谁是相关协议的适格签字人，目前法律尚无明确规定，本案从以下角度对案件进行了考量：

第一，从现行规范的角度看，在部分与农村土地承包相关的协议中，承包方代表（户主）签字的效力及于承包方（农户）其他成员。如《中华人民共和国农村土地承包法》第十六条规定，家庭承包的承包方是本集体经济组织的农户，农户内家庭成员依法平等享有承包土地的各项权益。在实际操作中承包方代表多为农户的户主，此时户主签字的效力及于农户其他成员。第二十二条规定，承包合同条款一般包括发包方、承包方的名称以及发包方负责人和承包方代表的姓名、住所等内容，承包方签字当然应由承包方代表实施。农村土地承包经营权流转协议可以由承包方全体成员或者承包方代表签字，后者无疑是更常见、更可行的方式，在目前承包方代表如何产生没有明确规定的情况下，以户主作为承包方代表具有一定的合理性。

第二，从诉讼抗辩的角度看，对农户家庭为夫妻二人的，协议相对人可能会援引《中华人民共和国民法典》第一千零六十四条第二款的规定进行抗辩，主张其有理由相信协议为夫妻双方的共同意思表示；对农户家庭除夫妻外还有子女等其他人的，协议相对人可能会援引《中华人民共和国民法典》第一百七十二条的规定进行抗辩，主张其有理由相信行为人有代理权。鉴于农户内家庭成员通常长期共同居住生活，农户其他成员提出相反证据的难度较大。为了统一裁判尺度，即便协议相对人没有明确提出前述抗辩，法院也应当主动对相关可能性予以评估。

第三，从提高效率的角度看，实行家庭承包经营以来，党中央、国务院一直坚持稳定农村土地承包关系的方针政策，党的十九大提出要保持土地承包关系稳定并长久不变，第二轮土地承包到期后再延长三十年，并且在承包期限内原则上“增人不增地、减人不减地”，由于出生、死亡、成年、嫁娶等因素，相应承包期限内农户内的家庭成员情况可能发生较大变化。如果将农村土地承包经营权流转协议的适格签字人限定为农户内全体家庭成员（无民事行为能力人和限制民事行为能力人除外），将极大地增加农村土地承包经营权流转协议的签约、履约成本，不利于农业规模化生产、集约化经营，不利于农村土地资源的优化配置，不利于提高农业生产效率。

第四，从维护公平的角度看，农户家庭成员通常长期共同居住生活，对协议签订的相关事宜一般应当知情并且取得了一致意见；同时，就流转协议而言，户主和农户其他成员通常具有共同利益，在协议签订时会尽力维护农户全体成员的利益。因此，认定户主为农村土地承包经营权流转协议的适格签字人，通常不会损害农户其他成员的合法权益。

综上，为了规范农村土地承包经营权流转行为，维护流转各方当事人合法权益，促进农业和农村经济发展，通常应当认定户主为农村土地承包经营权流转协议的适格签字人，其签字效力及于农户其他成员。

编写人：北京市房山区人民法院　张树华

28

同一块耕地，承包合同和承包经营权证分别登记在不同农户名下，如何认定土地承包经营权证无效

——田某荣诉郭某贵土地承包经营权转包合同案

【案件基本信息】

1. 裁判书字号

天津市滨海新区人民法院（2018）津0116民初49490号之一民事裁定书

2. 案由：土地承包经营权转包合同纠纷

3. 当事人

原告：田某荣

被告：郭某贵

第三人：后沽村委会

【基本案情】

田某荣于2017年1月24日取得天津市滨海新区人民政府颁发的《农村土地承包经营权证》，该证书载明，发包方：后沽村，承包方代表：田某荣，承包方式：

家庭承包，承包期限：2017年1月1日～12月31日，承包地确权总面积2.2亩，分为两个地块，面积分别为0.65亩、1.55亩。根据后沽村委会1985年《承包土地表》记载，该土地系后沽村委会分给张兴某、张某宝的土地，现由郭某贵种植经营。张兴某系田某荣之夫、张某宝系田某荣之子。后沽村委会、郭某贵于1998年签订《农渔村集体经济承包合同书》，该合同约定，后沽村委会将5.3545亩土地发包给郭某贵，包括南两倾伍1.7445亩、北两倾伍1.7亩、特别区西1.91亩，承包期限为三十年，自1998年1月1日至2027年12月31日止。

田某荣《农村土地承包经营权证》记载的0.65亩、1.55亩两块土地现分别包含在郭某贵《农渔村集体经济承包合同书》约定的南两倾伍1.7445亩、北两倾伍1.7亩两块土地之中。

【案件焦点】

针对同一块耕地，田某荣持有土地承包经营权证书、郭某贵持有承包合同书，能否直接认定田某荣持有的土地承包经营权证书无效。

【法院裁判要旨】

天津市滨海新区人民法院经审理认为：田某荣就其取得的《农村土地承包经营权证》记载的两块共计2.2亩土地由郭某贵向其返还事宜向法院起诉。郭某贵不同意返还，为支持其抗辩，向法院提交了其与后沽村委会签订承包期为三十年期限的《农渔村集体经济承包合同书》，其中约定的土地包含了田某荣提交《农村土地承包经营权证》记载的两块共计2.2亩土地，现该两块土地由郭某贵种植经营。由此可见，田某荣与郭某贵就案涉土地使用权存在争议，根据《中华人民共和国土地管理法》第十六条第一款规定："土地所有权和使用权争议，由当事人协商解决；协商不成的，由人民政府处理。"因此，本案不属于人民法院民事案件受理范围，依法应不予受理，已经受理的，应裁定驳回起诉。

天津市滨海新区人民法院依照《中华人民共和国土地管理法》第十六条第一款，《中华人民共和国民事诉讼法》第一百一十九条、第一百五十四条第一款第三项，《最高人民法院关于适用〈中华人民共和国民事诉讼法〉的解释》第二百零八条第三款规定，裁定：

驳回田某荣的起诉。

【法官后语】

根据《中华人民共和国民法典》第三百三十三条规定："土地承包经营权自土地承包经营权合同生效时设立。登记机构应当向土地承包经营权人发放土地承包经营权证、林权证等证书，并登记造册，确认土地承包经营权。"《中华人民共和国农村土地承包法》第二十四条第一款规定："国家对耕地、林地和草地等实行统一登记，登记机构应当向承包方颁发土地承包经营权证或者林权证等证书，并登记造册，确认土地承包经营权。"因此，土地承包经营权证、土地承包经营权合同两者应当保持一致。实践中，两者出现不一致时，应当以土地承包合同为准。根据《中华人民共和国民法典》规定，土地承包经营权属于用益物权的一种，是依据土地承包合同创设的，并未采取登记生效主义，土地承包经营权证仅是证明土地承包经营权的凭证，并非设立土地承包经营权的依据。

本案中，关于审判人员能否直接否认田某荣的土地承包经营权证效力的问题，笔者认为答案是否定的，在民事案件中直接否定行政机关颁发的土地承包经营权证是不妥的。主要原因有以下几个方面：

第一，政府部门颁发土地承包经营权证涉及行政机关有关行政行为、职权的行使，涉及行政机关通过发证形式对农村土地承包方享有的土地承包经营权的确认，《农村土地承包经营权证管理办法》第十一条规定了相应的救济程序，即农村土地承包当事人认为农村土地承包经营权证和登记簿记载错误的，有权申请更正，法院在民事案件中应当厘清司法权与行政权的界限，不宜对行政行为效力作出评判。对行政机关颁发土地承包经营权证书的异议，可由行政机关处理，直至通过行政诉讼解决。

第二，有观点认为当事人可以参照适用《最高人民法院关于适用〈中华人民共和国物权法〉若干问题的解释（一）》第二条规定，提交证据推翻不动产登记簿。笔者认为，该观点不妥，理由是前述规定针对的对象是以登记作为物权变动生效依据的不动产权利，而土地承包经营权设立的依据是合法有效的承包经营权合同，登记并非设立权利的依据，不能仅通过推翻不动产登记否定登记权利人的权利。因此，两者存在根本区别，不能类推适用。

第三，虽然田某荣并未依照土地承包经营权证取得土地承包经营权，本案也不宜直接引用《最高人民法院关于审理涉及农村土地承包纠纷案件适用法律问题的解释》第一条第二款的规定。同样，认定田某荣没有实际取得土地承包经营权，相当于变相否认了政府部门为田某荣颁发的土地承包经营权证的效力，容易造成民事诉讼变相审查行政行为的效力。

本案纠纷的实质是双方对土地使用权的争议，根据《中华人民共和国土地管理法》第十四条规定，土地所有权和使用权争议，由当事人协商解决；协商不成的，由人民政府处理。当事人对有关人民政府的处理决定不服的，可以自接到处理决定通知之日起三十日内，向人民法院起诉。由此规定可以看出，土地使用权争议由行政部门处理，直至通过行政诉讼解决，排除了民事诉讼对该类纠纷的主管，划分了民事司法权与行政权的主管范围。

编写人：天津市滨海新区人民法院　张艳辉

29

违法建筑被拆除后，发包人不得以承包人改变土地使用用途为由行使合同解除权

——后俸伯村委会诉仇某宁农村土地承包合同案

【案件基本信息】

1. 裁判书字号

北京市第三中级人民法院（2019）京03民终14997号民事判决书

2. 案由：农村土地承包合同纠纷

3. 当事人

原告（上诉人）：后俸伯村委会

被告（被上诉人）：仇某宁

【基本案情】

2004年1月7日，发包方后俸伯村委会作为甲方与承包方董某刚作为乙方签订《顺义区养殖业承包合同》一份，合同中约定，承包土地为养殖用地占地3亩，承

包期限自2004年1月7日至2034年1月7日，承包期为30年。承包费为每年每亩500元。后经多层转让，涉诉土地承包经营权由仇某宁受让，后俸伯村委会认可同意。2019年1月18日、23日，南彩镇人民政府先后作出（2019）第41号、第43号限期拆除通知书，通知书中载明，仇某宁在后俸伯村养殖小区所建的1500平方米砖结构建筑物未取得相应的许可手续，责令仇某宁限期自行拆除。另，涉诉土地利用现状为设施农用地，土地利用规划为一般农用地。后俸伯村委会以仇某宁违反承包合同及相关法律强制性规定，私自改变涉诉土地规划用途为由要求解除合同。

【案件焦点】

违法建筑被拆除后，发包人能否以承包人改变土地使用用途为由行使合同解除权。

【法院裁判要旨】

北京市顺义区人民法院经审理认为：虽然仇某宁在未经相关部门许可的情况下，在涉诉土地上建设建筑物，但上述建筑物的形成已长达数十年之久并在后俸伯村村内，而后俸伯村委会作为本村土地的管理组织，在明知仇某宁在涉诉土地上进行建设的情况下，不积极行使解除权，依然每年收取仇某宁交纳的承包金。后俸伯村委会对仇某宁未经许可进行建设的情况不仅知情，而且是默许并放任的。现涉诉土地地上物已经被拆除，仇某宁亦同意在符合土地规划用途的前提下合理合法地继续使用涉诉土地。

北京市顺义区人民法院依据《中华人民共和国合同法》第九十四条，《最高人民法院关于适用〈中华人民共和国民事诉讼法〉的解释》第九十条规定，判决：

驳回后俸伯村委会的全部诉讼请求。

后俸伯村委会不服一审判决，提起上诉。

北京市第三中级人民法院经审理认为：仇某宁通过合同权利义务受让、转让方式与后俸伯村委会订立农村土地承包合同，合同中未对合同解除权进行明确约定。涉案农村土地承包合同约定承包地为养殖用地，但后俸伯村委会在明知或应知涉诉土地存在违规建筑后仍长期与仇某宁履行合同且未行使解除权，现仇某宁在承包地上建设的地上物已被相关行政部门拆除，仇某宁亦承诺按照约定用途使用土地，后俸伯村委会目前提供的证据不能证明涉案农村土地承包合同已经丧失继续履行的基础，在此情形下，一审法院有关后俸伯村委会行使法定解除权要求解除合同的诉讼请求不应被支持的处理意见并无不妥。

北京市第三中级人民法院依照《中华人民共和国民事诉讼法》第一百七十条第一款第一项规定，判决：

驳回上诉，维持原判。

【法官后语】

国家实行严格的土地管理制度，而在以往发展经济的主导思想下，在我国特别是农村地区，为了追求经济效益，村集体经济组织往往以提供土地承诺或默许建房方式招商引资。然而，由于可供建设土地有限，因此存在大量的违法建设。在目前疏解整治促提升的发展思路下，上述违法建设面临被拆除的窘境。且发包人又以擅自改变土地的农业用途为由诉至法院，要求解除之前订立的农村土地承包合同。本案即为如此情形。

根据《中华人民共和国农村土地承包法》第四十二条规定："承包方不得单方解除土地经营权流转合同，但受让方有下列情形之一的除外：（一）擅自改变土地的农业用途；（二）弃耕抛荒连续两年以上；（三）给土地造成严重损害或者严重破坏土地生态环境；（四）其他严重违约行为。"而在实践中，发包人与承包人之间在书面协议中往往没有约定允许承包人建房，如果按照法律规定，发包人有权解除合同。但如果法院在不考虑历史背景的情况下解除合同，将引发同类型案件的激增，也将激发社会矛盾。因此在处理此类案件时，应当充分分析历史背景和违法建设及矛盾的由来，分情况予以处理。

1. 对于有书面约定允许建房的情况，由于合同约定改变了土地使用用途，违反了国家强制性规定，故该合同应属无效。认定合同无效之后，再根据双方之间的过错程度进行责任认定。

2. 对于合同中虽未约定允许建房，但承包人在建房时，发包人默许，且违法建设长期存在的，不应认定承包人擅自改变土地的农业用途而赋予发包人合同解除权。如支持发包人的合同解除权，可能形成判例效应。在承包人与村委会或经济合作社管理人员存在其他私人矛盾，或管理人员换届后基于不法利益收回土地再行发包时，发包人极可能以此要求解除合同。承包人也可能因此发生经营困难或破产等情形，激化社会矛盾，引发信访隐患，导致诚信缺失风险。因此，在此情况下，应当严格掌握合同解除权的认定。地上物如属于违法建设应当由行政机关进行认定和拆除。违法建设拆除后，如承包人承诺按照土地性质利用土地，应允许其继续承包。

3. 对于合同中未约定允许建房，承包人未经允许私自建设，发包人亦多次阻止无效后主张解除承包合同时，应当认定承包人擅自改变土地使用用途，支持发包方的合同解除权。

本案为上述第二种情形。涉诉违法建设形成于2003年至2009年，持续数年之久，在此期间，村委会对承包人的建设行为不可能不知情，据此可以认定村委会对于承包人的建设行为是默许的。在涉诉违法建设被拆除，且承包人同意按照土地性质利用土地的情况下，对于村委会解除合同的诉讼请求，应当不予支持。

编写人：北京市顺义区人民法院　胡波

30

非法转包基本农田致使合同无效应如何处理

——徐某禄诉徐某成土地承包经营权转包合同案

【案件基本信息】

1. 裁判书字号

重庆市第三中级人民法院（2019）渝03民终498号民事判决书

2. 案由：土地承包经营权转包合同纠纷

3. 当事人

原告（上诉人）：徐某禄

被告（被上诉人）：徐某成

【基本案情】

徐某禄与徐某成均系朝阳村10组村民，两户承包田南北相邻，徐某禄涉案农田的四至界限为“东至公路边，西至徐某前田上，南至徐某建田上，北至徐某成田下”。2007年12月9日，徐某禄与徐某成签订《转包土地合同》，徐某禄将自家的承包地转包给徐某成耕种。2010年5月31日，徐某禄与徐某成口头约定将徐某禄承包的44丈承包田转包给徐某成，转包费一次性付清，徐某成已向徐某禄交付涉案土地2019年的转包费。

2011年4月23日，徐某禄与徐某成补充签订《合同》一份，徐某禄将其位于朝阳村10组衙门口的44丈（0.73亩）田转让给徐某成种植草莓，转让时间为50年，每年按650斤稻谷支付转让费。徐某成取得涉案土地后，拟在自家承包地和涉案土地上修建房屋，故将两块承包地回填平整，并在涉案部分土地上打下桩基，后因未取得相应审批手续而停工。徐某禄、徐某成均确认涉案土地尚可种植除水稻以外的一般农作物。2016年6月17日，徐某禄以徐某成在涉案土地上打下桩基建房为由向法院起诉主张涉案合同无效，其后，在向重庆市第三中级人民法院提起上诉的过程中书面申请撤回起诉，法院于2017年5月9日以（2017）渝03民终598号民事裁定书撤销（2016）渝0231民初2659号民事判决书并准许徐某禄撤回起诉。

2017年7月17日，徐某禄以涉案合同符合解除条件为由向法院提起诉讼。同年8月18日，垫江县国土资源和房屋管理局在垫国土房管信访初字（2017）31号信访事项处理意见书中认定徐某成将涉案土地回填，并打下桩基用于建房，其间未办理建房用地手续而停建至今，涉及占用基本农田属实。同年9月26日，垫江县城乡建设综合行政执法局致函长龙镇人民政府，请求长龙镇人民政府督促徐某成对涉案土地进行复垦。

【案件焦点】

1. 如何认定涉案合同无效的过错责任；2. 涉案土地应否恢复成稻田及应否赔偿恢复稻田前的损失。

【法院裁判要旨】

重庆市垫江县人民法院经审理认为：《中华人民共和国土地管理法》第三十六条第三款明确规定："禁止占用基本农田发展林果业和挖塘养鱼。"涉案土地属基本农田，徐某禄与徐某成签订转包合同将涉案土地用于种植草莓，违反该禁止性规定，整个涉案合同无效，而非部分内容无效。同时，徐某禄与徐某成均明知涉案土地属基本农田而签订转包合同用于种植草莓，对此双方均有过错，且双方过错大体相当。

《中华人民共和国合同法》第五十八条规定："合同无效或者被撤销后，因该合同取得的财产，应当予以返还；不能返还或者没有必要返还的，应当折价补偿。有过错的一方应当赔偿对方因此所受到的损失，双方都有过错的，应当各自承担相应的责任。"据此，徐某成应将涉案土地返还给徐某禄。涉案合同无效，徐某禄本应将徐某成已经支付的转包费予以返还，但是，考虑到徐某成已将涉案土地回填平整，降低了涉案土地价值，且将涉案土地恢复成稻田存在现实困难，故法院酌情将徐某成已经支付的转包费全部用于赔偿徐某禄因此受到的损失。同时，鉴于徐某禄与徐某成双方对涉案合同无效均有过错，徐某禄对自己的损失也应承担部分责任，故对徐某禄的其他诉讼请求，不予支持。

重庆市垫江县人民法院依据《中华人民共和国土地管理法》第三十六条第三款，《中华人民共和国合同法》第五十二条第五项、第五十八条规定，判决：

一、徐某禄与徐某成于2011年4月23日签订的《合同》无效；

二、由徐某成在本判决发生法律效力后十日内将徐某禄承包的位于朝阳村10组衙门口的0.73亩土地返还给徐某禄；

三、驳回徐某禄的其他诉讼请求。

徐某禄不服一审判决，提起上诉。

重庆市第三中级人民法院经审理认为：关于涉案合同无效的过错责任问题。《中华人民共和国土地管理法》第三十六条规定，禁止占用基本农田发展林果业。《基本农田保护条例》第十五条规定，基本农田保护区经依法划定后任何单位和个人不得改变或者占用。徐某禄、徐某成对涉案土地系基本农田均无异议。徐某禄将自己承包的基本农田转包给徐某成种植草莓，违反了法律、法规的禁止性规定，导致合同无效。徐某禄与徐某成均明知涉案土地属基本农田而签订转包合同用于种植草莓，双方均有过错，一审确定双方过错责任大体相当并无不当。

关于涉案土地应否恢复成稻田及赔偿恢复稻田前的损失问题。因合同无效，徐某成应返还涉案土地，徐某禄返还徐某成已经支付的转包费。一审法院考虑徐某成已将涉案土地回填平整，降低了涉案土地价值，酌情将徐某成已经支付的转包费全部用于赔偿徐某禄因此受到的损失并无不当。综上所述，徐某禄的上诉理由不能成立，应予驳回；一审判决认定事实清楚，适用法律正确，应予维持。

重庆市第三中级人民法院依照《中华人民共和国民事诉讼法》第一百七十条第一款第一项规定，判决：

驳回上诉，维持原判。

【法官后语】

《中华人民共和国民法典》确立了平等、自愿、公平、诚信、守法与公序良俗、绿色等多项原则，为保障人民群众合法权益，调整民事关系，维护社会经济发展，弘扬社会主义核心价值观奠定了坚实的基础。其中第九条规定："民事主体从事民事活动，应当有利于节约资源、保护生态环境。"即确立了绿色原则，倡导可持续发展理念，构建生态时代人与自然和谐相处的新型关系，保护自然环境与其和谐共存，指引各类民事主体遵守"绿色原则"参与民事活动。在司法实践中，多种民事法律关系直接或间接涉及经济发展与环境保护和谐共存等问题，贯穿整部《中华人民共和国民法典》，在物权编、合同编以及侵权责任编等均有体现。

我国经济社会高速发展的过程中，面对耕地面积锐减、土地资源流失等问题，基本农田作为保护粮食安全的根本保障不可动摇，我国实行基本农田保护制度，严禁非法占用基本农田，其中《中华人民共和国土地管理法》《基本农田保护条例》《中华人民共和国刑法》均有相关保护性规定，基本农田保护制度对保护国家粮食安全，建设和谐社会，促进经济社会稳定协调健康发展意义重大，是落实可持续发展理念的重要内容，为全面建成小康社会提供牢固的基础保障。本案系一起因违反法律、法规效力性强制性规定被确认无效的土地承包经营权转包合同纠纷案件，当事人对基本农田造成了破坏，涉案合同不符合《中华人民共和国民法典》绿色基本原则的要求，背后的法律权利义务关系值得思考。

首先，本案审理的关键，一是双方签订的转包合同是否无效，二是涉案合同无效后应如何处理。

关于转包合同是否无效。本案中，徐某禄、徐某成对涉案土地系基本农田均无异议，《中华人民共和国土地管理法》第三十七条第三款规定："禁止占用永久基本农田发展林果业和挖塘养鱼。"《基本农田保护条例》第十五条规定："基本农田保护区经依法划定后，任何单位和个人不得改变或者占用……"徐某禄明知自己承包的土地系基本农田，仍与徐某成签订转包合同用于种植草莓，双方均明显违反了上述法律、行政法规禁止性规定。《中华人民共和国民法典》第一百五十三条第一款规定："违反法律、行政法规的强制性规定的民事法律行为无效……"根据上述规定可知，徐某禄、徐某成非法转包土地承包经营权的民事法律行为无效，导致双方签订的土地承包经营权转包合同无效。

关于涉案合同无效后应如何处理。《中华人民共和国民法典》第一百五十七条规定："民事法律行为无效、被撤销或者确定不发生效力后，行为人因该行为取得的财产，应当予以返还；不能返还或者没有必要返还的，应当折价补偿。有过错的一方应当赔偿对方由此所受到的损失；各方都有过错的，应当各自承担相应的责任。法律另有规定的，依照其规定。"本案中，合同无效后产生的民事权利义务关系应如何处理，第一，徐某禄应返还徐某成已支付的转包费；第二，徐某成在种植草莓过程中已将涉案基本农田回填平整，降低了土地价值，应赔偿徐某禄因此受到的损失。但基于徐某禄、徐某成双方均存在过错，法院酌情认定徐某成已经支付的转包费应用于赔偿徐某禄的损失。

其次，《基本农田保护条例》第三十三条规定："……占用基本农田……或者从事其他活动破坏基本农田，毁坏种植条件的，由县级以上人民政府土地行政主管部门责令改正或者治理，恢复原种植条件，处占用基本农田的耕地开垦费1倍以上2倍以下的罚款……"本案中，涉案基本农田在种植草莓过程中已被回填平整，相关行政部门应责令责任人改正或者治理、恢复原种植条件并予以罚款，严格落实基本农田保护制度。

最后，对于大规模破坏、非法占用基本农田涉嫌犯罪的，《中华人民共和国土地管理法》《基本农田保护条例》均有"构成犯罪的，依法追究刑事责任"的规定，《中华人民共和国刑法》第三百四十二条、《最高人民法院关于审理破坏土地资源刑事案件具体应用法律若干问题的解释》对此进行了具体规定。

综上所述，全面落实基本农田保护制度不可动摇，对促进经济社会全面协调协调健康发展，落实可持续发展理念意义重大。在社会经济快速发展的现代社会，各类民事主体在从事民事活动过程中，民事法律行为应符合《中华人民共和国民法典》有利于节约资源、保护生态环境绿色原则的要求，严格遵守法律、行政法规的强制性规定。

编写人：重庆市垫江县人民法院　谭陈宇

（二）土地承包经营权转让纠纷

31

违反农村集体资产交易秩序签订的土地流转合同无效

——吴某实诉戴某良排除妨害案

【案件基本信息】

1. 裁判书字号

江苏省盐城市中级人民法院（2019）苏09民终2971号民事判决书

2. 案由：排除妨害纠纷

3. 当事人

原告（被上诉人）：吴某实

被告（上诉人）：戴某良

第三人：川洋村委会

【基本案情】

川洋村委会与戴某良签订《村级经营租赁承包协议书》，约定将该村四组（村部河东）20亩土地发包给戴某良种植经营，承包期限至2018年12月31日。2018年10月10日，川洋村委会发布《川洋村土地流转承租公告》，就包含涉案土地在内的79亩土地向社会公开招标，涉案土地标段预期价格为480元，保证金为48000元。竞标时采取明底明标，第一轮所有报名者都必须竞价，不允许弃标，最后出价最高者中标（原承包者在同等条件下优先）；报名者须交纳报名费200元，必须将竞标保证金打入川洋村委会账户。随后，戴某良、吴某实在报名期限内均各自向川洋村委会交纳报名费200元和保证金48000元。因仅有吴某实一方在建湖县农村产权交易中心报名竞标，川洋村委会与吴某实于2018年11月20日签订《村级经营承包协议书》，约定川洋村委会将涉案20亩土地发包给吴某实种植，承包期限为自2018年12月31日起至2023年12月31日止，共五年；承包金为每亩每年480元，总承包金为48000元。此后，戴某良拒收川洋村委会欲退回的报名费200元和保证金48000元。2019年1月，吴某实欲耕种涉案土地，被戴某良阻止。目前，涉案土地仍由戴某良实际控制耕种。吴某实遂诉至法院。

【案件焦点】

川洋村委会与吴某实于2018年11月20日签订的《村级经营承包协议书》是否有效。

【法院裁判要旨】

江苏省建湖县人民法院经审理认为：吴某实通过公开竞标的方式获得流转土地承包经营权，且与村集体签订了土地承包经营合同，该承包合同合法有效，依法受法律保护，戴某良未经允许擅自占用吴某实承包的土地进行种植，侵害了吴某实的合法权益，应当停止侵害行为。吴某实另要求戴某良支付麦种及化肥等损失3000元，但未能提供足够的证据加以证明，酌情支持500元。

江苏省建湖县人民法院依据《中华人民共和国农村土地承包法》第三条、第九条、第十条、第三十二条，《中华人民共和国侵权责任法》第十五条及《中华人民共和国民事诉讼法》第一百四十四条规定，判决：

一、戴某良应于2019年6月15日前将其占用的位于川洋村委会四组（村部河东）20亩土地交还吴某实种植，并支付吴某实损失500元；

二、驳回戴某良的其他诉讼请求。

戴某良不服一审判决，提起上诉。

江苏省盐城市中级人民法院经审理认为：《中华人民共和国合同法》第五十二条第四项规定，损害社会公共利益的合同无效。川洋村委会发布的《川洋村土地流转承租公告》对报名事项的不利后果未作规定，且在规定竞价竞标方式的同时，又不当地规定了原承包者在同等条件下优先。在招标过程中，戴某良按期向川洋村委会交纳了报名费和保证金，在没有报名事项不利后果规定的情况下，应认定戴某良本次参与竞标的报名有效。川洋村委会作为发包方和招标公告的发布者负有切实有效地通知各报名者参与竞标的义务，但川洋村委会在本次招标过程中未能切实有效地履行该通知义务，是造成涉案土地未能进行实质性竞标的直接原因，违反了公平竞争的原则，损害了社会公共利益。川洋村委会与吴某实于2018年11月20日签订的《村级经营承包协议书》依法应属于无效合同．

江苏省盐城市中级人民法院依照《中华人民共和国合同法》第五十二条第四项，《中华人民共和国民事诉讼法》第一百七十条第一款第二项至第三项规定，判决：

一、撤销江苏省建湖县人民法院（2019）苏0925民初1516号民事判决；

二、驳回吴某实的诉讼请求。

【法官后语】

近年来，为推进农村集体产权制度改革，规范农村集体资产的合法流转，各地均建立了农村集体资产交易平台，试图以集体资产交易项目通过平台公开交易的方式，确保交易事项公开透明，交易程序高效规范，交易结果公平公正。但是在实践中，囿于农村集体经济组织的能力问题、相关配套机制尚未完善等现状，集体资产交易平台中进行的土地流转行为仍然存在很多不规范的情况。例如，公告内容缺失，未告知不利后果；招标方式矛盾，反映在竞标与优先权的取舍；竞标程序违法，交易流程局部空转；交易流程烦琐，报名程序重复设置等。对此，需要通过司法审判对农村集体产权交易行为及其管理进行监督引导，促进国家土地管理制度改革的落地生根，以利于国家乡村振兴战略的实施和推进。

涉及农村集体产权交易行为的司法审查要点主要包括：

1. 对农村产权交易主体的审查。产权交易主体是指享有或拥有财产所有权或具体享有所有权某一项权能以及享有与所有权有关的财产权利的自然人、法人、其他组织或其代理人。对农村产权交易主体的审查内容，一是审查确定适格的集体经济组织。根据《中华人民共和国民法典》第二百六十二条规定，对集体资产享有所有权的主体包括三类，分别是村（居）民委员会、该村（居）内的村民小组、乡镇集体经济组织。法院应当要求产权人提供产权登记或其他法定凭证，以确定涉案集体资产的权利归属，从而认定当事人能否作为合法权利人参与诉讼。二是审查确定产权交易平台的资质。各地根据农村产权交易管理的需要，对不同层级的交易平台规定了不同数额的交易标的。法院在审理案件时应当了解所在市、县、镇的农村产权交易平台的资质范围，防止出现交易平台超权限超标的从事产权交易活动的违法违规情形。

2. 对农村产权交易客体的审查。产权交易客体是指产权权能所指向的标的，是产权主体可以控制和支配或享有的具有经济价值的物质资料。对农村产权交易客体的司法审查内容，一是审查确定资产的属性。从司法实践来看，集体经济组织对集体资产的管理较为松散和混乱，资产登记账册等档案材料遗漏缺失的情况并不少见，导致部分集体资产的属性无法确定或存在争议。法院加大对资产属性的审查力度，可以有效甄别交易标的中的国有资产或私人合法财产，以保障国家利益和他人合法权益。二是审查资产能否流通。农村集体资产具有一定的社会保障功能，涉及集体经济组织成员的群体利益。有的集体资产禁止流通，有的集体资产可以有条件进行流通。法院应当注意审查交易标的是否属于可以流通的范围，确保农村产权交易行为合法合规。三是要审查资产的性质和用途。以农村土地为例，根据《中华人民共和国土地管理法》第四条第一款“国家实行土地用途管制制度”及第三十七条第二款、第三款“禁止占用耕地建窑、建坟或者擅自在耕地上建房、挖砂、采石、采矿、取土等。禁止占用永久基本农田发展林果业和挖塘养鱼”的规定，国家对农村土地的用途有限制性规定，法院应当通过审查集体资产的性质和用途以确定农村产权交易不存在违反法律、法规强制性规定或公序良俗的情形。

3. 对农村产权交易程序的审查。农村产权交易的基本流程主要包括产权界定、交易方案审批、资产评估、委托交易、发布公告、产权交易、结算交付。根据实施的主体又可以分为集体经济组织的产权交易前程序和产权交易中心的交易程序。对产权交易程序的审查，一是要审查交易前的程序是否完备。比如，《中华人民共和国土地管理法》第六十三条第二款规定，前款规定的集体经营性建设用地出让、出租等，应当经本集体经济组织成员的村民会议三分之二以上成员或者三分之二以上村民代表的同意。法院在审查时就应当注意集体经济组织在进行产权交易前是否召开了村民会议或村民代表会议。又如，对于法律、法规规定需要报请批准的项目或必须通过招投标方式进行交易的项目，集体经济组织是否履行了报批程序或依法委托了招标代理机构。二是要审查产权交易过程中的程序是否合法。目前，对于农村产权交易程序还缺乏详细具体的规定，法院在审查过程中要充分运用法律的基本原则，考察集体资产交易程序是否存在限制当事人平等参与交易、扰乱正常市场交易秩序、损害国家和集体利益等情形，确保当事人在产权交易过程中的正当程序权利。

本案系原承包人与现承包人因农村土地承包经营权流转引发的排除妨碍纠纷。川洋村委会虽然发布了土地流转公告，但是未能切实有效地履行通知报名者参与竞标的义务，导致涉案土地未能进行实质性竞标，有违公平竞争的原则，损害了社会公共利益。二审判决对有违公正的竞标结果作出否定性评价，有效督促集体经济组织依法、依规开展公开招标活动，有利于维护集体资产交易秩序和竞标人平等参与的权利。同时，考虑到建设和运行农村产权交易中心平台是贯彻落实中央关于深化农村改革的重要举措，关乎群众切身利益，江苏省盐城市中级人民法院还依法向建湖县农业农村局发出司法建议，就本案反映出的农村集体土地使用权流转竞标工作的问题予以指出，并从法律规定、政策要求和执法理念等方面提出了针对性的建议，有效发挥了司法审判参与社会治理的功能，展现了司法审判在服务美丽乡村建设、助推乡村振兴战略中的积极作用。

编写人：江苏省盐城市中级人民法院　周和

32

档案记录与实际不符是否影响土地承包经营权转让的效力

——沈某诉榆林堡经合社土地承包经营权确认案

【案件基本信息】

1. 裁判书字号

北京市延庆区人民法院（2019）京0119民初12104号民事判决书

2. 案由：土地承包经营权确认纠纷

3. 当事人

原告：沈某

被告：榆林堡经合社

第三人：陈某

【基本案情】

1997 年 12 月 10 日，沈某、陈某分别与榆林堡经合社签订了土地承包合同书，沈某家庭承包了位于榆林堡村的老菜园地、枕头地和吴家各达地，共计 4.39 亩，陈某家庭承包了包括北二珍 5.52 亩土地在内的土地共计 26.14 亩。后因沈某家庭承包的土地与他人有争议，沈某要求榆林堡村继续解决承包土地的问题，陈某主动提出将自家土地承包合同项下的北二珍地 5.52 亩交由沈某家庭耕种，双方未签订书面协议，但双方到榆林堡村委会，由时任村会计将陈某家庭土地承包合同及土地承包经营权证书项下北二珍地画掉，将沈某家庭土地承包合同和土地承包经营权证书项下的老菜园地、枕头地和吴家各达地画掉，写上了北二珍地 5.52 亩。合同签订后，沈某家庭耕种北二珍地至今。2019 年 10 月 17 日，沈某以此轮土地确权时，政府工作组未能将北二珍地确权到其家庭为由诉至法院。榆林堡经合社表示，经向北京市延庆区档案馆核查，存档的土地承包合同显示诉争土地的确权承包方为陈某。经询时任村会计，其表示：1997 年，陈某和沈某双方的合同进行上述更改后，榆林堡村委会保管的相应土地承包合同也应该进行了更改，但不知道目前该合同存放何处；对于陈某是让沈某临时耕种该土地还是进行转让的情况不了解。

【案件焦点】

1. 土地承包经营权转让合同生效的要件有哪些；2. 第三方存档（备案）记录是否影响土地承包经营权转让行为的效力。

【法院裁判要旨】

北京市延庆区人民法院经审理认为：根据法律规定，国家实行农村土地承包经营制度，农村土地承包采取农村集体经济组织内部的家庭承包方式；承包方承包土地后，享有土地承包经营权，可以自己经营，也可以保留土地承包权，流转其承包地的土地经营权，由他人经营；承包合同自成立之日起生效，承包方自承包合同生效时取得土地承包经营权；经发包方同意，承包方可以将全部或部分的土地承包经营权转让给本集体经济组织的其他农户，由该农户同发包方确立新的承包关系，原承包方与发包方在该土地上的承包关系即行终止。陈某家庭在 1997 年签订土地承包合同时，即在榆林堡村委会将北二珍土地画掉，写入沈某家庭土地承包合同，双方虽然未签订书面的土地转让合同，但土地承包合同是确定土地承包经营权的依据，且双方的转让行为在榆林堡村委会进行，榆林堡村委会保管的承包合同也进行了相应的更改，土地承包经营权证书亦作了相应的更改，该行为发生土地承包经营权转让的效力。沈某要求确认其家庭对位于榆林堡村北二珍 5.52 亩土地享有承包经营权的诉讼请求，符合法律规定。

北京市延庆区人民法院依照《中华人民共和国农村土地承包法》第三条、第九条、第二十三条、第三十四条规定，判决：

沈某对北二珍 5.52 亩土地享有承包经营权。

【法官后语】

依据《中华人民共和国农村土地承包法》第二十四条规定，登记机构应当向承包方颁发土地承包经营权证或者林权证等证书，并登记造册，确认土地承包经营权。事实上，对农村土地承包合同进行登记造册，并纳入土地档案管理，早在 20 世纪即已开始。承包合同入档备份，一方面，有利于厘清家庭联产承包的土地界限，明晰产权归属，避免引发权属纠纷；另一方面，也是为了监督发包方，防范发包方随意收回、调整土地，使承包方的权利救济有合法依据。

问题在于，当前农村土地产权改革不断深入，承包地的产权现状较历史发生较大变化，但由于承包地转让、互换、出租等权属变动合同的造册存档并非法律的强制性要求，包括村级档案在内的土地档案的更新管理还不健全、不完善。一旦承包地多手流转的某个环节出现矛盾，加之口头协议、不规范合同泛滥，故近年来法院受理了大量该类承包地权属纠纷，其中土地承包经营权转让合同纠纷亦不在少数。

依据《中华人民共和国农村土地承包法》第三十四条规定，转让是指承包方有稳定的非农职业或者有稳定的收入来源，经承包方申请和发包方同意，将部分或全部土地承包经营权让渡给其他从事农业生产经营的农户，由其履行相应土地承包合同的权利和义务。转让后原土地承包关系自行终止，原承包方承包期内的土地承包经营权部分或全部灭失。通常，土地承包经营权转让合同自成立时生效，但若未经发包方同意，转让合同可能会被确认为无效。而结合《最高人民法院关于审理涉及农村土地承包纠纷案件适用法律问题的解释》第十四条之规定，承包方依法采取转包、出租、互换或者其他方式流转土地承包经营权，发包方仅以该土地承包经营权流转合同未报其备案为由，请求确认合同无效的，不予支持。这表明，承包地转让合同不会因未备案而无效，档案记录与实际不符不影响土地承包经营权转让合同的效力，但是未经备案留档，不得对抗善意第三人。

综合《中华人民共和国农村土地承包法》第三十四条的规定，双方对承包地转让合同效力发生分歧的，应重点审查受让方是否经过本集体经济组织的其他农户以及发包方同意。就本案而言，陈某与沈某家庭均系榆林堡村农户，双方在该村村委会确认将陈某名下承包地转让给沈某，并由时任村会计对双方家庭的土地承包经营权证进行修改，应当认定构成发包方同意的高度盖然性标准。虽然该合同未备案留档，导致后续土地确权工作开展时，工作组依据旧存档案将涉案土地确权给陈某，但这不能否定陈某与沈某家庭之间承包地转让合同的效力。即沈某早在转让合同生效时即取得涉案土地的承包经营权，其亦可以凭借生效转让合同，要求对登记错误行为进行修正。

编写人：北京市延庆区人民法院　石菲

33

农村土地流转自主权的限制保护

——刘兆某诉刘春某农村土地承包合同案

【案件基本信息】

1. 裁判书字号

江苏省兴化市人民法院（2019）苏1281民初1244号民事判决书

2. 案由：农村土地承包合同纠纷

3. 当事人

原告：刘兆某

被告：刘春某

【基本案情】

1998年9月10日，刘兆某取得位于刘丰村北刘新两河边4.8亩土地的承包经营权。2015年年底，刘春某及刘兆某之子刘某才协商合伙流转其他村民的土地用于种植。二人共同与刘某功等部分村民签订土地流转协议书后，经二人协商，刘某才退出合伙，实际由刘春某一人承包，总面积为100多亩，其中包含刘兆某的土地4.8亩。

刘兆某与刘春某之间未签订书面土地流转合同，根据刘春某与刘某功等其他村民签订的土地流转合同样本，约定土地流转的用途为种植。实际经营中，刘春某将流转土地最初用于种植、养殖套养，后又开挖成成片的蟹塘。前三年的土地流转金刘兆某已收取。2018年年底，刘兆某不再接受刘春某的土地流转金，要求收回土地。

【案件焦点】

是否应当对承包方行使流转自主权作出限制。

【法院裁判要旨】

江苏省兴化市人民法院经审理认为：我国农村土地承包采取农村集体经济组织内部的家庭承包方式，通过家庭承包取得的土地承包经营权可以依法采取转包、出租、互换、转让或其他方式流转。本案双方当事人虽未签订书面的土地流转合同，但已经形成事实的土地流转关系。刘兆某已收取刘春某前三年的土地流转租金，包括刘兆某土地在内的100余亩土地已形成成片的蟹塘，刘兆某的土地在蟹塘中间，无法单独画出。最初刘春某与其他村民签订的书面土地流转协议约定的土地流转用途为种植，实际刘春某用于种植及养殖。2018年11月，刘春某与其他数十户村民均重新签订了土地流转合同，用途为种植、养殖。刘春某未改变土地的农业用途，约定的土地流转租金与周边流转土地用于养殖的土地流转租金数额基本一致。成片蟹塘涉及数十户村民，现仅刘兆某一户起诉要求解除土地流转协议，返还土地，无事实和法律依据。经法院释明，刘兆某不同意变更诉讼请求，刘兆某的诉请，不应予以支持。

江苏省兴化市人民法院依照《中华人民共和国土地承包法》第三十二条，《中华人民共和国民事诉讼法》第六十四条、第一百四十二条，《最高人民法院关于民事诉讼证据的若干规定》第二条规定，判决：

驳回刘兆某的诉讼请求。

【法官后语】

《中华人民共和国民法典》物权编在《中华人民共和国土地承包法》的基础上，增设土地经营权并以三个条款对该权利的行使作出规定：第三百三十九条明确了土地经营权的流转方式。土地承包经营权人可以自主决定依法采取出租、入股或者其他方式向他人流转土地经营权。第三百四十条明确了土地经营权人在合同履行期内享有的权利。土地经营权人有权在合同约定的期限内占有农村土地，自主开展农业生产经营并取得收益。第三百四十一条明确了流转期限为五年以上的土地经营权的设立与登记。流转期限为五年以上的土地经营权，自流转合同生效时设立。当事人可以向登记机构申请土地经营权登记；未经登记，不得对抗善意第三人。上述规定实现了农村土地“三权分置”改革从政策提出到单行法确认，再到纳入法典的历史跨越，将土地的经营权从承包权中分离，丰富了集体土地的权利体系，有利于激发权利主体的积极性，充分实现集体土地使用收益的最大化。

本案刘兆某的诉讼请求之一就是解除与刘春某之间的流转关系，即要求行使流转自主权。现有法律法规对于承包人流转自主权的行使并未作出限制规定，导致部分承包人基于个人利益随意要求解除合同，损害其他多数人利益。对于是否可以支持承包人的流转自主权，应当从“三权分置”改革政策出发，融入《中华人民共和国民法典》关于土地经营权规定的新精神，在《中华人民共和国土地承包法》第三十二条、第三十四条规定的基础上，从限制保护土地承包权人流转自主权的角度，结合合同解除条款，对个人和集体之间的利益作出平衡裁决，维护交易稳定、实现土地收益。

《中华人民共和国土地承包法》第三十四条规定的流转主体自主权是基于承包人的弱势地位作出的保护性规定，也体现了公权力对农民土地权益保护的倾斜。虽然法律对承包人的流转自主权行使没有作出限制，但流转土地往往牵涉农民群体等多数人利益，限制之下的流转自主权才能更好地促进土地流转、维护农民权益。结合《中华人民共和国民法典》第三百四十一条，该条规定排除了流转期限不满五年的土地经营权，即《中华人民共和国民法典》不承认流转期限不满五年的土地经营权具有物权性质。“五年”限制正是出于占有土地开展农业生产经营所需求的稳定性，土地流转合同的期限低于五年不利于实现土地有效利用，如此期限设定也体现了立法在时间层面对流转自主权的行使作出了限制规定。

因此，土地流转合同应当受《中华人民共和国民法典》规制，在未满足关于合同解除的条件时，承包人不可行使土地流转自主权。同时，即便满足合同解除条件，基于土地“三权分置”改革的精神和目的，还应对承包人的农村土地流转自主权的行使进行适当限制，主要从以下三个方面进行考量：

一是价值位阶原则。对流转自主权的充分保护所实现的价值与限制保护所实现的价值相比较，位阶高的价值优先予以保护。如本案中，刘兆某个人利益与多数承包户的集体利益相较而言，集体利益应当优先予以保护。

二是实际履行原则。即对于流转自主权的充分保护是否有实际履行的可能性，即流转自主权的保护是否具有执行力。如刘兆某要求将其承包地恢复原状，但就具体案情来看，其承包土地已随多户村民承包土地共同被开挖改造成蟹塘，且位于蟹塘中心位置，并无单独恢复原状的现实可能性。从判决执行力的角度出发，不宜支持刘兆某的请求。

三是鼓励交易原则。从土地三权分置改革的目的出发，不宜轻率解除合同、终止交易。《中华人民共和国农村土地承包法》第三十八条规定“受让方须有农业经营能力”，从此条法律规定的立法目的看，土地流转是为了整合承包户土地，由具备资金基础、农业技能、经营能力的受让人对土地进行高效能利用，提高土地产能，同时通过有偿流转的形式，为承包人提供稳定经济来源。由此，在流转协议不存在法定无效情形下，不宜解除合同。以法律判决形式将土地三权分置改革的政策精神贯彻落实，也是法律判决担负起社会治理、促进社会发展使命的表现形式。

编写人：江苏省兴化市人民法院　朱均　丁军生

34

冲突合同条款解释规则和方法的适用

——刘某诉上庄村经济合作社、上庄村股份合作社农村土地承包合同案

【案件基本信息】

1. 裁判书字号

北京市昌平区人民法院（2020）京 0114 民初 481 号民事判决书

2. 案由：农村土地承包合同纠纷

3. 当事人

原告：刘某

被告：上庄村经济合作社、上庄村股份合作社

【基本案情】

刘某系上庄村村民。1994 年，刘某户与上庄村经济合作社签订 46 号《土地承包合同》，约定以家庭承包方式承包兴沟、新坟两块地块。后刘某又通过自愿参与、抓阄的方式取得水库地块的承包权。刘某耕种上述三块地至今。

2016 年，上庄村两委会表决通过《实施方案》，规定：为落实全区政策进行土地经营权集约流转，承包户可自愿将土地承包经营权、其他土地使用权及其地上物所有权移转到股份经济合作社实现集约化利用，收益为每人每年 5000 元。《实施方案》、村民会议情况公示 7 日，确保全体知晓。特别注意：原土地承包人以家庭为单位参与，土地是该承包户全部土地及其地上物，包括土地、林地和原来分的自留地自留山，不接受拆分处理。后上庄村按法定程序公示。

2019 年，刘某与上庄村股份合作社签订了《土地集约经营流转协议》，约定刘某将其第 46 号《土地承包合同》项下土地承包经营权集中至上庄村股份合作社进行集约经营管理，双方依据《实施方案》，达成如下协议：1. 刘某户土地及地上物包括全体家庭成员全部的承包土地、园林地、自留地、自留山、后补园林土地以及地上林木所有权。双方现对《流转协议》中的不一致条款产某争议，刘某主张只流转第 46 号合同中所涉地块的约定，水库地应当由其继续耕种；2. 上庄村股份合作社则认为依据《实施方案》和《土地承包合同》，该水库地块为后补园林地，应当一并交回。

法院向延寿镇政府出具《协助调查函》，请其对流转政策等进行回函说明，其回复称："我镇统一推进全区集约经营管理工作，各村在村民自愿、民主决策的前提下制定方案后公开表决。承包户可自愿参与流转，但参与土地应是一户全部土地及其地上物，包括土地、林地和自留地自留山，不接受拆分处理。本案水库地属于后补园林地，属于流转范围内，一并流转方可取得流转收益。本镇其他村的集约经营流转中均如此规定"。

另，上庄村股份合作社已按5000元/年/人的标准支付收益，兴沟和新坟为4600元，自留地为400元。

【案件焦点】

《土地集约经营流转协议》中既约定了“将第46号《土地承包合同》项下土地承包经营权集中流转”，又约定了“流转土地包括全体全部承包土地、园林地、自留地、自留山、后补园林地”，涉案水库地块是否属于《土地集约流转经营协议》中应当交回集体的土地范围。

【法院裁判要旨】

北京市昌平区人民法院经审理认为：依据《中华人民共和国土地承包法》的规定，刘某在承包土地之后，对土地依法享有土地承包经营权，可以自行经营，也可以保留土地承包权，流转其承包地的土地经营权，由他人经营。土地经营权流转的，双方应当签订书面流转合同。

本案中，造成双方理解不同的原因在于《土地集约经营流转协议》用语不够准确，既约定了“将该第46号《土地承包合同》合同项下土地承包经营权集中至上庄股份合作社，将所承包土地及地上物交由村里进行集约经营管理”，又约定了“交回土地包括一户土地及地上物包括全体家庭成员全部的承包土地、园林地、自留地、自留山、后补园林土地以及地上林木所有权”，双方各自持不同条款进行理解。但经过村两委会表决通过并经法定程序进行村务公示的《实施方案》中的“特别注意条款”明确载明：原土地承包人以家庭为单位参与集约经营流转，参与土地是承包户全部土地及其地上物，包括土地、林地和原来分的自留地自留山。再结合镇政府回函答复，足以对双方争议的内容作出明确解释，即水库地块应当包含在《土地集约经营流转协议》的流转范围之内，刘某在将该地块一并交回村里并领取包含该地块部分在内的补偿款后，又主张应当由其自行耕种的诉讼请求，与镇、村实施方案不符，也与合同约定的本意不符，不予支持。

北京市昌平区人民法院依据《中华人民共和国合同法》第八条，《中华人民共和国农村土地承包法》第三条、第九条、第十七条、第四十条、第四十四条、第四十八条规定，判决：

驳回刘某的全部诉讼请求。

【法官后语】

本案的争议焦点非常清楚，就是《土地集约经营流转协议》中两条并列关系的条款出现了冲突，导致双方对“水库地块是否属于流转范围”产生争议。第一次开庭后，法官即确认本案的审理方向应当是对冲突的合同条款进行分析和选择适用，这涉及合同解释的问题。所谓合同解释，是指法官在案件审理过程中为解决合同条款相互之间的矛盾和冲突，运用各种解释规则和方法，探究当事人的真实意思以确定合同条款的真意，进而确定当事人在合同中的权利、义务的活动。合同解释的目的在于使合同条文含义、当事人权利义务明确化，实现定分止争、消弭冲突、保障合同顺利履行的效果。司法实践中，由于社会关系和社会生活日益复杂，当事人认知能力、文化水平和法律意识参差不齐，作为权利义务表述载体的文字又具有多义性、模糊性和歧义性等局限，往往造成合同的用词不当或条款相互冲突，使当事人的真实意思表示难以明确表达。有时还会存在部分当事人恶意使用模糊、不当的语言文字给对方和法院裁判造成障碍的情形，此时就更需要在审理合同案件时，正确使用合同解释的规则和方法准确认定事实，得出正确的裁判结果。

《中华人民共和国合同法》第一百二十五条规定：“当事人对合同条款的理解有争议的，应当按照合同所使用的词句、合同的有关条款、合同的目的、交易习惯以及诚实信用原则，确定该条款的真实意思”。《中华人民共和国民法典》第一百四十二条将以上条款内容分为“有相对人的意思表示的解释”和“无相对人的意思表示的解释”两种，但用语变化微小。具体来说，合同解释的方法主要包括以下几种规则：1. 文义解释，指考虑合同词句的语义来探究当事人的真实意思表示，但不应仅拘泥于文字解释词语含义，而是要全面考量与合同相关的各种因素，包括缔约前的谈判、具体洽谈过程等。2. 体系解释，又称为整体解释，指将合同作为一个有机整体来理解，从各个合同条款之间的相互关联、所处的地位来分析争议条款的含义，切忌孤立看待某一个条文。3. 目的解释，即探究当事人希望通过订立合同想要达到的目的，要注意是双方当事人共同的目的，而不是某一方的目的。因为当事人在合同中所有的约定，都是为了服务于其目的的实现，因此目的解释往往较为有效。4. 习惯解释，即按照交易形成过程中长期形成的、为大多数交易者所承认的条款，一般用于对条款的补充解释。5. 诚信解释，作为民法中的帝王条款，法律对诚信的要求贯穿所有民事活动始终。要求当事人抱着以诚相待、信守诺言、不施欺诈的心态进行交往。

根据本案审理，对合同解释规则的适用作如下分析：1. 文义解释上，条款虽矛盾，但文字很清晰，凸显了条款之间的冲突，所以无法运用该规则解释当事人的本意；2. 体系解释上，《土地集约经营流转协议》来源于镇里提供给村里的制式合同，从笔者的审判经验来看，协议内容与之前村民之间《土地流转协议》的部分内容高度相似，推测镇业务部门可能套用“模板”；3. 目的解释上，双方的共同目的都是将土地流转以解放劳动力并获取村里出租土地后所得的收益；4. 习惯解释上，此为各省市落实党的十八大和十八届三中、四中全会精神而推行的创新土地流转方式。前期本市并无试点，故没有习惯可循。但同时期其他镇村的操作方式可作有限参考；5. 诚信解释上，该村曾就此作出《实施方案》，并经村两委会表决通过后按照法定程序公示。刘某一直居住于本村，且土地流转作为一项涉及村民根本利益的极其重大事项，村内无人不知，刘某也认可收取了包含4600元承包地和400元自留地在内的流转对价，加之法院又对镇政府进行函询确认，故本案确认流转地块应当包含后补园林地，即涉案水库地。

值得说明的是，为延伸司法职能，审理法院就合同条款约定存在冲突的情况向镇政府发送了司法建议，建议其提升相关部门业务水平及责任心，调整合同条款，加强政策宣讲力度，对刘某主张引发其他村民不平衡以致部分村民偷种的行为予以制止，进行解决，镇政府予以积极回函，表示完全接受以上建议，将立即进行整改，请法院予以持续监督。

编写人：北京市昌平区人民法院　杨杰　刘洋洋

（三）土地承包经营权出租纠纷

35

土地承包经营权租赁关系涉及第三方情形下承包方的认定

——大马组诉邹某伦土地承包经营权出租合同案

【案件基本信息】

1. 裁判书字号

安徽省滁州市中级人民法院（2019）皖11民终1644号民事判决书

2. 案由：土地承包经营权出租合同纠纷

3. 当事人

原告（被上诉人）：大马组

被告（上诉人）：邹某伦

第三人：关某涛

【基本案情】

2017年3月9日，邹某伦与大马组签订《全椒县农村土地承包经营权流转合同》一份，邹某伦租赁大马组水旱田计118.76亩，其中水田租赁费为每年400元/亩，旱田每年100元/亩，租赁期限为2017年3月8日至2026年3月8日。合同签订后，邹某伦向西王镇农技站申报了秸秆禁烧等补贴以及购买国元农业保险手续，在租赁土地上种植了水稻，支付了半年租金22700元。2017年12月，邹某伦欲将租赁的土地转与关某涛，告知大马组后，村民当即表示“不认关某涛，只认邹某伦”。关某涛租赁涉案土地后，至西王镇申报秸秆禁烧等补贴以及购买国元农业保险手续，因需要提交合同原件，关某涛遂持一份《农村土地流转合同》至大马组，表明该合同仅是为了办理秸秆禁烧等补贴和国元农业保险需要，村民才在合同上签字。该合同关某涛未交给大马组村民持有。此后，关某涛在案涉土地流转合同上注明“解除合同转于关某涛”，邹某伦、关某涛分别签字，龙山村委会加盖公章，后交关某涛收存。关某涛承租案涉承包田后，向大马组村民支付了2017年下半年租金23498元，2018年种植水稻后，关某涛向大马组以及邹某伦提出不再租赁该土地，大马组村民要求关某涛交纳2018年上半年租金，否则不准关某涛收割稻谷，经龙山村委会调解，关某涛交齐2018年上半年租金22700元。大马组村民要求邹某伦支付2018年下半年租金，邹某伦以合同已解除为由拒绝支付，纠纷经龙山村委会调解，双方未能达成协议。

另，种植农田在100亩以上的粮食大户按相关农业政策，可申报秸秆禁烧等补贴，购买国元农业保险，可获得农业受灾损失赔偿。申报相关农业补贴需提交土地流转合同原件，经审查后交复印件存档。邹某伦租赁耕种大马组承包土地，实际领取2017年秋季的秸秆禁烧补贴；关某涛申报2018年秋季秸秆禁烧补贴，该补贴尚未发放。

【案件焦点】

如何认定土地承包经营权出租合同的相对方。

【法院裁判要旨】

安徽省全椒县人民法院经审理认为：本案是因出租土地承包经营权引发的，案由应为土地承包经营权出租合同纠纷。大马组与邹某伦签订《全椒县农村土地承包经营权流转合同》是双方真实意思表示，该合同不违反法律、行政法规强制性规定，依法有效，并对双方当事人具有约束力，双方当事人应按照合同约定全面履行合同义务。邹某伦在租赁过程中，将租赁的土地承包经营权转给关某涛，但邹某伦与大马组之间的土地承包经营权出租合同并未解除，双方签订的土地承包经营权流转合同依法继续有效。大马组村民虽然在关某涛持有的《农村土地流转合同》上签字，但仅是为了关某涛申报秸秆禁烧补贴等提供方便，真实意思并不是与关某涛签订农村土地流转合同，根据《中华人民共和国民法总则》第一百四十六条规定，行为人与相对人以虚假的意思表示实施的民事法律行为无效。故大马组与关某涛签订的《农村土地流转合同》应属无效，对邹某伦关于大马组与关某涛已签订土地流转合同的抗辩理由不予采信。因合同相对人是大马组，合同是否解除应由邹某伦与大马组协商解决，关某涛与邹某伦两人约定的“解除合同转于关某涛”对大马组不产生约束力，对邹某伦关于与大马组签订的承包地流转合同已解除的抗辩，不予采信。截至2019年3月8日，大马组与邹某伦的合同已存续2年，邹某伦应按照合同约定支付2年的租金，邹某伦与关某涛共同支付租赁大马组承包地租金68898元，尚欠租金23494元未付，大马组请求支付，符合法律规定，予以支持。邹某伦与大马组的合同至2026年3月8日届满，但邹某伦在诉讼期间明确表示不再耕种大马组的承包地，鉴于出租土地承包经营权的履行的特殊性，以及邹某伦与大马组之间的矛盾，双方已失去继续履行合同的基础，自2019年3月9日起大马组要求邹某伦继续履行合同的请求，不予支持。

安徽省全椒县人民法院依照《中华人民共和国农村土地承包法》第三十六条，《中华人民共和国合同法》第八条、第六十条第一款、第二百一十二条、第二百二十四条，《中华人民共和国民法总则》第一百四十六条规定，判决：

一、邹某伦于本判决生效之日起十日内支付大马组承包地出租费用23494元；

二、驳回大马组其他诉讼请求。

邹某伦不服一审判决，提起上诉。

安徽省滁州市中级人民法院经审理认为：《全椒县农村土地承包经营权流转合同》系大马组与邹某伦的真实意思表示，合法有效。双方当事人应当按合同约定履行各自的义务。根据该合同约定，“乙方将甲方以转包、出租方式流转的土地实行再流转，应当取得甲方同意”。邹某伦如将涉案土地再流转，应当与大马组履行相应的合同义务，即经大马组同意。但大马组否认其同意由关某涛承租涉案土地，仅认为系关某涛代邹某伦继续履行涉案合同，合同的主体仍是大马组与邹某伦。虽然关某涛在《全椒县农村土地承包经营权流转合同》中写有“解除合同转于关某涛”，邹某伦也签字确认，但涉案合同的主体是大马组与邹某伦，关于解除合同，大马组并没有在合同中签字确认。该内容对大马组没有约束力。邹某伦没有举证证明其将涉案土地再流转得到大马组的同意，没有按合同约定履行再流转土地经大马组同意的义务。邹某伦承租大马组土地后，如不再履行合同，应当与大马组履行解除合同的相应手续，其没有履行解除合同的手续，涉案合同对其仍具有约束力，应承担给付租赁费的义务。

安徽省滁州市中级人民法院依照《中华人民共和国民事诉讼法》第一百七十条第一款第一项规定，判决：

驳回上诉，维持原判。

【法官后语】

本案系一起农村土地集中流转中如何确定合同相对方的典型案例。农户委托大马组集中对外进行土地承包经营权流转，大马组与邹某伦签订土地承包经营权合同系双方的真实意思表示，合法有效。后因关某涛介入涉案合同的履行，致双方对案涉租赁合同承租方的认定产生分歧。对此，需要探究其三方之间的法律关系。

1. 应区分转租关系和租赁权转让关系。在转租关系中，转租人并不退出原租赁合同关系，而是以出租人的身份将租赁标的再次出租。而租赁权转让关系中，转租人因将租赁权转让他人而退出了原租赁关系。在土地流转关系中，无论是土地承包经营权转租还是土地承租权转让，均以取得集体经济组织同意或追认为生效要件。本案中，大马组仅同意关某涛代邹某伦继续履行涉案合同，也即大马组同意邹某伦对案涉土地进行转租，邹某伦并未退出原租赁关系，仍系原租赁合同的承租方。邹某伦并未提供其转让案涉租赁权取得大马组同意的证据。故邹某伦与关某涛之间系转租关系，而非邹某伦主张的其已经将案涉土地的租赁权转让给关某涛，邹某伦仍应按照原合同约定向大马组承担给付租赁费的义务。

2. 合同解除争议与合同履行的关系。合同解除有约定解除与法定解除之分。约定解除包括两种情形，即当事人既可以基于协商一致解除合同，也可以在合同中预先约定解除合同事由，该事由发生时，解除权人可以解除合同。在双方当事人对原合同的解除未协商一致且不符合法定解除的情况下，双方仍应按照合同约定履行义务。但本案的特殊性在于，土地出租合同的履行具有长期性，双方一旦因合同解除问题产生争议并形成合同僵局，往往已失去继续履行合同的基础，如继续维持原合同，有时对双方都不利。《全国法院民商事审判工作会议纪要》第四十八条之规定赋予了违约方解除合同的权利，在守约方不同意解除合同的情形下，虽然有强制履行的制度设计，但强制履行显然不适用于所有不自愿履行的情形，赋予违约方以承担违约责任的方式适当行使合同解除权也有利于打破合同僵局。《中华人民共和国民法典》第五百八十条也对合同陷入僵局时的解除作了规定。本案中，大马组要求继续履行与邹某伦之间的土地出租合同，但未获法院支持。因为面对僵局，由违约方承担违约责任并解除合同，出租方才能及时止损。

实现农村土地集约化经营是实现乡村振兴战略的重要途径之一，农村土地集约化过程中，土地承包经营权流转现象必然会日益增多。因我国土地自发流转现象较多，没有统一规范的程序。因此，必须要规范土地流转，避免引发不必要的纠纷。其中对土地流转合同的订立和解除把好关，是规范土地流转程序的关键。同时，加强合同履行过程的管理，也是农村经济发展亟须解决的问题。

编写人：安徽省全椒县人民法院　李昌青

36

不能径直依据土地利用现状图判定用地行为性质

——田某诉南观村经合社农村土地承包合同案

【案件基本信息】

1. 裁判书字号

北京市房山区人民法院（2019）京0111民初5296号民事判决书

2. 案由：农村土地承包合同纠纷

3. 当事人

原告：田某

被告：南观村经合社

【基本案情】

2005年9月16日，田某与南观村经合社签订《荒滩租赁协议书》，租赁该村河滩地块30年，并约定田某应合法经营。田某缴纳租金后办理了经营证照，修建鱼池等建筑物、种植树木、经营垂钓园。

2018年，北京市农村工作委员会和北京市规划和国土资源管理委员会房山分局（以下简称国土局）先后出台通知，要求落实耕地保护制度，清理整顿农业设施违法违规改建问题，对违法违规的土地流转合同要依法完善，受让方不同意完善的，指导出让方解除合同。相关文件所附《市政府下发84宗观光园明细表》包含了涉案垂钓园。

南观村经合社以田某未取得建设工程规划许可证即进行非法建设、违法违约为由，要求解除租赁协议。为此，田某将南观村经合社诉至法院，要求继续履行合同。诉讼中，法院从国土局调取了涉案土地的土地利用现状图及《全国土地分类（试行）》，查明2005年至2007年，该地块的土地类别分别为“农用地”项下的“旱地”和“未利用地”项下的“荒草地”；2018年变更为“草地”项下的“其他草地”和“林地”项下的“其他林地”及“交通运输用地”项下的“公路用地”。同时，国土局亦出具《复函》告知：土地利用现状分类主要依据土地的用途、经营特点、利用方式和覆盖特征等因素对土地利用类型进行归纳、划分，反映了土地利用的基本现状；土地利用现状图是土地调查成果之一；国土部门组织开展本行政辖区的土地调查工作；地类调查方法为利用DOM和已有土地调查成果资料，按现状实地调查地类及其界限，地类调查至《土地利用分类现状分类》的二级类；土地用途是指自然条件和人为干预所决定的土地的使用功能；依据《不动产登记暂行条例》，土地用途是不动产的自然状况，属于不动产登记事项之一；依据《关于启用不动产登记簿证样式（试行）的通知》的规定，“用途”应按照《土地利用现状分类》的二级类填写土地用途。

涉案土地并无任何不动产登记证书，亦无任何行政管理部门明确认定该土地的性质和用途以及地上物是否为违法建设、田某是否违法用地。

【案件焦点】

能否直接依据涉案土地的土地利用现状图认定田某的用地行为违法。

【法院裁判要旨】

北京市房山区人民法院经审理认为：田某与南观村经合社所签土地租赁协议系双方真实意思表示，内容不违反法律法规强制性规定，对双方均有约束力。本案争议焦点在于田某在合同履行中是否违反了法律法规强制性规定。根据国土局出具的《复函》及相关资料，土地利用现状图只是对特定地块在调查当时的利用现状的客观反映，并随着土地使用人的实际经营使用呈现动态变化，是土地调查工作的一部分内容，但不能据此径直认定该土地的用途和性质。而土地用途属于不动产登记事项之一，应由相关职能部门结合土地利用现状图等地类调查结果出具登记证书予以确认。南观村经合社作为土地出租人并不具有认定土地用途和性质以及违法建设的权限。同时，南观村经合社亦无证据证明已有任何职能部门出具登记证书或以特定行政行为对涉案土地的用途及性质予以确认，或有任何行政职能部门对涉案地上物是否属于违法建设、田某违法使用涉案土地予以明确认定。在此前提下，南观村经合社以田某违反相关法律规定、违约经营为由要求解除合同，缺乏依据，不予支持。田某要求继续履行涉案合同，理由正当，证据充分，予以支持。

北京市房山区人民法院依据《中华人民共和国合同法》第八条，《最高人民法院关于民事诉讼证据的若干规定》第二条规定，判决：

田某与南观村经合社继续履行于2005年9月16日签订的《荒滩租赁协议书》。

【法官后语】

本案是关于农村土地使用行为如何定性的纠纷。涉诉用地行为因涉及农村土地而受到相关法律的规范和限制。而用地行为的定性又必须以被使用土地的定性为前提。根据法律规定，土地可分为农用地、建设用地和未利用地。同一行为只有实施于农田、耕地等特定土地上才能被界定为违法用地行为。

1. 土地利用现状图是土地利用调查研究的阶段性成果，不是认定土地用途的直接依据。本案审理中，南观村经合社认为，只需依据其提供的涉案地块土地利用现状图即可确认该地块的性质是否为农用地，进而判定田某在该地块上经营垂钓园的行为是否违法。但随着案件的审理，双方当事人分别提供了该地块在不同年度的土地利用现状图，而不同年度的图表显示该地块的土地类别在田某签订并履行土地租赁协议至今并非一成不变。由此给该地块的性质认定带来了障碍——无法确定应以哪个时间段的图表作为认定土地性质的依据。

而上述图表的制作部门国土局出具《复函》等资料后，根据《复函》及《全国土地分类（试行）》说明，土地利用现状图并非对地块用途和性质的直接认定，其仅是整个土地调查过程中的一个环节或阶段性成果。完整的土地调查应结合该图表及其他调查资料、使用多种方法予以综合判断。

同时，此类图表反映的亦仅是图表形成时那一特定时点被调查地块的使用状态。随着该地块被使用人以不同方式持续经营使用，该图表亦会相应呈现出不同的使用状态。即使用人的使用行为亦可能导致被用土地类别发生变更。因此，如简单地依据动态变化的土地利用现状图径直确认涉案地块的性质缺乏合理性和准确性。

2. 确定土地用途属于行政职能范畴，土地用途不明的，民事诉讼不能直接认定用地行为性质。依据《中华人民共和国土地管理法》相关规定，土地调查工作属于县级以上人民政府自然资源主管部门的职能范畴。即应由特定职能部门结合土地利用现状图及相关土地调查资料，评定特定地块的等级、用途和性质等，并制发相应的不动产登记证书予以确定、明示。例如，《土地承包经营权证》即对特定地块的用途、性质等具体信息的公示和确定。本案中，根据已知的土地利用现状图，涉案地块的土地类别在田某经营期间并非一直归类于农用地，同时该地块也从未获得任何不动产登记证书。即该土地的土地性质和用途范围始终处于不确定状态。

在涉案土地性质不能确定为农用地的前提下，虽然田某确实在地上修建了建筑物，并且其经营的垂钓园亦在政府部门所列需要清理整顿的观光园项目附表内，但根据上述相关文件精神，对于附表中的农业设施项目应先进行排查，以此为前提确认其是否为违反农田保护制度的违法违规设施，进而再进行进一步的清理、拆除或完善改进。而无论是清理排查还是对违法建设的认定，都属于具体行政管理部门的权限范畴。本案中，自始至终均无任何行政监管部门明确认定田某所建地上物属于违法建筑或认定田某系违法经营。在此情况下，南观村经合社提交的现有证据均不足以证明田某违法经营、违反了法律规定或合同约定使用涉案土地，其以此为由要求解除双方所签土地租赁协议缺乏依据。

编写人：北京市房山区人民法院　孙静波

37

农村“四荒”土地承包合同效力的认定

——东孙村委会诉孙某刚农村土地承包合同案

【案件基本信息】

1. 裁判书字号

山东省淄博市中级人民法院（2019）鲁03民终2097号民事判决书

2. 案由：农村土地承包合同纠纷

3. 当事人

原告（被上诉人）：东孙村委会

被告（上诉人）：孙某刚

【基本案情】

2005年10月6日，东孙村委会与孙某刚签订《土地租赁合同》，合同约定：将东孙村集体所有的根据原建设规划为鱼塘及林业用地的位于人民路原磷肥厂以西、铁塔以东、太公湖50米以北、淄江园林大酒店以南共计14800平方米的土地租赁给孙某刚使用，租赁期限自2005年10月6日至2055年10月5日，共50年；租赁费标准：500元/年；交纳期限：在合同有效期间于每年12月30日前交清当年的租赁费。土地用途：孙某刚所租土地作养殖或林地绿化之用，所上项目东孙村委会不得干涉。在土地租赁期内，孙某刚有权对所租土地进行对外出租或转让。根据双方签订的承包合同所附图表，在孙某刚承包时涉案土地有废弃的沙坑。2013年10月22日，孙某刚与太公大饭店公司、许某石签订《土地租赁转租合同》，将位于临淄大道以西50米、太公湖50米以北、别墅南门60米以东共计19956平方米土地转租给太公大饭店公司、许某石，转租费标准2300元/亩/年，并领取了第一期租金688390元和地面附属物一次性赔偿费718300元。2014年9月25日，孙某刚一次性交纳承包费10000元。

2005年3月5日，东孙村委会与以本村村民孙某良、孙某柱为首的多人看护小组签订委托协议书，对包含涉案土地在内的村集体土地进行看护，制止挖沙毁地。看护协议明确了看护人员的职责及看护土地的现状，其中约定看护人员必须把以前挖沙已毁的土地整平利用。该协议履行中因涉案合同中断。

淄江园林大酒店建设单位为太公大饭店公司，2007年8月14日，淄博市建设委员会为淄江园林大酒店工程颁发建筑工程施工许可证，确定合同开工日期为2007年8月18日。涉案土地原诉讼时堆积有大量建筑垃圾，被列入稷下街道办2018年土地例行督查整改明细表中，本案审理过程中，稷下街道办组织土管所、东孙村委会对涉案土地的建筑垃圾进行了简单清理。

2005年1月至2014年11月，孙某刚堂兄孙某军担任东孙村委会主任兼村书记。

【案件焦点】

涉案土地租赁合同是否有效。

【法院裁判要旨】

山东省淄博市临淄区人民法院经审理认为：《土地租赁合同》明确载明涉案土地原规划为鱼塘及林业用地，且合同所附图纸注明涉案土地现状有沙坑，因此涉案土地应属“四荒土地”，其承包方式适用《中华人民共和国农村土地承包法》规定的其他方式的承包，即应采取招标、拍卖、公开协商等方式进行。涉案合同内容及履行情况东孙村委会及大部分村民并不知情，足以认定涉案土地并未通过招标、拍卖的方式承包；且涉案合同仅有发包方代表孙某军和承包方孙某刚签字，并未有其他村民代表或见证人签字；孙某刚亦未举证证明该承包合同签订前村集体进行过公开协商等。合同签订及履行情况也未进行公示。涉案合同加盖有东孙村委会公章，应直接约束双方当事人。但农民集体所有的财产依法属于本集体成员集体所有，该所有权主体的意思表示应经全体成员履行民主议定程序后作出，村集体经济组织仅代表集体行使所有权。故在未经村民大会或村民代表大会民主议定程序情况下，村集体经济组织所作出的承包意思表示并非所有权人意思表示，属于无权处分范畴。而村民代表对涉案合同不予认可、未予追认，因此，该土地租赁合同应认定无效。依涉案承包合同第三款第二项约定，“在合同有效期间于每年度的12月30日前交清当年的租赁费”，但孙某刚仅在2014年9月25日交纳10000元租赁费，而在此之前，孙某刚并未交纳租赁费，该事实不符合常理和交易习惯。且涉案合同签订时的东孙村委会代表孙某军于2014年11月24日起不再担任村委会主任。同时，孙某刚于2013年10月22日以高价将涉案土地转租给太公大饭店公司，并领取了巨额租赁费。涉案合同约定22余亩土地年租金总计为500元，一亩土地一年的租金为22.73元左右；而转租合同中一亩土地一年的租金则高达2300元，两者差距异常悬殊。另外，除转租租金外，依据该转租合同约定，太公大饭店公司按照24000元每亩的价格向孙某刚一次性支付了补偿费718300元，孙某刚在涉案土地中获取巨额利益。孙某刚获取该利益的过程，客观上侵害了东孙村集体利益。依照《中华人民共和国合同法》第五十二条第二项规定，该合同亦应认定为无效合同。

山东省淄博市临淄区人民法院依照《中华人民共和国合同法》第五十一条、第五十二条第二项、第五十八条、五十九条，《中华人民共和国农村土地承包法》第四十八条、第四十九条、第五十条、第六十三条第一款、第六十四条，《中华人民共和国物权法》第五十九条，《中华人民共和国村民委员会组织法》第二十四条第一款第四项、第三十条，《最高人民法院关于审理涉及农村土地承包纠纷案件适用法律问题的解释》第一条，《中华人民共和国民事诉讼法》第六十四条，《最高人民法院关于民事诉讼证据的若干规定》第五条规定，判决：

一、东孙村委会、孙某刚于2005年10月6日签订的《土地租赁合同》无效；

二、孙某刚返还东孙村委会涉案14800平方米集体土地。

孙某刚不服一审判决，提起上诉。

山东省淄博市中级人民法院经审理认为：关于涉案土地租赁合同的效力问题。土地用途的变更，应当履行法律规定的相关手续。孙某刚主张是应相关政府部门要求而改变土地用途，但并未提供相关证据予以证实，亦不符合相关法律规定。且现有证据亦无法证实其在涉案土地曾大量种植果树，以及其所收取的租赁费中包含地上附属物的补偿。故孙某刚的该项上诉理由不成立，不予支持。

《中华人民共和国农村土地承包法》第四十八条规定：“不宜采取家庭承包方式的荒山、荒沟、荒丘、荒滩等农村土地，通过招标、拍卖、公开协商等方式承包的，适用本章规定。”第四十九条规定：“以其他方式承包农村土地的，应当签订承包合同，承包方取得土地经营权。当事人的权利和义务、承包期限等，由双方协商确定。以招标、拍卖方式承包的，承包费通过公开竞标、竞价确定；以公开协商等方式承包的，承包费由双方议定。”上述规定表明，荒山、荒沟、荒丘、荒滩等农村土地，不宜采取家庭承包方式承包，而应通过招标、拍卖、公开协商等方式承包。上述第四十九条规定的以其他方式承包农村土地，是指第四十八条规定的招标、拍卖、公开协商等方式，而不包括直接以家庭承包方式承包。对涉案土地孙某刚并未通过招标、拍卖方式承包，也未通过公开协商方式承包。

关于孙某刚主张对涉案土地的投入，因与本案合同效力的确认无关联，且孙某刚并未提出反诉，故原审未予审理，亦无不当。

山东省淄博市中级人民法院依照《中华人民共和国民事诉讼法》第一百七十条第一款第一项规定，判决：

驳回上诉，维持原判。

【法官后语】

本案主要涉及对农村“四荒”土地承包合同效力的认定问题。具体而言，就是对涉案《土地租赁合同》效力的认定。涉及农村“四荒”土地的租赁合同，在本质上仍属于农村土地承包合同的范畴。对于农村“四荒”土地的承包问题，《中华人民共和国土地承包法》第三章明确规定其属于“其他方式的承包”，应经民主议定程序，通过招标、拍卖或公开协商等方式实行承包经营，并进行公示。根据《中华人民共和国民法典》第二百六十一条规定，农民集体所有的不动产和动产属于本集体成员集体所有。即农民集体财产所有权主体是成员集体，该成员集体由全体成员组成。村集体经济组织仅代表集体行使所有权。并不能说村委会就是农民集体财产的所有权人。而由于成员集体由全体成员组成，该所有权主体的意思表示应经全体成员履行民主议定程序后作出，故在未经过村民大会或村民代表大会民主议定程序的情况下，村集体经济组织所作出的承包意思表示并非所有权人意思表示。根据《中华人民共和国农村土地承包法》第四十八条至第五十条以及《中华人民共和国村民委员会组织法》第二十四条第一款第四项和第三十条的规定，对于集体土地承包经营，在未经村民会议等民主议定程序的情况下，村委会签订合同所作出的承包意思表示显然不能认定为所有权人即集体的意思表示。本案将涉案合同认定为无权处分，并根据《中华人民共和国合同法》第五十一条规定认为，村委会若能在一审法庭辩论终结前补正未经民主议定程序的欠缺，则能使该合同获得法律效力。但应当注意的是，《中华人民共和国民法典》取消了《中华人民共和国合同法》对于无权处分的这一规定。因此，《中华人民共和国民法典》实施后，显然不能再按照无权处分的思路认定相关合同的效力。这一点对于土地承包合同亦是如此。

对于土地承包合同是否有效的判断，应重点考察是否存在恶意串通损害他人合法利益的情形。也就是说，对于涉农村“四荒”土地承包合同是否有效的判断，应考察村委会与承包人签订承包合同时是否存在恶意串通而损害集体利益的情形。因为从实践来看，村委会未履行民主议定程序就直接与承包人签订农村“四荒”土地承包合同的情形往往不是出于善意，而是伴随着恶意串通损害村集体利益。本案即为典型。首先，孙某刚与东孙村委会提交的合同原件为不同的两个版本，都存在“未卜先知”的问题，合同真实的签订时间值得怀疑。其次，涉案承包合同签订后，孙某刚多年未如约履行交纳租金的义务，仅在2014年9月25日交纳1万元租赁费，明显不符合常理和交易习惯。最后，涉案合同签订时东孙村委会代表时任村主任孙某军于2014年11月24日起不再担任东孙村委会主任，而巧合的是孙某刚于2013年10月22日以高价将涉案土地转租给太公大饭店公司，并领取了巨额租赁费，与原合同租金差距异常悬殊，且太公大饭店公司向孙某刚一次性支付了高额补偿费。从中不难看出，孙某刚通过承包租赁涉案土地获取了巨额利益，该巨额利益从形式上看是孙某军代表东孙村委会与孙某刚签订涉案合同所获得的，而究其实质则是双方恶意串通通过损害村集体利益的方式所获。对此，《中华人民共和国民法典》第一百五十四条明确规定，行为人与相对人恶意串通，损害他人合法权益的民事法律行为无效。因此，农村“四荒”土地承包合同在经审查后认定存在这种恶意串通而损害集体利益情形的，应当认定为无效合同。

编写人：山东省淄博市中级人民法院　荣明潇

山东省淄博市临淄区人民法院　刘海红　高飞

38

涉及农用地土地性质根本改变的纠纷不属于民事诉讼范围

——蔡某兴诉叶某良土地承包经营权出租合同案

【案件基本信息】

1. 裁判书字号

福建省漳州市中级人民法院（2020）闽06民终95号民事裁定书

2. 案由：土地承包经营权出租合同纠纷

3. 当事人

原告（上诉人）：蔡某兴

被告（被上诉人）：叶某良

第三人（被上诉人）：谢某辉

【基本案情】

地址在岩溪镇上蔡村祖厝、面积为0.34亩（南至叶某良房屋1米，北至陈某城围墙外0.6米，东至机耕路，西至奕某猪舍0.5米）的基本农田系蔡某兴家庭承包地，承包经营期限自1999年1月1日至2028年12月31日。2011年2月8日，蔡某兴与叶某良签订一份《协议书》，约定蔡某兴将上述承包地租赁给叶某良耕种，叶某良补贴蔡某兴9000元，并每年支付蔡某兴200斤干谷的租金。后叶某良在该基本农田上新建房屋，并将其中二分之一地块转卖给谢某辉建房。蔡某兴认为叶某良的行为严重违反了双方的协议，亦违反了法律的强制性规定，故诉至法院。

【案件焦点】

涉及农用地土地性质根本改变的纠纷是否属于民事诉讼范围。

【法院裁判要旨】

福建省长泰县人民法院经审理认为：讼争土地现已被叶某良、谢某辉建成房屋，并已实际居住使用。该地块四面及周边外围也均是村民建成并实际居住的房屋。因此，该地块的现状可能属无法恢复原种植条件的情形。依照相关规定，在基本农田上建房或进行非农建设的，不属人民法院管辖范围，应由县级以上地方人民政府土地行政主管部门依照上述规定先行处理。在行政程序对叶某良、谢某辉的违法建房行为作出整改和处罚后，蔡某兴可就该土地出租合同的解除以及因此造成的损失另行主张民事权利。

福建省长泰县人民法院依照《中华人民共和国民事诉讼法》第一百一十九条第一款第四项、第一百五十四条第一款第三项，《最高人民法院关于适用〈中华人民共和国民事诉讼法〉的解释》第二百零八条第三款规定，裁定：

驳回蔡某兴的起诉。

蔡某兴不服一审裁定，提起上诉。

福建省漳州市中级人民法院经审理认为：违法建筑的认定和处理属行政职权范围，审判权不应轻易僭越，本案应由行政部门先行处理，在行政部门处理之前，本案不属人民法院受理民事诉讼范围。

福建省漳州市中级人民法院依照《中华人民共和国民事诉讼法》第一百七十条第一款第一项规定，裁定：

驳回上诉，维持原裁定。

【法官后语】

本案中，当事人之间以书面协议约定了土地租赁事宜，但在实际履行合同过程中，一方当事人违背合同约定及法律规定，改变了土地用途，造成土地性质的根本性改变。此类案件中，农用地性质根本性改变往往已成既定事实，难以恢复，引发的问题有时难以完全按照法律、政策进行处理。且纠纷的处理结果又牵涉乡镇、村组、纠纷双方等多方利益，甚至可能牵涉行政执法监管失职的责任追究问题，法院在处理案件时必将面临法律规定与客观现实矛盾的“尴尬”，判决时犹豫不决：请求确认合同效力，毫无疑问属于法院民事受案的范畴，但是合同无效或者合同有效但因一方违约致合同解除后所引发的法律后果，却难以纳入民事处理的范围。本案中，讼争地块已修建成房屋并实际居住，且四周已被硬化，均已建房。如径行认定合同无效，判决恢复原状、返还土地，可能涉及恢复成本过高或者客观上无法恢复，而土地的耕种价值小，导致利益保护的失衡，在当事人已经实际居住的情况下，强制执行可能陷入僵局，引发更激烈的矛盾。同时还涉及违法建筑的处理问题，恢复原状势必要拆除已建的房屋，但是违法建筑的认定及处理属于行政机关的职权范围，对于违法建筑的处理，行政机关有权依法要求拆除或缴纳罚款等，若直接在民事案件中径行认定合同无效或合同有效但因一方存在违法行为致合同解除而判决恢复原状，则是对行政职权的僭越。

关于土地性质改变的处理，《中华人民共和国土地管理法》第七十四条规定，买卖或者以其他形式非法转让土地的，由县级以上人民政府自然资源主管部门没收违法所得；对违反土地利用总体规划擅自将农用地改为建设用地的，限期拆除在非法转让的土地上新建的建筑物和其他设施，恢复土地原状，对符合土地利用总体规划的，没收在非法转让的土地上新建的建筑物和其他设施；可以并处罚款；对直接负责的主管人员和其他直接责任人员，依法给予处分；构成犯罪的，依法追究刑事责任。即对于农用地性质的改变，国土部门有权责令其复垦，没收或罚款。据此，法院要正确把握司法介入的范围与限度，充分尊重行政权，厘清司法审判与行政处理、民事审判与行政审判的界限，优化解决纠纷机制，实现法律效果和社会效果的统一。目前土地性质改变的情况比较普遍，是多种因素造成的，需行政管理职权充分介入。通过行政权对耕地性质改变的纠纷进行处理，有利于促进土地行政职能部门正视自身的行政职权，依法履职，促进集体土地管理的进一步规范，促进依法行政。如果把土地性质改变纠纷案件全部纳入诉讼程序，反而会弱化法院化解社会矛盾纠纷的本职功能。

农用地性质是否根本性改变，要经慎重审查。如耕作层完全破坏无法恢复、周围环境已经改变无法耕作、确无耕作水源或者诉求在一大片鱼塘中恢复一部分耕地等，可以视为土地性质已经根本性改变。对农用地土地性质已经根本性改变、无法恢复的，当事人诉求恢复原状的，不予受理。当事人可以通过寻求村、镇基层调解组织进行调解；也可以向县（或不设区的市）农村土地承包仲裁委员会申请仲裁；亦可以向土地主管部门举报，由土地主管部门对土地违法行为依法进行调查、处罚直至申请强制执行。在制度设计上，农用地根本性改变性质的纠纷应当首先选择协商、调解、仲裁或进行行政处罚予以解决，审判权不应轻易僭越。

编写人：福建省长泰县人民法院　赵艺兴　吴惠玲

39

“大棚房”交易中通谋虚伪行为的法律效力认定

——李甲诉日森公司、李乙农村土地承包合同案

【案件基本信息】

1. 裁判书字号

北京市第一中级人民法院（2019）京 0114 民终 4217 号民事裁定书

2. 案由：农村土地承包合同纠纷

3. 当事人

原告（被上诉人）：李甲

被告（上诉人）：日森公司

被告（被上诉人）：李乙

【基本案情】

2016 年 11 月 3 日，日森公司为甲方，李甲为乙方共同签订《阳光生态种植园承包合同》。合同要素如下：1. 位置：乙方自愿承包甲方位于崔村镇昌金路北“阳光生态种植园”种植单元 K02 号共 1 座日光温室大棚及棚间土地，面积为 380 平方米，其中温室面积为 175 平方米，大棚配套房为 15 平方米，棚前空地为 190 平方米；2. 期限：承包期限为 27 年，自 2016 年 11 月 3 日至 2043 年 11 月 3 日；3. 租金：乙方向甲方支付每座大棚（含阳光温室、配套房、棚前空地及现状配套设施）的租金共计 162000 元，签订承包合同时一次性付清；4. 其他：乙方按年支付管理维护费，暂定每年 2400 元；交付日期为 2017 年 6 月 1 日，自双方签字盖章之日起生效。合同签订后，日森公司交付了大棚及场地，李甲交纳了水费押金 200 元、车辆办证费 10 元，并支付了 2017 年 6 月 1 日至 2017 年 9 月 30 日的管理费 800 元。

2017 年 8 月，崔村镇政府《关于清理整治违规农业设施的通知》载明：农业

大棚涉嫌违法建设，问题集中表现在大棚内外硬化，操作间改建、扩建及长期闲置等，涉及违法建设的大棚，一是属地村民对操作间进行改建、扩建；二是个人或单位租赁土地后统一进行大棚建设，建设后再分别租赁给各业主，由业主进行违法违规建设；三是基本农田重新划定工作，将原设施农业用地调整为永久性基本农田。同时发出的《通告》载明：严禁以设施农业为名建设大棚房，严厉打击违法用地，一经发现立刻无条件拆除。

同月，崔村镇政府对李甲承租大棚场院内被认定为违法建筑的大棚配套房等非农业设施进行了强制拆除。李甲于2018年6月再次拆除之后未再继续使用所承包场院。现该“阳光生态种植园”为日森公司实际管理和控制。

《政府信息答复告知书》记载：该地块的土地规划性质为基本农田保护区、一般农地区及林业用地区。涉案地块范围内未办理过设施农用地备案手续。

日森公司于2017年9月20日至2018年7月26日，为一人有限责任公司，股东为李乙。

【案件焦点】

李甲与日森公司签订的合同是否有效。

【法院裁判要旨】

北京市昌平区人民法院经审理认为：本案为有关农村土地利用的土地承包合同纠纷，应当依照农村土地承包法律及土地管理法律的规定确认合同效力及双方当事人的权利义务责任事项。

首先，关于合同效力争议问题。《中华人民共和国土地管理法》第四条规定，国家实行土地用途管制制度。第十二条规定，依法改变土地权属和用途的，应当办理土地变更登记手续。诉争双方签订合同的实际目的是将建设日光温室大棚用途的农业用地进行改建用于非农业的生活休闲用途，显然违反了法律强制性规范。双方签订的《阳光生态种植园承包合同》虽系双方真实意思表示，但因违反了我国现行法律的强制性规定，构成合同双方以签订合同的合法形式掩盖改变土地用途的非法目的情形，属于《中华人民共和国合同法》第五十二条规制的合同无效情形之一，应予宣告无效。

其次，关于合同被确认无效后的善后处置问题。诉争合同被确认无效后，双方权利义务即进入善后处置程序，因此取得的财产利益应当返还或折价补偿，并依据过错原则确定相应损失责任。据此：1. 关于李甲承包的场院处置。李甲应当将所承包的大棚及场院返还日森公司，鉴于大棚场院已经被拆除，无法继续使用，且包括大棚在内的园区由日森公司集中管理，故在拆除之后李甲不必再行支付占用、使用费用；2. 关于李甲主张退还租金的请求，涉案《阳光生态种植园承包合同》约定承包期限为 27 年，自 2016 年 11 月 3 日至 2043 年 11 月 3 日，诉争大棚及场院于 2017 年 8 月被拆除违建部分，李甲自述于 2018 年 6 月之后未在继续使用所承包场院。现该“阳光生态种植园”为日森公司实际管理和控制，但未办理退还交接手续。除李甲实际占有使用期间应当折抵相应承包费外，剩余未到期年限的承包费应予返还，具体金额由法院参照合同约定及使用年限折算确定；3. 关于李甲请求判令日森公司承担管理费、水费及水费押金、办车证费的请求。对于水费押金日森公司应返还，已支付水费和管理费均在合同中明确约定，且李甲已实际使用或享受服务，要求返还无依据，同理，相应的办车证费也已实际发生和使用，李甲请求返还无依据。

最后，关于共同被告李乙的连带责任问题。依照《中华人民共和国公司法》第六十三条规定，一人有限责任公司的股东不能证明公司财产独立于股东自己的财产的，应当对公司债务承担连带责任。据此，李乙针对李甲提出的其在担任日森公司唯一股东期间公司财产独立情况应进行举证，现其未能提交有效证据证明公司财产独立于其股东自己的财产，应当依法承担公司债务的连带责任。

北京市昌平区人民法院依据《中华人民共和国合同法》第五十二条、第五十八条，《中华人民共和国土地管理法》第四条、第十二条，《中华人民共和国公司法》第六十三条的规定，判决：

一、李甲与日森公司签订的《阳光生态种植园承包合同》无效；

二、日森公司于本判决生效后七日内返还李甲租金 152320.83 元，水费押金 200 元，共计 152520.83 元；

三、李甲于本判决生效后七日内向日森公司腾退交还位于崔村镇昌金路北“阳光生态种植园”种植单元 K02 号日光温室大棚及棚间土地（按现状交付）；

四、李乙对本判决第二项确定的给付责任与日森公司承担连带责任；

五、驳回李甲的其他诉讼请求。

日森公司不服一审判决，提起上诉。

二审审理期间，日森公司自动撤诉。北京市第一中级人民法院裁定准予其撤回上诉。

【法官后语】

近年来，休闲观光农业在政策和市场的双重驱动下快速发展，呈现出欣欣向荣的景象，但是也出现了部分开发商以发展休闲观光农业作为掩护，私自侵占农用地，违规建设，甚至进行房地产开发的乱象，“大棚房”就是其中的典型代表。为坚决遏制“大棚房”问题蔓延的势头，切实落实最严格的耕地保护制度，自然资源部、农业农村部自2018年8月起在全国范围开展“大棚房”问题专项整治行动。之后，大量围绕“大棚房”的合同纠纷涌入法院，如何对相关合同的效力进行界定成为审判焦点。本案即典型的涉“大棚房”农村土地承包合同纠纷。

1. 通谋虚伪行为进行“大棚房”交易的合同无效。通谋虚伪行为是指行为人与相对人通谋以虚假的意思表示实施的民事法律行为，该行为以假意掩盖真意。《中华人民共和国民法典》第一百四十六条规定，行为人与相对人以虚假的意思表示实施的民事法律行为无效。以虚假的意思表示隐藏的民事法律行为的效力，依照有关法律规定处理。涉“大棚房”的交易合同从表象上看与一般的农村土地承包经营权流转合同无异，合同目的均系发展农业种植，但经实地走访等调查，可以明显看出该类案件的涉案土地存在地面硬化、承租人加盖或扩建看护房甚至直接在大棚区域内部搭建房屋等行为。有些建设行为系出租人提前实施完毕，承租人“拎包入住”；有些建设行为系出租人事先允诺由承租人按照个人意志实施改建。不论哪种情形，双方以签订真实合同的虚伪行为掩盖逃避国家土地用途管制制度的不良动机均十分明显，存在意思和表示故意不一致的情形。因此，涉“大棚房”的合同虽系双方真实意思表示，但因双方存在通谋虚伪表示，其掩藏的真实行为亦违反了我国现行法律对于土地用途管制的强制性规定，应确认无效。

2. “大棚房”合同无效的法律后果。“大棚房”合同被确认无效后，应结合双方当事人的过错程度，按照公平、可执行原则进行善后处理。(1) 关于涉案场地的处置。承租人应当将所承包的大棚及场院返还出租人，但若大棚已经被拆除，无法继续使用，且已由出租人或政府集中管理的，承租人不再承担相应的返还义务。(2) 关于承租人已支付各类费用的退还。因绝大部分承租人租赁“大棚房”实为日常居住所用，故有些出租人将其已经改建好的房屋进行出租时会收取水费、电费、停车费、日常管理费等费用。若承租人要求对上述钱款予以返，还应区分对待：对于合同未履行部分利益的返还，如因大棚被拆除等原因导致承租人未实际占有使用大棚的，合同剩余年限的租金、各类费用的押金等应予支持；对于水费、电费、管理费等已发生费用的返还，因该类费用已实际使用或享受服务，要求返还无依据，应不予支持。

耕地保护是一条红线，事关国家粮食安全、生态安全和社会稳定，是国计民生的头等大事。“大棚房”问题的本质是为了谋取短期经济利益而破坏农业用地、改变土地性质和用途，不仅违反国家法律法规，而且严重破坏农业发展。司法裁判具有社会导向性，因此法院在处理当事人通过通谋虚伪表示进行“大棚房”交易的案件时应认真查明事实、积极进行实地勘验，透过现象看本质，坚决执行最严格的耕地保护制度。当前，全国各地加大了对于耕地的保护力度，集中开展了包括浅山区治理、疏解整治促提升、拆除违法建筑等多项整治行动。对于“大棚房”案件的审理思路可以推广适用于以上案件的民事裁判，让司法裁判积极服务于社会治理，成为践行“两山”理念的生动实践。

编写人：北京市昌平区人民法院　潘幼亭　北新森

（四）土地承包经营权互换纠纷

40

土地承包经营权确权后签订的承包合同依法受保护

——朱某岭诉朱某峰、大贾象村委会土地承包合同案

【案件基本信息】

1. 裁判书字号

河北省沧州市中级人民法院（2019）冀09民终4851号民事判决书

2. 案由：土地承包合同纠纷

3. 当事人

原告（上诉人）：朱某岭

被告（被上诉人）：朱某峰、大贾象村委会

【基本案情】

朱某岭与朱某峰系兄弟，均为大贾象村村民。1999年3月10日，大贾象村委会与村民签订土地承包合同，承包年限为30年。其中朱某岭分得包括赵村道土地在内计10亩，朱某峰分得包括张家坟土地在内计10亩，案外人董某强分得包括朱家坟土地在内计10亩。之后因朱某岭祖坟世代葬在朱家坟，在耕种过程中朱某岭以赵村道地块与董某强朱家坟地块进行互换，家庭内部又在父亲朱某祥组织下再次进行了更换，朱家坟土地实际由朱某峰及父亲朱某祥耕种，朱某岭则耕种朱某峰分得的张家坟土地。大贾象村委会对以上更换并不知情。

2015年冬季，大贾象村委会根据上级要求进行指地测量，开展农村土地承包经营权确权工作，每天由村委会通过村广播告知村民当天测量土地片区的名称，并要求在该片区有土地的村民到相关片区向测量人员指认自己的地块，确认四至及面积，指地测量时村委会安排人员随行。指地测量完成后，测量机构制作地块分布图和公示图后在村内进行第一次公示，公示内容包括承包方代表名字、土地编码、形状等，由村民进行纠错，更改后进行第二次公示。经过两轮公示，承包户无异议后，制作公示结果归户表，归户表中的内容与公示图、地块分布图一致。朱某岭、朱某峰的归户表均非本人签字。归户表填写后，大贾象村委会于2013年3月与承包户签订了新的土地承包合同，有关地块名称、编码、面积等与归户表内容完全一致，合同签字为朱某岭、朱某峰本人。

大贾象村委会在依照原承包合同的基础上充分尊重村民自行更换后的实际耕种现状，将张家坟土地确权给朱某岭，朱家坟则确权给朱某峰。朱某岭主张朱家坟的地块应确权给自己，却确权给了朱某峰，要求法院判令朱家坟土地承包合同无效。

【案件焦点】

1. 如何确认土地经营权确权后新签订的土地承包合同效力；2. 如何认定土地承包确权过程中对村民之间土地自行流转耕种的确认。

【法院裁判要旨】

河北省黄骅市人民法院经审理认为：朱某岭、朱某峰作为平等主体分别与大贾象村委会签订承包合同，系各方当事人真实意思表示，且不违反法律法规的强制性规定，合法有效，应予确认。该合同签订之前经过了指地测量、两次公示，给予了各承包户充分的纠错时间和机会，虽归户表上签名并非朱某岭、朱某峰本人所签，但承包合同系二人本人所签，且承包合同记载地块名称、地块编码、面积等所有信息均与归户表及公示内容一致，而朱某岭在公示期间及承包合同签订之后，农村土地承包经营权证颁发之前两年多时间均未对涉案的朱家坟地块提出异议。朱某岭系大贾象村原始村民，地块名称系沿袭祖辈惯例，且其祖坟世代就坐落在涉案地块上，朱某岭主张不知道涉案地块叫朱家坟因此导致一时不知道确权时少计算土地的辩解，缺乏可信度，亦与常理不符；土地是农民生存的根本，按照生活常识每个承包户在签订承包合同前后，都会对所涉地块进行反复核对及确认，以免自己的家庭少分土地造成损失，朱家坟土地虽未确权给朱某岭，但其土地总面积并未减少，故其主张因不知情导致少分了朱家坟地块的主张，缺乏依据，不予采信，对其诉求亦不予支持。朱某岭、朱某峰系亲兄弟，双方应当本着大度宽容的心态对待家庭矛盾及土地纠纷。

河北省黄骅市人民法院依照《最高人民法院关于适用〈中华人民共和国民事诉讼法〉的解释》第九十条规定，判决：

驳回朱某岭的诉讼请求。

朱某岭不服一审判决，提起上诉。

河北省沧州市中级人民法院经审理认为：1999 年土地承包确权以来，以朱某祥、朱某峰、朱某岭为代表的三个承包户，发生了与其他承包户调换地块、三承包户内部调整地块等事项，形成了本案争议朱家坟地块由朱某峰实际耕种、朱某峰原承包的张家坟地块由朱某岭实际耕种的事实。在本次土地承包确权过程中，大贾象村委会作为发包方按照规定程序进行，确权结果体现了对以朱某祥为族长的大家庭内部对承包地块内部调整形成的实际耕种现状的尊重和确认，如机械地以原承包证上登记的地块一一对应，势必会引起新的纷争。原审判决对本案争议，从情法两方面进行了充分的论证分析，释法明理得当，予以肯定。

河北省沧州市中级人民法院依照《中华人民共和国民事诉讼法》第一百七十

条第一款第一项规定，判决：

驳回上诉，维持原判。

【法官后语】

随着市场经济的飞速发展，生产力水平的大幅提高，原农村土地经营管理模式已经不能满足农业、农村日新月异的发展要求。2013年1月31日中央一号文件下发后，农村土地确权登记颁证工作在全国范围内开展。历时五年，终于在一轮、二轮承包责任制的基础上，建立了一个清晰的农村土地账目登记和一个有效的、图账对应的农村地籍信息管理系统，但是该项工作的开展落实也带来了一系列新问题，甚至引发了纠纷。

本案中，朱某岭与朱某峰争议的涉案土地系因祖坟问题与村民董某强更换，更换时间为二轮土地承包合同签订之后。众所周知，本次确权工作是建立在二轮土地承包合同基础之上的，但刻板地与原合同一一对应进行确权，势必会影响村民内部流转后的实际耕种现状，为避免由此产生的矛盾纠纷，在遵照二轮承包合同的前提下，指地测量成为确权工作的重要环节，即由村民对地块进行指认，然后由工作人员进行测量，之后登记画图并进行公示，以便及时纠错，避免错误确权。在两轮公示后村民均予认可的情况下，才重新签订土地承包合同，合同中明确包含承包地块的总数、地块名称、地块编码、地块四至、面积、等级、总面积等，家庭代表在合同签订时亦会对以上内容进行仔细审查以确保自己的权益。朱某岭所述不清楚地块名称，不知道自己土地确权的情形不符合常理，尤其是不知道自己共计承包地块数量多少以至于遗漏地块却签订新的承包合同的行为明显有违实情。因此，在无证据证明确权后的土地承包合同存在法律规定的无效情形时，应当对公平公开、合法有效的土地确权成果予以保护，依法认定新合同为有效合同。

确权工作完成后的土地承包合同纠纷有一个显著的特点，即遗留问题错综复杂且案件事实欠缺直接证据。在一轮、二轮土地承包合同签订时，缺少空间信息的整理，法律及管理的缺位又使部分土地流转缺少书面文件，集体与村民、村民与村民之间为了生产生活的便利，按照乡规民约更换耕地的情况时有发生，但流转结果缺少有效登记确认。基本农业政策调整导致农业生产利益格局发生变化时，极易因土地承包经营权确权在村民之间，家庭内部父子、兄弟之间引发新型农村土地承包合同纠纷。处理此类纠纷首先应当对确权后签订的土地承包合同的效力依法作出认定，重点审查确权过程是否遵循政策和法律并用原则，在尊重既往历史的情形下，是否从有利于生产、生活、社会稳定的角度出发，对实际经营现状予以确认，承包人是否知悉土地确权工作，是否在新的土地承包合同中签字确认。

土地承包经营权确权工作本意是为了明确土地承包经营权归属，为解决土地承包经营纠纷、维护农民土地承包的各项合法权益提供原始依据。因此，确权后的土地承包合同纠纷案件在司法审判中除依法保障有效的土地确权成果外，还应对纠纷当事人作好充分的释法，有效开展调解工作，分阶段、区别不同情况处理，以历史及现状双重事实为依据，从情理法多角度出发，裁决纠纷，促进农业农村发展及优良家风乡风建设。

编写人：河北省黄骅市人民法院　许延敏

41

颁发土地承包经营权证书对土地互换关系的影响

——房某女诉杨某勤、车某明农村土地承包合同案

【案件基本信息】

1. 裁判书字号

江苏省兴化市人民法院（2019）苏1281民初1481号民事判决书

2. 案由：农村土地承包合同纠纷

3. 当事人

原告：房某女

被告：杨某勤、车某明

【基本案情】

房某女、杨某勤、车某明系同村村民。1998年秋，房某女与杨某勤达成土地互换口头协议，房某女将其承包的一块6.65亩的土地与杨某勤承包的三块面积分别

为2.43亩、0.44亩、1.96亩（合计4.83亩）的土地进行互换耕种。双方互换后，房某女将换得的土地转租给他人用于羊场经营、转包给其女儿耕种。1998年10月31日，杨某勤与新五村委会签订鱼塘承包合同，新五村委会将包括杨某勤所换房某女6.65亩土地在内的11.02亩土地一并发包给杨某勤养殖。杨某勤养殖一段时间后，于2008年12月将案涉土地转包给王某林养殖，后又将案涉土地转包给车某明养殖螃蟹。2018年，房某女、杨某勤按照互换前的土地分别领取了农村土地承包经营权证。

【案件焦点】

1. 对行政机关颁发的《农村土地承包经营权证》记载的信息人民法院是否应当直接认定；2. 如需审查，法院经审查认定的事实与行政行为认定的事实不一致如何处理。

【法院裁判要旨】

江苏省兴化市人民法院经审理认为：首先，通过家庭承包取得的土地承包经营权可以依法采取转包、出租、互换、转让或者其他方式流转。按照农村风俗习惯，农民之间多以口头形式进行土地互换。房某女与杨某勤之间的土地互换是双方的真实意思表示且各自在互换后的土地上经营管理多年，双方虽然未签署书面协议，但其口头换地协议亦合法有效。《中华人民共和国农村土地承包法》第二十三条规定，承包合同自成立之日起生效。承包方自承包合同生效时取得承包经营权。《最高人民法院关于审理涉及农村土地承包纠纷案件适用法律问题的解释》第十四条规定，承包方依法采取出租、互换、转让或者其他方式流转土地承包经营权，发包方仅以该土地承包权流转未报备案为由，请求确认合同无效的，不予支持。由此，本案中的土地互换虽然没有经过村委会的备案和变更登记，但是不影响土地互换的效力。且新五村委会将包括杨某勤所换房某女6.65亩土地在内的11.02亩土地一并发包给杨某勤养殖，视为村委会已同意双方的土地互换行为。

虽然房某女与杨某勤在2018年分别领取了互换前土地的《农村土地承包经营权证》，但房某女与杨某勤之间的互换承包土地经营权关系并没有解除。房某女在未将杨某勤交给其经营的4.83亩土地交还给杨某勤的情况下，要求杨某勤将案涉土地返还，与双方的约定不符，有违诚实信用和公平、等价有偿原则，不予支持。

其次，关于土地互换期限的认定。双方当事人是同村村民，同一集体经济组织的承包方之间自愿将土地承包经营权进行互换，双方对互换的土地原享有的承包权利和承担的义务也相应互换，即土地互换是经营权流转，也就是说，原土地承包经营权人已经丧失了对原承包土地的经营权而对新换土地取得了经营权。土地互换后发生了土地承包经营权主体的变更，互换关系从交付土地使用权时成立。双方未约定期限的，根据农村习俗，互换关系从双方相互交付标的物时即告成立，双方未约定期限，则视为永久性互换。对于农村土地互换而言，其互换期限应视为农村土地承包合同的期限。《最高人民法院关于审理涉及农村土地承包纠纷案件适用法律问题的解释》第十七条规定，对承包土地转包、出租未约定流转期限的，可参照《中华人民共和国合同法》第二百三十二条规定处理，对土地互换未约定期限的，未作相应规定，即不能参照《中华人民共和国合同法》第二百三十二条规定处理。双方当事人对土地互换期限未作约定，应确定该合同期限为本轮农村土地承包合同的期限，房某女一方要求在农村土地承包合同期内主张解除互换合同，不予支持。

最后，关于转包的问题。从 2008 年 12 月杨某勤将其涉案土地转包给他人养殖至该纠纷成讼已达十余年之久，房某女也将换得的土地转包给他人用于经营羊场、种植，因而，房某女与杨某勤的行为应视为对对方转包行为的认可。双方发生争执的缘由是因近年来土地转包租金上的差别。

江苏省兴化市人民法院根据《中华人民共和国民法总则》第七条，《中华人民共和国农村土地承包法》第三十七条、第四十条，《农村土地承包经营权流转管理办法》第十七条、第三十五条，《最高人民法院关于审理涉及农村土地承包纠纷案件适用法律问题的解释》第十四条，《中华人民共和国民事诉讼法》第六十四条规定，判决：

驳回房某女的诉讼请求。

【法官后语】

自 2017 年起，全国各地大范围地进行了土地确权颁证工作，该项工作在明确土地权属、保护农民利益方面发挥了巨大的作用。但由于农村土地流转关系复杂，确权后各类纠纷不断，较为突出的是因土地互换引发的问题多且复杂，给土地确权造成一定的难度。本案双方当事人自 20 年前就互换土地耕种，一直相安无事，但是由于 2017 年将互换前的土地分别确权给了之前的承包经营权人，加上中央的惠农政策实施，农业税的取消，各项支农政策的落实，农村土地由之前的“每年需要上缴”变为“每年坐收租金”，引发收回互换土地争执。本案的审理涉及以下问题：

1. 土地确权登记颁证的性质及其在司法认定中的作用。农村土地承包经营权确权登记颁证是指县级以上地方人民政府将农户承包土地的地块、面积、空间位置等信息及其变动情况记载于登记簿，颁发土地承包经营权证书，以进一步明确农民对承包土地的各项权利。其目的是完善农村基本经营制度、保护农民土地权益，有效激发农村生产要素的内在活力。其性质属于物权登记，《农村土地承包经营权证》作为农民享有土地权益的重要物权凭证，在司法实践中，法官往往根据经营权证的记载对农民的土地进行物权保护。但要注意的是，土地承包经营权作为一种用益物权，其取得依据是土地承包合同，确权登记颁证仅是行政机关对该项权利的登记确认；同时，确权登记颁证是对农民二轮土地承包（20世纪90年代末至21世纪20年代末）所取得的土地承包经营权的确认和重申，通过补充、完善第二轮土地承包的信息，包括土地地块位置、面积、四至界限、承包人、承包经营权共有人等信息，解决承包地块面积不准、四至不清、空间位置不明、登记簿不健全等问题，为开展土地经营权流转、调处土地纠纷、进行征地补偿和抵押担保提供重要依据。因此，土地确权颁证既不是对农民承包土地现状的简单确认，也不能否定农民在二轮承包期间对土地的有效民事处分行为。例如本案，确权登记颁证不能改变双方当事人互换土地的效力。

司法实践中，对于土地承包经营权证的认定，如确权与土地实际利用状况一致，应当认定其具有物权凭证的效力；如确权与土地实际利用状况不符，应当本着尊重当事人意思自治和客观事实的态度，分情况处理：一是承包人在20世纪90年代末至今的承包期间内，对于土地实施了互换、转包等承包经营权流转行为的，要尊重双方当事人的真实意思表示，依法确认土地流转行为有效，保护土地承包经营权的合法流通。二是承包人因为进城务工、居住等原因致使土地被他人借用、占用、开发再转包的，因承包人无意流转土地承包经营权，应认定土地承包经营权证有效，他人对土地的无权处分行为不能产生法律效力。

2. 本案的审理应以私法自治为原则，审查是否存在有效的土地流转合同。本案源于土地承包经营权证记载的权利主体与实际经营主体不一致，对因此引发的纠纷，基于依法保障农村土地有效流转的目的，法院不能简单以土地承包经营权证确认权利归属，而应审查是否存在有效的土地流转合同，对于符合土地利用规定的流转行为，坚持以私法自治理念审查流转合同的效力并维护有效的土地流转关系。

本案中，对于涉案土地互换合同效力的审查存在两个问题：一是事实认定。由于双方当事人均为农民，文化知识受限，20 年前互换土地未曾签署书面协议，给本案的审理带来了一定的难度。本着尊重历史、查清事实的原则，承办法官走访农村基层组织了解情况，在争议土地处巡回审理，邀请村民代表旁听庭审，查清双方当事人互换土地的真实情况。尤其是各自在互换后的土地上经营管理多年，能够证明当年的土地互换是双方的真实意思表示。二是程序瑕疵。《中华人民共和国农村土地承包法》第三十六条规定："承包方可以自主决定依法采取出租（转包）、入股或者其他方式向他人流转土地经营权，并向发包方备案。"关于涉案土地互换协议没有经过村委会备案，也未办理土地权属变更登记，如何认定合同效力的问题。首先，新五村委会曾经将包括杨某勤所换房某女 6.65 亩土地在内的 11.02 亩土地一并发包给杨某勤养殖一年，应视为村委会已同意双方的土地互换行为。其次，未报发包方备案不影响合同的效力。前述规定的立法目的在于加强土地发包方对土地承包经营权流转的监督和管理，使发包方及时了解土地承包经营权的变动情况。也就是说，备案只是一种行政管理手段，仅具有公示的性质，并非合同的生效要件，备案与否并不影响互换土地行为的效力。《最高人民法院关于审理涉及农村土地承包纠纷案件适用法律问题的解释》第十四条也明确规定："承包方依法采取出租、入股或者其他方式流转土地经营权，发包方仅以该土地经营权流转合同未报其备案为由，请求确认合同无效的，不予支持。"

因杨某勤、房某女互换土地合同有效，且双方一直按互换后的土地范围耕种经营，互换法律关系没有解除，理应尊重双方的意思自治，保护既存的事实状态，尤其是涉案土地又经过多次流转，更需要司法维护土地流转合同的稳定性，保障各方当事人的合法权利。

3. 司法裁判应发挥诚信的价值引领功能。由于种种历史遗留问题，农村土地权属关系错综复杂，这就要求在确权过程中采取符合国家政策且因地制宜的解决措施，本着"尊重历史、面对现实、诚实信用"原则处理好相关问题。二轮土地承包持续近30年，土地流转比较普遍，双方当事人本无异议，但是在征地拆迁补偿、土地租金上涨等情形使互换的土地价值出现差异时，利益的驱动会使获利较少的一方反悔，提出土地流转协议无效，显属非诚实、非善意行使权利的行为，不应受到法律保护，故不应支持其诉讼请求。诚实信用原则是民事活动参与者所应遵循的基本准则，要求人们讲究信用、诚实不欺。人民法院应通过案件的审理裁判，诠释诚信、公平、正义、文明的价值取向，促进社会主义核心价值观转化为社会公众的情感认同和行为自觉。

编写人：江苏省兴化市人民法院　智愚

42

土地承包经营权证仅是证权凭证不是设权凭证

——朱某凤诉黎某文土地承包经营权案

【案件基本信息】

1. 裁判书字号

湖南省桑植县人民法院（2019）湘0822民初1705号民事判决书

2. 案由：土地承包经营权纠纷

3. 当事人

原告：朱某凤

被告：黎某文

【基本案情】

朱某凤为农民，靠务农为生。1984年，朱某凤的丈夫黎某校依法承包了位于长坪村观音岩组的“裤当坵”，黎某文依法承包了位于长坪村菜子凹组的“陀巴田”。1994年，黎某文的父亲刘某智为方便耕种，与黎某校达成口头协议，将“陀巴田”与“裤当坵”调换耕种。1996年第二轮土地承包后，黎某文从1999年起向朱某凤提出要求收回调换土地，朱某凤未同意，黎某文多次要求村委会、乡政府处理未果。2007 年，桑植县人民政府在完善农村土地承包经营权证登记时，将黎某文承包的“陀巴田”登记在朱某凤名下，朱某凤丈夫承包的“裤当垥”登记在黎某文名下，并给双方颁发了《农村土地承包经营权证》。2019 年 6 月 11 日，黎某文向桑植县农村土地承包仲裁委员会提起仲裁申请，要求裁决朱某凤、黎某文调换土地无效并注销错误登记。同年 8 月 5 日，桑植县农村土地承包仲裁委员会作出桑农仲案（2019）第 3 号仲裁裁决书，裁决：1. 双方土地调换协议无效，“陀巴田”仍由黎某文承包经营，“裤当垥”由朱某凤承包经营；2. 注销 2007 年朱某凤“陀巴田”1.3 亩和黎某文“裤当垥”1.6 亩的登记；3. 双方可以分别向桑植县农村经营管理部门申请变更登记。朱某凤因不服该仲裁裁决，诉至法院。

【案件焦点】

1. 土地承包经营权作为一项不动产权是否实行登记生效主义；2. 不属于同一集体经济组织的双方调换承包土地耕种，且各方已按互换后的土地取得了土地承包经营权证，是否已获得争议地的承包经营权。

【法院裁判要旨】

湖南省桑植县人民法院经审理认为：国家保护集体土地所有者的合法权益，保护承包方的土地承包经营权，任何组织和个人不得侵犯。根据《中华人民共和国农村土地承包法》第三十三条规定，承包方之间为方便耕种或者各自需要，可以对属于同一集体经济组织的土地的土地承包经营权进行互换，并向发包方备案。朱某凤和黎某文互换土地的行为违反了《中华人民共和国农村土地承包法》的规定。2007 年，桑植县人民政府向双方颁发的农村土地承包经营权证，并不是双方取得土地承包经营权的要件，县政府作为登记机构颁发土地承包经营权证，是一种行政登记行为，不是物权设立的公示方法，该土地承包经营权证仅是证权凭证不是设权凭证，仅起证明作用，双方可向相关登记部门申请变更登记，现朱某凤对双方争议土地“陀巴田”并未取得土地承包经营权，故对其要求黎某文停止侵权、排除妨碍并赔偿损失的诉请，于法无据，不予支持。

湖南省桑植县人民法院依照《中华人民共和国农村土地承包法》第八条、第三十三条，《中华人民共和国合同法》第五十二条，《最高人民法院关于适用〈中华人民共和国民事诉讼法〉若干问题的解释》第九十条规定，判决：

驳回朱某凤的诉讼请求。

【法官后语】

本案纠纷涉及两个问题，一是双方当事人互换承包地进行耕种的互换行为是否有效；二是双方当事人互换土地后，政府给双方均颁发了《农村土地承包经营权证》，该颁证行为是不是对该土地互换行为的确认，即政府颁发的《农村土地承包经营权证》是证权凭证还是设权凭证。

1. 互换承包地进行耕种的效力问题。自我国全面实施农村土地承包责任制以来，农民为了方便生产生活，互换承包地进行耕种的现象一直存在。这种调换耕种的行为存在两种情况，一种是在不改变承包人的情况下，互相调换耕种；另一种是对土地承包经营权进行调换。对于第一种情况，根据《中华人民共和国农村土地承包法》第九条"承包方承包土地后，享有土地承包经营权，可以自己经营，也可以保留土地承包权，流转其承包地的土地经营权，由他人经营"的规定，在未改变承包经营权人的情况下，互换耕种不改变原土地承包关系，相当于两个独立的土地承包经营权流转，是法律所允许的。对于第二种情况，根据《中华人民共和国农村土地承包法》第三十三条规定，此种互换改变了原有的土地承包关系，需具备三个基本条件，一是双方属于同一集体经济组织成员；二是用于互换的土地属于同一集体经济组织所有；三是向发包方备案。本案中，双方当事人同村不同组，不属于同一集体经济组织成员，朱某凤丈夫与黎某文父亲达成口头协议，朱某凤丈夫将其所承包的土地"裤当坵"与黎某文所承包的土地"陀巴田"进行互换耕种，但并未约定对承包经营权进行互换，即使约定了对土地承包经营权进行互换，亦属无效，黎某文父亲并非"陀巴田"的实际承包人，其无权代表黎某文与朱某凤丈夫互换耕地，黎某文父亲的行为属于无权代理，如黎某文对其父亲与朱某凤丈夫互换耕地的行为表示反对，该互换耕地承包经营权的行为当然无效。即使黎某文同意其父亲代表其与朱某凤丈夫互换耕地承包经营权，但根据《中华人民共和国农村土地承包法》第三十三条"承包方之间为方便耕种或者各自需要，可以对属于同一集体经济组织的土地的土地承包经营权进行互换，并向发包方备案"的规定，朱某凤及其丈夫与黎某文非同一集体经济组织成员，该互换耕地承包经营权的行为自始不符合法律规定，并且所换土地分属于不同村组所有，双方互换耕地承包经营权的行为亦会侵犯各自所在集体经济组织的合法权益，故该行为属无效行为。

2. 土地承包经营权证是证权凭证还是设权凭证。根据《中华人民共和国农村土地承包法》第二十二条“发包方应当与承包方签订书面承包合同”、第二十三条“承包合同自成立之日起生效。承包方自承包合同生效时取得土地承包经营权”，《中华人民共和国民法典》第三百三十三条“土地承包经营权自土地承包经营权合同生效时设立”，《中华人民共和国农村土地承包经营权证管理办法》第二条“农村土地承包经营权证是农村土地承包合同生效后，国家依法确认承包方享有土地承包经营权的法律凭证”的规定，土地承包合同成立时，承包方即取得土地承包经营权，县级以上地方政府部门向承包方颁发《农村土地承包经营权证》，并不是取得土地承包经营权的要件，土地承包经营权作为一项不动产权，并未采用登记生效主义，登记行为仅是一种行政行为，体现的是国家权力机关对物权关系的干预，其目的在于以公权力确认私权力，确认承包方的土地承包经营权，对于承包合同的成立和承包经营权的设立并无任何影响。因此依法承包的土地是否进行登记，不影响该物权的变动，即登记仅是对抗要件，而非效力要件。本案中，双方所承包的土地属于其各自所在集体经济组织所有，双方分别与各自所属集体经济组织签订《土地承包合同》后，即对《土地承包合同》所载明的田地享有承包经营权，即朱某凤与黎某文分别对“裤当坵”“陀巴田”享有承包经营权，政府部门的颁证行为仅是物权设立的公示方法，而非设权凭证，仅起证明作用。桑植县人民政府在完善农村土地承包经营权证登记时，将黎某文承包的“陀巴田”登记在朱某凤名下，朱某凤丈夫承包的“裤当坵”登记在黎某文名下，并给双方颁发《农村土地承包经营权证》的颁证行为，实际上系错误登记，承包经营权人有权向政府登记部门申请变更登记。

综上所述，在本案中，朱某凤实际上并未取得“陀巴田”的承包经营权，黎某文亦未取得“裤当坵”的承包经营权，“陀巴田”应由黎某文承包经营，“裤裆坵”则应由朱某凤承包经营，黎某文耕种“陀巴田”并未侵犯朱某凤的土地承包权。

编写人：湖南省桑植县人民法院　邓汉军　柯李鹏

四、土地承包经营权继承纠纷

43

集体经济组织收回其成员承包土地合法性的认定

——胡某厂、胡某琴诉石槽村经合社土地承包经营权案

【案件基本信息】

1. 裁判书字号

北京市第一中级人民法院（2019）京01民终8098号民事判决书

2. 案由：土地承包经营权纠纷

3. 当事人

原告（上诉人）：胡某厂、胡某琴

被告（被上诉人）：石槽村经合社

【基本案情】

胡某琴与胡某厂系姐弟关系，二人的父母胡某、杨某凤生前系石槽村村民。1982年石槽村进行第一轮土地承包，由胡某与石槽村经合社签订承包合同，四人均享有承包地份额。1998年1月1日，胡某作为家庭成员（包括胡某和杨某凤）的代表与石槽村经合社签订了土地承包合同书，承包了石槽云洞沟、南地、条良子等地，承包期限为50年。2008年，胡某、杨某凤先后去世。2011年，石槽村经合社下属小队将胡某承包户的土地收回并重新发包、出租。2019年1月3日，胡某厂、胡某琴诉至法院，要求确认胡某与石槽村经合社签订的土地承包合同书有效，胡某厂、胡某琴有权继续履行该承包合同。

1990 年 1 月 5 日，胡某琴与南关村村民徐某江结婚，其户籍于 1991 年 5 月 14 日由石槽村迁入南关村。徐某江家庭承包了南关村的土地，但南关村经济合作社未与本村村民签订书面的土地承包合同。又因徐某江的户口转为居民，胡某琴的户口于 2001 年 12 月 10 日转为非农业户口，2004 年南关村进行土地确权时，未与胡某琴签订土地承包合同。

1996 年 8 月 26 日，胡某厂户口由石槽村迁至南关村。2004 年，胡某厂在南关村取得了土地承包经营权。

【案件焦点】

1. 依据一轮土地确权取得的土地承包经营权是否必然延续到二轮土地确权；2. 以家庭承包方式取得的土地承包经营权是否可以继承。

【法院裁判要旨】

北京市延庆区人民法院经审理认为：农村土地承包采取农村集体经济组织内部的家庭承包方式，土地承包合同是我国农村集体经济组织内部普遍实行家庭承包经营体制的具体表现形式，家庭承包的承包方是本集体经济组织的农户。胡某琴、胡某厂的户籍先后迁出石槽村，后二人均丧失了石槽村集体经济组织成员的身份，不再享有承包石槽村土地的资格。胡某厂、胡某琴主张 1998 年的土地承包合同是对 1986 年合同的延续，并援引“增人不增地，减人不减地”的政策，认为其仍享有涉案土地的承包经营权，对此法院认为，胡某厂、胡某琴于 1986 年在石槽村享有承包地，不代表其于 1998 年第二轮土地延包时仍在石槽村承包有土地，1998 年 1 月 1 日的土地承包合同系对胡某和杨某凤家庭土地承包经营权的确认，并非原土地承包关系的当然延续。此时，胡某厂、胡某琴已非石槽村集体经济组织成员，也非胡某和杨某凤的家庭成员，且二人当时作为南关村村民，在南关村亦取得了相应的土地承包经营权，故在 1998 年石槽村发包土地时不应享有土地承包经营权。另外，土地承包经营权不属于个人财产，不发生继承问题。胡某厂、胡某琴虽系胡某、杨某凤的子女，但胡某厂、胡某琴户口迁出后均不属于胡某承包户的成员，胡某、杨某凤去世后，该承包户已无继续承包人，遗留的土地应由该土地的发包人予以收回，石槽村经合社据此收回土地的行为并无不当。故对胡某厂、胡某琴要求确认胡某与石槽村经合社签订的土地承包合同书有效，胡某厂、胡某琴有权继续履行该承包合同的诉讼请求，不予支持。

北京市延庆区人民法院依照《中华人民共和国农村土地承包法》第五条、第十六条、第三十二条规定，判决：

驳回胡某厂、胡某琴的诉讼请求。

胡某厂、胡某琴不服一审判决，提起上诉。

北京市第一中级人民法院经审理同意一审裁判意见，依照《中华人民共和国民事诉讼法》第一百七十条第一款第一项规定，判决：

驳回上诉，维持原判。

【法官后语】

根据《中华人民共和国民法典》第三百三十七条规定，承包期内发包人不得调整承包地、不得收回承包地。但法律对应当收回承包地的情形没有作出系统的规定。在实践中，收回承包地的情形主要包括承包方自愿交回土地、被征收或用于乡（镇）村公共设施和公益事业建设、以家庭为单位的承包户消亡等。本案属于因家庭承包户消亡，即发生“绝户”而收回土地的情形。

1. 一轮土地承包合同项下的家庭成员不必然取得二轮土地承包经营权。处理土地纠纷要准确把握“大稳定、小调整”“增人不增地、减人不减地”的土地政策精神内涵。审理土地承包经营权纠纷案件的基础是现行有效的二轮土地承包合同，审查的重点是二轮土地承包合同签订时农户内家庭成员的组成情况。

1978年我国农村开始实行土地承包经营制度，第一轮土地承包一般在1983年前后，承包期为15年；第二轮承包一般在1998年前后，承包期一般为30年。为了确保大多数农户的承包关系保持稳定、调动农民的生产积极性，1997年《中共中央办公厅、国务院办公厅关于进一步稳定和完善农村土地承包关系的通知》规定，土地承包期再延长30年，是在第一轮土地承包的基础上保持稳定，不能将原来的承包地打乱重新发包，更不能随意打破原生产队所有权的界限，在全村范围内平均承包。在政策层面，二轮承包是一轮承包的延续，但在法律角度上，承包合同在成立之日起生效，承包方自承包合同生效时取得土地承包经营权。二轮承包重新订立了土地承包合同，根据当时的实际情况对一轮土地承包合同作了一定的调整，是承包经营权人取得新的土地承包经营权的法律依据。结合本案，即使胡某厂、胡某琴在1986年一轮承包时是合同项下的家庭成员，并据此取得了承包地，也不代表其在1998年二轮承包中必然延续相应的土地承包经营权，因为二轮承包时其二人的户籍情况、婚姻状况等均已经发生了变化，1998年胡某作为家庭成员代表签订的土地承包合同项下的家庭成员仅为胡某夫妻二人。

2. 以家庭承包的方式取得的土地承包经营权不可继承。《中华人民共和国继承法》规定，遗产是公民死亡时遗留的个人合法财产。《中华人民共和国民法典》第一千一百二十二条在沿袭该规定的同时，增加规定，依照法律规定或者根据其性质不得继承的遗产，不得继承。土地承包经营权的属性决定其不属于个人财产，因此不能作为遗产进行继承，具体分析如下：

首先，土地承包经营权属于用益物权，用益物权指的是对他人所有的不动产或者动产，依法享有占有、使用和收益的权利。农村和城市郊区的土地，除了由法律规定属于国家所有的以外，属于农民集体所有；宅基地和自留地、自留山，也属于农民集体所有。

其次，我国农村土地实行家庭联产承包责任制，其本质特征是以本农户家庭为单位实行的承包制度。以家庭方式承包的土地承包经营权具有社会保障功能，其主要目的在于为承包农户的家庭成员提供最基本的生活保障，而非专属于任何成员的个人财产。只要该户存在，则该户的承包经营权在承包期内可以一直存续，该户承包的土地既不会因为户内成员的减少而减少，也不会因为户内人口的增加而增加，只不过户内成员享有的土地权益份额会发生相应的变化，这有利于稳定农村土地承包关系。但当户内成员全部死亡，即发生“绝户”的现象时，享有土地承包经营权的主体消灭，应由集体经济组织收回土地，另行发包。

最后，《中华人民共和国农村土地承包法》对土地承包经营权采取区别继承制度：(1) 对于通过招标、拍卖、公开协商等方式取得的荒山、荒沟、荒丘、荒滩经营权可以在承包期限内继承，林地也可以在承包期限内继承。这一规定主要考虑到“四荒地”及林地的收益周期长，投资大，风险大，如不允许继承，不利于调动承包人的积极性。(2) 对于以家庭承包方式取得的土地，除林地外不适用继承。(3) 承包收益可以继承。这里需要区分“土地承包经营权”和“土地承包经营收益”两个概念。《中华人民共和国农村土地承包法》第三十二条第一款规定：“承包人应得的承包收益，依照继承法的规定继承。”可见死者生前尚未取得的承包收益是可以继承的，但承包收益的本质是财产权利，与土地承包经营权的性质完全不同。

综上所述，除涉及林地和承包收益，以家庭承包方式取得的土地承包经营权，发生“绝户”的，村集体经济组织应收回承包地，另行发包。这可以避免出现符合条件的人无地可包或者一人承包数份土地的现象，否则，便会侵犯集体经济组织其他成员赖以生存的土地权益，对集体经济组织其他成员的合法权益造成损害，导致混乱和不公。结合本案，胡某厂、胡某琴不是1998年土地承包合同的承包户内的家庭成员，而承包户中的家庭成员胡某与杨某凤均已去世，且本案不涉及林地及承包收益，土地承包经营权不可以继承，故石槽村经济合作社将土地收回，具有合法性。

我国是农业大国，三农问题是关系国计民生的根本性问题，妥善处理土地纠纷事关农村经济社会的和谐稳定，事关全面建设小康社会宏伟目标的实现。通过本案的诉讼过程可以看出，普通百姓对土地政策及法律理解上存在偏差，而实践中，不仅是普通百姓，甚至部分基层干部、基层自治组织也未准确把握政策、法律精神内涵，导致历史遗留问题突出、矛盾频发，这也从侧面反映出法院承担的诉源治理工作任重而道远。

编写人：北京市延庆区人民法院　杨玉华　高智新

44

承包人死亡后农村土地承包关系的处理

——李某智等诉寨后居委会、林后小组农村土地承包合同案

【案件基本信息】

1. 裁判书字号

福建省厦门市海沧区人民法院（2019）闽0205民初3031号民事判决书

2. 案由：农村土地承包合同纠纷

3. 当事人

原告：李某智、李某勇、李某胜

被告：寨后居委会、林后小组

【基本案情】

李某智、李某勇、李某胜系李某乐（已故）、林某（已故）的儿子。李某乐与林某的父母均先于李某乐与林某去世。2000年11月15日，李某乐（乙方）与寨后村委会（甲方，现寨后居委会）签订《果林场山地承包合同书》，由时任林后小组组长黄某土与李某乐签订，约定：李某乐向寨后居委会承包位于林后小组的9亩地，四至为东邻诗山小组郭某润果林，西邻曾某水、郭某户果林，北邻山上大路，南邻台商酱油厂及李某乐住屋，东西长77米与43米，南北长96米与110米。承包期限自2000年9月10日至2050年9月10日。承包金额与付款方式：每年每亩20元，分五次付款，即乙方须于2000年、2010年、2020年、2030年、2040年9月10日前各交1800元给甲方所属的林后小组。后李某乐分别于2000年10月5日、2011年12月30日向寨后居委会缴交了2000年至2010年承包金及2010年至2020年承包金各1800元，对讼争土地进行经营，如今已果树林立。李某乐及林某去世后，上述合同项下的果林由李某智、李某勇、李某胜经营至今。李某智、李某勇、李某胜请求寨后居委会、林后小组配合向相关部门申请登记讼争土地承包经营权未果，遂诉至法院。

【案件焦点】

李某智、李某勇、李某胜是否享有讼争土地承包继承权。

【法院裁判要旨】

福建省厦门市海沧区人民法院经审理认为：涉案《果林场山地承包合同书》系当事人的真实意思表示，内容不违反法律、行政法规的强制性规定，合法有效，对双方当事人均具有法律约束力。尽管林后小组组长代表寨后居委会签订上述合同，但该合同2000年至2010年、2010年至2020年承包金均由李某乐向寨后居委会缴纳。可见，寨后居委会认可其与李某乐之间的土地承包关系。因此，李某乐与寨后居委会之间存在土地承包合同关系。《中华人民共和国农村土地承包法》第三十二条规定："承包人应得的承包收益，依照继承法的规定继承。林地承包的承包人死亡，其继承人可以在承包期内继续承包。”《最高人民法院关于审理涉及农村土地承包纠纷案件适用法律问题的解释》第二十五条规定：“林地家庭承包中，承包方的继承人请求在承包期内继续承包的，应予支持。其他方式承包中，承包方的继承人或者权利义务承受者请求在承包期内继续承包的，应予支持。”现讼争土地承包期限尚未到期，李某乐去世后，李某乐的继承人李某智、李某勇、李某胜依法继承其在讼争合同项下所享有的权利，故讼争合同仍应继续履行。因此，李某智、李某勇、李某胜主张其作为李某乐的法定继承人继续承包讼争土地并享有承包经营权，具有事实和法律依据，予以支持。

福建省厦门市海沧区人民法院依照《中华人民共和国合同法》第六十条第一款，《中华人民共和国农村土地承包法》第三十二条，《最高人民法院关于审理涉及农村土地承包纠纷案件适用法律问题的解释》第二十五条，《中华人民共和国民事诉讼法》第六十四条第一款、第一百四十四条规定，判决：

李某智、李某勇、李某胜对《果林场山地承包合同书》项下位于林后小组约9亩的土地在承包期限内享有承包经营权。

【法官后语】

农村土地承包合同关系中承包人死亡，将引发原农村土地承包合同关系项下承包收益的分配、承包权的继受、承包权的物权登记等后续纠纷解决问题。长期以来，农村土地承包合同的关系较为复杂，土地性质及土地承包方式所涉及的名称各式各样，而农村土地承包合同对于承包经营权的定义和阐述存在一定的模糊，相应的法律条文、法律关系的梳理与事实上复杂的承包关系未能形成匹配，加上村民对土地承包经营权、农村土地承包合同的认识存在一定的局限性，事实层面上的认识与法律关系中的认识存在一定的差距。因此，对于农村土地承包合同关系引发的纠纷，关系错综复杂，处理中往往存在困惑。

农村土地承包存在两种不同性质的土地承包合同，一种是集体经济组织成员以家庭为承包户共同向村集体承包土地订立的承包合同，该承包合同中承包土地的面积是按集体经济组织成员的人口分配的，每个家庭承包户的成员都有其承包土地的具体面积，通常集体经济组织成员承包土地的面积是相同的，也就是通常所说的责任田。另一种是集体经济组织成员以个人为承包个体独自或共同向村集体承包土地订立的承包合同，该承包合同中承包的土地面积以村集体实际发包的土地面积为准，并非按人口分配。具体的承包、发包关系以村集体的自留地、“四荒地”的现状决定是否发包以及发包的具体面积。在该土地承包合同关系中，承包人所享有的承包权实际上是一种经营权，如遇到政府征收，承包人所能够取得的征收补偿仅限于青苗及地上附着物补偿款项，而不能取得安置补助费、土地补偿费等补偿款项。本案例所涉及的就是第二种类型的土地承包合同关系，具体涉及以下两个问题：

1. 承包期内继承人或权利义务承受者（以下统称继承人）的继续承包权。林地承包关系中，承包人死亡后，根据《中华人民共和国农村土地承包法》第三十二条第二款规定，其继承人可要求在承包期内继续承包。《最高人民法院关于审理涉及农村土地承包纠纷案件适用法律问题的解释》第二十三条也规定：“林地家庭承包中，承包方的继承人请求在承包期内继续承包的，应予支持。其他方式承包中，承包方的继承人或者权利义务承受者请求在承包期内继续承包的，应予支持。”考虑到农村土地承包合同签订后承包人已就承包经营事项进行前期投入和投入收回成本的期限，故农村土地承包合同的承包期限通常较长，在承包关系存续期间，若承包人死亡，其继承人理应享有继续承包的权利，进而收回承包人前期所投入的成本。值得注意的是，若承包人没有继承人，则农村土地承包合同项下的土地理应由发包方收回经营。存在多方共同承包经营的农村土地承包合同中，若其中一方承包人死亡后没有继承人在承包期限继续共同承包，基于维护农村土地承包关系稳定的角度及承包人前期投入经济成本回收的考虑，其他承包人理应享有继续承包全部土地的权利。

2. 承包期内继承人的继续承包权的物权登记请求权。原土地承包合同的承包人持有相应权证的情况下，承包人在承包期限内死亡的事实发生后，《中华人民共和国农村土地承包法》以及《最高人民法院关于审理涉及农村土地承包纠纷案件适用法律问题的解释》明确规定承包期内继承人享有继续承包权，承包人的继承人与发包方双方对继续承包权不存在争议，意味着双方之间不需要以特定的方式“确认权利”，也就不属于需要通过诉讼主张由人民法院来确认事实的情形。因土地变更登记属于行政主管部门的行政行为，行政主管部门应当通过物权变更登记的行政行为将权证上的权属人予以变更登记，而不应当要求继承人通过诉讼主张确认继续承包权，取得人民法院生效的法律文书后才办理土地变更登记。若土地承包合同的承包人未办理相应的权证登记或是发包方对承包期内继承人享有的继续承包权存在异议，行政主管部门无法通过行政行为进行权属变更登记时，才要求继承人先行通过诉讼主张确认是否享有继续承包权。

应当注意的是，以家庭承包户为单位向村集体承包土地的承包合同，从维护农村土地承包关系稳定的角度考量，实行“增人不增地、减人不减地”的农村土地承包政策，即在承包期内，家庭承包户中的某个成员死亡，其人均责任田是由所在户其他成员继续承包经营，其在该承包经营户所享有的土地承包经营权转为其他家庭成员共同承包经营，不发生继承问题。

编写人：福建省厦门市海沧区人民法院　陈军晖　谢依婷

45

夫妻离婚后，户口迁出方是否享有原家庭土地承包经营权

——王某英诉张某宝、郑某妹共有物分割案

【案件基本信息】

1. 裁判书字号

浙江省台州市中级人民法院（2019）浙10民终2648号民事判决书

2. 案由：共有物分割纠纷

3. 当事人

原告（被上诉人）：王某英

被告（上诉人）：张某宝

被告：郑某妹

【基本案情】

郑某妹、张某宝系母子关系；张某宝与王某英原系夫妻关系，二人于1998年5月11日登记结婚，于1999年1月16日生育一女张某鑫。1999年12月，王某英、张某宝、郑某妹与张某鑫四人为一户承包方，分得灵山头村经济合作社发包的水田1.15亩，承包期限为1999年9月26日至2029年9月25日。2002年11月21日，

王某英与张某宝经法院调解离婚，调解书中未涉及对水田承包权的分割。2003 年 5 月 14 日，王某英将户口从灵山头村迁至塘垟岙村，其在该村未享有土地承包经营权。2003 年 8 月 7 日，张某鑫因病亡故。2016 年 3 月 28 日，张某宝领取了灵山头村发放的水田补偿款 138000 元。

【案件焦点】

1. 夫妻离婚后，户口迁出方是否仍然享有该家庭土地承包经营权相应份额的土地补偿款；2. 承包家庭成员死亡后，因其在家庭内部享有的土地承包经营权份额产生的水田补偿款是否发生继承。

【法院裁判要旨】

浙江省玉环市人民法院经审理认为：根据《中华人民共和国物权法》第九十九条规定，没有约定或者约定不明确的，共同共有人在共有的基础丧失或者有重大理由需要分割时可以请求分割。王某英与张某宝于 2002 年 11 月 21 日经法院调解离婚，其与张某宝、郑某妹的共有基础已丧失，故其可以就共有物提出分割的请求。根据《中华人民共和国物权法》第五十九条第一款规定，农村集体土地的所有权属于村集体所有，承包人仅对承包地享有使用、收益和土地承包经营权流转的权利，王某英主张其个人对承包地所有权享有份额没有法律依据。根据《中华人民共和国农村土地承包法》第三十一条“妇女离婚或者丧偶，仍在原居住地生活或者不在原居住地生活但在新居住地未取得承包地的，发包方不得收回其原承包地”的规定，王某英迁回原籍后未在原籍分得承包地，故王某英仍享有在灵山头村的土地承包经营权。根据《中华人民共和国农村土地承包法》第十七条第四项“承包土地被依法征收、征用、占用的，有权依法获得相应的补偿”的规定，王某英享有领取被征土地补偿款的权利。至于王某英应享有多少份额的问题，王某英主张其基于对女儿张某鑫承包权的继承，享有 3/8 的份额，但根据《中华人民共和国农村土地承包法》规定，继承人可以继承的家庭承包是指林地家庭承包和其他方式承包，耕地家庭承包的承包经营权为家庭成员共同享有，个别家庭成员死亡，其他家庭成员应当继续履行承包合同，不发生承包经营权的继承关系，双方当事人均认可承包时水田是按照人口等额分配的，故在张某鑫亡故后，王某英应当享有的承包权份额为 1/3。张某宝、郑某妹抗辩称王某英主张的共有物分割已经超过《最高人民法院关于适用

〈中华人民共和国婚姻法〉若干问题的解释（一）》第三十一条所规定的诉讼时效，但该条款适用的是夫妻共同财产并且是已对夫妻共同财产作出分割后，一方再次请求分割的情形，而本案系对家庭共有财产的处理，并非夫妻共同财产，并且王某英与张某宝之间未对涉案承包权进行过分割；另外，涉案共有财产的分割请求权属于物权请求权，不受诉讼时效限制。故对于张某宝、郑某妹的抗辩，不予采纳。张某宝已收取的征地补偿款中，包括应属于王某英的补偿款46000元，王某英有权请求张某宝返还。

浙江省玉环市人民法院依照《中华人民共和国物权法》第九十九条，《中华人民共和国农村土地承包法》第十六条、第十七条第四项、第三十一条规定，判决：

一、限张某宝于本判决生效之日起十日内向王某英支付承包地被征收补偿款46000元；

二、驳回王某英其余诉讼请求；

张某宝不服一审判决，提起上诉。

浙江省台州市中级人民法院经审理同意一审法院裁判意见，依照《中华人民共和国民事诉讼法》第一百七十条第一款第一项规定，判决：

驳回上诉，维持原判。

【法官后语】

一、农村妇女迁出户口后，是否仍享有原家庭内相应份额的土地承包经营权

在农村土地实行家庭承包的体制下，农村的普遍现象是妇女嫁入夫家并加入以夫一方的直系亲属为主要成员的农户家庭，分得该集体经济组织的土地承包经营权。如夫妻离婚，妇女离开该农户家庭后即使没有分得新的承包地，也不会在原农户家庭中继续“实际享有”土地承包经营权。按照法律规定，妇女是否“应当享有”原农户家庭承包地的土地承包经营权，对此，应当明确何为家庭方式承包的土地承包经营权。家庭方式承包是指以农村集体经济组织的每一个农户家庭全体成员为一个生产经营单位，作为承包人与发包人建立承包关系，承包耕地等用于农业的土地。家庭承包中的承包主体是农村集体经济组织的农户。发包人将土地发包给农户经营时，应当按照每户所有成员的人数来确定承包土地的数额，也就是通常所说的“按户承包、按人分地”，也叫“人人有份”。由于每个集体经济组织成员在本

集体经济组织中均享有成员权，也因为农村土地是农民的基本生产资料，是农民基本的生活保障，因此，每个农村集体经济组织的成员，不论年龄、性别都享有土地承包权。根据上述原理，《中华人民共和国农村土地承包法》第三十一条明确规定："……妇女离婚或者丧偶，仍在原居住地生活或者不在原居住地生活但在新居住地未取得承包地的，发包方不得收回其原承包地。"本案中，王某英迁回原籍后未在原籍分得承包地，故王某英仍应享有其原在张某宝家庭中分得的承包地，王某英与张某宝、郑某妹属同一农户成员。根据《中华人民共和国农村土地承包法》第十七条第四项"承包土地被依法征收、征用、占用的，有权依法获得相应的补偿"的规定，王某英对于涉案土地的承包经营权已转化为征地补偿利益，其对讼争征地补偿款应当享有相应的份额。

二、农村家庭承包户的成员死亡后，其在家庭内部享有的土地承包经营权可否发生继承

《中华人民共和国农村土地承包法》第三十二条第一款规定："承包人应得的承包收益，依照继承法的规定继承。"回避了"土地承包经营权能否继承"的问题。根据土地承包经营权的权利属性、功能，参考有关案例①，应认为土地承包经营权不可继承。具体理由如下：

1. 从承包经营权的主体看，家庭（户）是承包经营权的主体，农户内部成员仅能够享有相关的权益，而非拥有土地承包经营权。根据《中华人民共和国农村土地承包法》第十六条规定，家庭承包的承包方是本集体经济组织的农户，农户内家庭成员依法平等享有承包土地的各项权益。即权利主体是法律拟制的"农户家庭"而非内部成员，内部成员可享有承包土地权益而非拥有土地承包经营权。根据"增人不增地，减人不减地"的政策，可以明确，不论承包农户中有人口出生还是有成员死亡，有人迁入还是有人迁出，承包经营仍以户为单位，承包地仍由户内实有家庭成员继续承包经营。在此前提下，土地承包经营权的享有与"农户成员"的资格相始终，农户内部成员对家庭承包经营权不拥有处分权。一旦成员因死亡或迁出等原因丧失资格，其自然不再享有权益，权益归于农户内其他成员共享。《中华人民共和国民法典》第一千一百二十二条规定："遗产是自然人死亡时遗留的个人合法

---

① 李维某祥诉李某梅继承权案，载《最高人民法院公报》2009 年第 12 期。

财产。依照法律规定或者根据其性质不得继承的遗产，不得继承。”农村土地承包经营权是农户家庭享有的权利，不是内部成员的个人财产，故不发生继承。

2. 从农村土地承包经营权的赋权模式看，农户消失后，家庭的土地承包经营权消灭，承包土地应由发包方收回。对于收回的土地应当由集体经济组织成员共享。所以家庭承包取得的土地承包经营权不能继承。

3. 从保障功能的角度看，以家庭承包方式取得的承包经营权具有社会保障功能，其主要目的在于为农村集体经济组织的每一位成员提供基本的生活保障。当承包的农户中一人或几人死亡时，承包经营仍以户为单位，土地承包经营权继续为其他农户成员提供生活保障，不因死亡发生变动。假如土地承包经营权可以继承，则要按照继承法上的亲属关系分配权利份额，将割裂农户的土地承包关系，甚至使土地流转到集体经济组织之外，这显然违背立法初衷。因此，本案张某鑫死亡后，其原享有的农村土地承包经营权应归于其农户家庭内部其他成员包括王某英共同享有，不发生继承。

本案的水田补偿款是承包土地被征收后，村集体经过合理分配，用于补偿承包农户损失、保障农户家庭生活的费用，在性质上系土地承包经营权的替代物，自然由张某宝、郑某妹、王某英所在农户家庭共有。王某英与张某宝离婚后，其与张某宝、郑某妹的共有基础已丧失，可请求分割共有物，分得征地补偿款的1/3。

编写人：浙江省玉环市人民法院　叶馨怡　孔蒙蒙

46

部分成员去世的，土地承包经营权流转收益的保护

——曲某法诉杭上村委会土地承包经营权案

【案件基本信息】

1. 裁判书字号

山东省威海市中级人民法院（2019）鲁10民终3129号民事判决书

2. 案由：土地承包经营权纠纷

3. 当事人

原告（被上诉人）：曲某法

被告（上诉人）：杭上村委会

【基本案情】

曲某法系死者曲某章之子。2000 年第二轮土地承包时，曲某章一家两口以曲某章为户主承包了杭上村东南大明葡萄园西侧 4.2 亩土地，家庭成员包括曲某法。2011 年 12 月 30 日，曲某章作为甲方与杭上苗木专业合作社（后更名为航晟苗木专业合作社）作为乙方签订土地流转合同，约定甲方将其承包经营的位于杭上村东南大明葡萄园西侧的 4.2 亩土地流转给乙方经营，流转期限自 2012 年 1 月 1 日至 2030 年 12 月 30 日，每年每亩流转金为 600 元，乙方于每年 1 月 10 日前将该年度的流转金支付给甲方。2017 年 1 月 4 日，曲某章病逝。杭上村委会以曲某章去世应收回上述承包地中的 2.1 亩为由要求航晟苗木专业合作社向其支付上述 2.1 亩土地自 2017 年 2 月起的流转金。曲某法认为其土地承包经营权受到侵犯，遂诉至法院。

【案件焦点】

部分成员去世后家庭所承包土地是否应部分被收回。

【法院裁判要旨】

山东省威海市环翠区人民法院经审理认为：涉案土地应系曲某章、曲某法以农户为单位承包的，虽曲某章去世，但该农户依然存在，故曲某法作为该农户的成员依然依法享有涉案土地承包经营权。曲某章在涉案土地流转合同上签字应系作为农户代表的行为，该行为对于曲某法有效，涉案土地已经流转给航晟苗木专业合作社经营，现该农户依然存在，故曲某法作为该农户的成员依然依法享该土地流转合同项下的权利。

山东省威海市环翠区人民法院依照《中华人民共和国农村土地承包法》第十六条、第二十七条、第三十六条规定，判决：

曲某章作为甲方与杭上苗木专业合作社作为乙方于 2011 年 12 月 30 日所签订土地流转合同项下甲方的权利自 2017 年 1 月 4 日起由曲某法享有。

杭上村委会不服一审判决，提起上诉。

山东省威海市中级人民法院经审理同意一审法院裁判意见，依照《中华人民共和国民事诉讼法》第一百七十条第一款第一项规定，判决：

驳回上诉，维持原判。

【法官后语】

家庭承包为基础的经营方式是我国目前农村集体经济的基本经营制度。家庭承包是以家庭全体人员构成的户为单位承包农村土地，即农村土地政策中的“按户承包”。《中华人民共和国农村土地承包法》第十六条第一款规定：“家庭承包的承包方是本集体经济组织的农户。”第二十七条第一款规定：“承包期内，发包方不得收回承包地。”所以，农村土地承包经营权的承包方是农户，即整个家庭组织，而非农户内的某个成员。且家庭成员之间是平等的，家庭承包不得剥夺家庭成员的权利。

土地承包经营权的承包权利主体及行使主体均是农户，这是一种符合我国农村社会现实的权利安排。因此，除法律对承包地的收回有特别规定外，在承包期内，无论承包方家庭成员发生什么样的变化，只要作为承包方的家庭还存在，均不影响农村土地承包合同的效力，作为发包方的村集体经济组织或者村民委员会不得收回承包土地。所以，即使出现农户家庭成员减员的情况时，也不得收回部分承包土地，即农村土地政策中的“减人不减地”。但是在实践中，因部分家庭成员去世等原因，村民委员会收回承包土地的纠纷依然时有发生。

同时，土地承包经营权作为一种用益物权，土地承包经营权人基于土地承包经营权依法对其承包的土地享有收益等权利。承包人可以依法对其承包的土地直接进行生产经营进而获取收益。在当今“三权分置”的法律安排下，土地的经营方式允许发生转变，即可由农户自己直接生产经营，也可将承包地流转给他人经营，实现土地承包权和土地经营权的分离。即承包人可以保留土地承包权，通过流转土地经营权以向经营权人收取租金等方式获取收益。该项流转收益属于承包人的合法财产，在承包人去世时为其遗产，依法由其家庭成员继承，作为发包人的村集体经济组织或者村民委员会无权要求土地经营权流转后的经营权人在承包人家庭成员去世后停止向农户家庭支付相应流转收益，也无权要求直接取得相应流转收益。

就本案而言，一方面，虽曲某章去世，其家庭组织尚有其子曲某法，曲某法基于农户家庭共同经营为基础的团体成员资格并未丧失，能够代表该农户继续履行土地承包合同。作为发包方的杭上村委会不得违法收回承包土地，也不能径行取得相应流转经营权的收益。另一方面，曲某章去世，其相应流转土地经营权的收益作为遗产，应由其家庭成员曲某法作为唯一继承人依法继承取得，作为发包方的杭上村委会无权要求取得该流转收益。综上所述，杭上村委会以曲某章去世应收回承包地中的2.1亩为由要求土地承包经营权流转的受让方向其支付相应流转金的抗辩主张，不应得到支持。

编写人：山东省威海市环翠区人民法院　徐国建

五、其他土地承包经营纠纷

47

涉农村集体经济组织成员权益分配类案件中民主决议有效性的审查

——路某诉长阳二村村委会、长阳二村经合社承包地征收补偿费用分配案

【案件基本信息】

1. 裁判书字号

北京市第二中级人民法院（2019）京02民终8594号民事裁定书

2. 案由：承包地征收补偿费用分配纠纷

3. 当事人

原告（上诉人）：路某

被告（被上诉人）：长阳二村村委会、长阳二村经合社

【基本案情】

路某系长阳二村村民。1998年，路某所在家庭户承包了长阳二村的土地，承包期限为30年。后路某因考学，按照政策将农业户口转为非农业户口。从2002年起，长阳二村进行土地流转，流转范围包括路某家庭的土地。2009年，长阳二村土地被征收，路某家庭户地块属于被征收范围，征收机关给予了相应补偿。

2010年，部分村民就“长阳二村村东有地转居的学生，占地补偿款是否发放”事项提请村民代表进行表决。同意该事项的村民代表签字并按手印。2018

年 11 月 16 日，长阳二村村委会出具《欠发证明》。该证明加盖了长阳二村村委会公章，并有村委会主任刘某宏及原任经合社社长王某的签名。《欠发证明》记载："长阳二村村民因考学转居，从 1998 年实施农村土地经营权 30 年不变后，有以下人员从 2004 年至 2017 年年底，未曾享受过因承包地征收产生的相关福利待遇，我村按照相关规定经集体村民议定形成决议，同意给该部分人员发放占地补偿的相关费用。我村各种款项含以上款项均由长阳镇政府财经科代管，我村委会同意发放上述款项。"《欠发证明》记载 34 人发放款项数额，其中路某发放的数额为 144011. 29 元。

【案件焦点】

路某主张的款项，是否经过有效的民主程序决议确定。

【法院裁判要旨】

北京市房山区人民法院经审理认为：路某曾以承包地征收补偿费用分配纠纷为由提起诉讼，后因其具体诉求不属于人民法院民事案件的受案范围而被裁定驳回起诉。现其以 2018 年 11 月 16 日由长阳二村村委会出具并有村委会主任及经合社社长签名的《欠发证明》为据再次主张权利，但《欠发证明》不符合有关承包地征收补偿费用分配的程序性法律要件。

北京市房山区人民法院依照《中华人民共和国村民委员会组织法》第二十四条、《中华人民共和国土地管理法实施条例》第二十六条、《中华人民共和国民事诉讼法》第一百一十九条第四项规定，裁定：

驳回路某的起诉。

路某不服一审裁定，提起上诉。

北京市第二中级人民法院经审理认为：路某系以承包地征收补偿费用分配纠纷为由提起诉讼，向长阳二村村委会、长阳二村经合社主张给付 144011. 29 元的诉讼请求。《中华人民共和国土地管理法》第四十七条第二款规定，"征收耕地的补偿费用包括土地补偿费、安置补助费以及地上附着物和青苗的补偿费"，《中华人民共和国村民委员会组织法》第二十四条对于承包地征收补偿费用的分配，规定征地补偿费的使用、分配方案经村民会议讨论决定方可办理，村民会议可以授权村民代表会议讨论决定上述事项，即承包地征收补偿费用的分配属于农村集体经济组织自治范畴，承包地征收补偿费用“分不分”“分给谁”“分多少”等问题应当由农村集体经济组织成员通过民主议定程序形成决议；路某所提本案诉求属于农村集体经济组织的自治范畴，而非人民法院受理民事案件的范围。一审法院驳回路某的起诉并无不当，所作裁定应予维持。

北京市第二中级人民法院依照《中华人民共和国民事诉讼法》第一百七十条第一款第一项、第一百七十一条、第一百七十五条规定，裁定：

驳回上诉，维持原裁定。

【法官后语】

本案核心问题在于，路某主张的款项，是否经过有效的民主决议程序所确定。具体而言，即 2010 年决议以及《欠发证明》能否证明涉案款项已经过有效的民主决议程序明确。

农村集体经济组织的民主决议是农村集体经济组织成员权益分配的程序性法律要件。司法实践中，民主决议成为涉农村集体经济组织成员权益分配类案件的审查要点。笔者认为，应当从决议事项、决议内容、决议程序来审查民主决议的效力：

1. 决议内容应当明确。如承包地征收补偿费用分配的民主决议，应当确定“分不分”“分给谁”“分多少”的具体内容。决议内容应当清晰明确。

2. 决议事项应当合法。实践中，集体组织召开村民会议就具体的事项进行表决。人民法院应当对决议事项进行审查，对明显违反《中华人民共和国民法典》《中华人民共和国土地承包法》《中华人民共和国妇女权益保护法》《中华人民共和国未成年人保护法》等法律法规的情形予以纠正。

3. 决议程序应当合法。村民会议自有其程序，《中华人民共和国村民委员会组织法》第二十二条规定，召开村民会议，应当有本村十八周岁以上村民的过半数，或者本村三分之二以上户的代表参加，村民会议所作决定应当经到会人员的过半数通过，法律对召开村民会议及作出决定另有规定的，依照其规定。若村民会议未按照程序进行，即使形成决议，也应认定未达成有效决议。实践中主要存在两种情况。其一，人数未达到法定要求，在部分成员不知情的情形下达成决议。例如，集体组织中老成员认为新成员不应当享受利益分配，在未通知新成员的情形下达成决议，故应当认定未达成有效决议。其二，会议表决未按照法定程序进行，即使形成决议，也应认定为未达成有效决议。例如，村民会议未经过集体表决程序，未当场形成书面决议，而是村干部拿着事先拟定好的决议挨家挨户询问意见，同意的村民在决议上签字，故应当认定未达成有效决议。

本案案由为承包地征收补偿费用分配纠纷。承包地的征收补偿费是指承包经营的土地被国家依法定程序征收的，国家按照法律规定给予失地者的补偿费用。《中华人民共和国村民委员会组织法》第二十四条规定，征地补偿费的使用、分配方案，经村民会议讨论决定方可办理，村民会议可以授权村民代表会议讨论决定上述事项。具体而言，有效的承包地征收补偿费用分配的民主决议应当包含三点要素，即“分不分”“分给谁”“分多少”。本案中，2010 年决议解决了“分不分”“分给谁”的问题，但“分多少”在决议中无法体现。路某主张金额的依据是会计所列 2004 年至 2017 年年底的各项费用明细，而征收时点在 2009 年，故村民会议并未在征地时段以及决议时点就涉案金额达成明确有效的决议结果。由于承包地征收补偿费用的分配属于农村集体经济组织自治范畴，故涉案金额仍需要通过民主决议方式来明确。因此，路某所提出的诉讼请求缺乏有效的程序性法律要件，仍然属于农村集体经济组织自治事项，并非人民法院的受案范围，应当驳回路某的起诉。

编写人：北京市房山区人民法院　沈光　孟阳

48

村民组无权收回村民土地承包经营权，不得截留侵占土地租赁费

——蒋祖某诉黎明村委会、南伏龙村民组不当得利案

【案件基本信息】

1. 裁判书字号

安徽省当涂县人民法院（2019）皖 0521 民初 2057 号民事判决书

2. 案由：不当得利纠纷

3. 当事人

原告：蒋祖某

被告：黎明村委会、南伏龙村民组

【基本案情】

蒋祖某户于1995年承包经营农村土地为5.7亩，2016年重新确权登记承包土地面积为5.95亩，发包方为黎明村委会。2002年2月，蒋祖某将承包经营的土地交由外村人耕种，直至2017年7月双方协商解除代耕关系。

2005年蒋祖某全家户籍迁入小城镇。2016年，南伏龙村民组以该户迁入城镇并将土地交由外村村民耕种为由，集体决议收回该户的土地承包经营权，对应的土地流转收益将全部用于村铺路、修水渠、农电改造等公共设施工程。

2016年10月，南伏龙村民组组织村民将位于林家埂的土地承包经营权集体对外出租，其中包含蒋祖某户的土地承包经营权。除蒋祖某外其他农户与土地经营权人（租赁方）签订租赁合同。土地经营权人每年向南伏龙村民组给付租赁费，南伏龙村民组收到款项后进行发放。“伏龙组各农户土地承包费清算表”中记载蒋祖某户流转土地面积为6.13亩，包含沟渠的面积，因南伏龙村民组拒付蒋祖某户的租赁费，蒋祖某遂诉至法院。

【案件焦点】

南伏龙村民组决议收回蒋祖某户的承包地是否有效，是否有权截留该户土地流转费。

【法院裁判要旨】

安徽省当涂县人民法院经审理认为：1. 蒋祖某户将土地交由外村村民代耕不违反法律禁止性规定，并非取消其农村土地承包资格的法定事由。根据相关法律规定，承包期内，承包方可以自主决定依法采取出租（转包）、入股或者其他方式向他人流转土地经营权；承包农户进城落户的，引导支持其按照自愿有偿原则依法在本集体经济组织内转让土地承包经营权或者将承包地交回发包方，也可以鼓励其流转土地经营权。蒋祖某在户籍迁入小城镇时将土地交由他人代耕，是土地流转的具体方式，有利于保护土地的开发利用，受法律保护，相关组织不得以此为由收回蒋祖某户的土地承包经营权。

2. 蒋祖某户享有案涉土地承包经营权，对案涉土地依法享有占有、使用、收益的权益。继 1995 年二轮土地承包之后，2016 年黎明村委会对该户承包经营的土地重新确权，颁发新的经营权证。南伏龙村民组非案涉土地的发包方，无权作出收回该户土地承包经营权的决定，更无权处分相应的土地流转收益。

3. 南伏龙村民组代收代发租赁费，无权截留。农村土地承包经营权证是国家依法确认承包方享有土地承包经营权的法律凭证，蒋祖某户据此享有 5. 95 亩土地的承包经营权。虽然“伏龙组各农户土地承包费清算表”记载蒋祖某的流转土地面积为 6. 13 亩，但南伏龙村民组认为该 6. 13 亩中包含了与蒋祖某承包地相邻的沟渠面积，该陈述与蒋祖某持有的农村土地承包经营权证登记的土地四至相一致。故南伏龙村民组应当悉数将租赁费 17850 元返还给蒋祖民户。黎明村委会并非租赁费的侵占人，无须担责。

安徽省当涂县人民法院依照《中华人民共和国农村土地承包法》第十条、第十六条、第二十三条、第二十七条、第三十六条、第六十一条，《中华人民共和国民事诉讼法》第六十四条第一款、第一百四十四条规定，判决：

一、南伏龙村民组于本判决生效之日起十日内给付蒋祖某三年（2016 年 10 月 1 日至 2019 年 9 月 30 日）土地流转租赁费共计 17850 元；

二、驳回蒋祖某的其他诉讼请求。

【法官后语】

我国实行的农村土地承包经营制度，是中国特色社会主义经济制度的重要组成部分。农村实行家庭联产承包责任制之初，将土地所有权和承包经营权分设，充分调动了农民的积极性，有效解决了温饱问题；现阶段，我国农村土地制度进一步深化改革，将土地承包经营权分为承包权和经营权，实行土地所有权、承包权、经营权（以下简称“三权”）分置。“三权”分置具体是指，在农村土地集体所有权的基础上，设立土地承包经营权；再在土地承包经营权之上设立土地经营权。其中，土地所有权归属于农村集体经济组织所有，土地承包经营权归属于承包土地的农民家庭享有，而土地经营权可经土地承包经营权人的转让归属于土地实际占有、使用人享有。“三权”既发挥整体效能，又发挥各自功能，客观上加速了土地流转、推进农业现代化进程，有利于繁荣农村经济。《中华人民共和国民法典》物权编第十一章对《中华人民共和国农村土地承包法》有关农村土地所有权、经营权流转等内容进行了完善，并首次以独立的法律权利形式提出土地经营权，概括规定了土地承包经营权人可以自主地通过特定法律行为分离出土地经营权，进一步明确了土地经营权的具体流转规则。在具体实践中，应厘清参与主体的角色定位和法律关系，妥善处理“三权”的相互关系，不断发挥我国的土地制度优势。

1. 非土地发包方的村民组无权收回村民土地承包经营权。村民组是村民自治组织，在乡村治理，实现乡村振兴战略中发挥着不可或缺的作用。村民组在土地流转中的角色有两类，一类是村集体土地的所有者；另一类是受村民委员会、乡（镇）政府等委托协助办理土地承包经营权合同签订、土地承包经营权证颁发、组织流转村集体范围内的土地经营权等相关事务。非所有者的状态下，村民组仅能在法律的框架下根据村民的合议行使自治的权利，不具备收回承包经营权的资格。案例中，黎明村系案涉土地的所有权人和发包方，案涉村民组并非集体土地的所有者，却召开村集体会议收回村民的土地承包权，显然已经超越了其权利行使边界，损害了村民的土地承包权。案例判决否定了非土地发包方的村民组收回村民土地承包经营权的资格，为村民组在土地流转中正当行使自治权提供了司法范例。

2. 护航土地经营权流转，保护村民在土地流转中的合法权益。让农民在土地流转中受益是土地改革的根本落脚点。“三权”分置作为土地改革的重要内容，目的在于放活农民对所承包土地的经营权，实现农村土地经营权的高效、有序流转。为此，法律对农村土地转让和流转的对象作了不同的规定。《中华人民共和国农村土地承包法》第三十四条规定：“经发包方同意，承包方可以将全部或者部分土地承包经营权转让给本集体经济组织的其他用户，由该农户同发包方确立新的承包关系，原承包方与发包方在该土地上的承包关系即行终止。”第三十六条规定：“承包方可以自主决定依法采取出租（转包）、入股或者其他方式向他人流转土地经营权，并向发包方备案。”第三十九条规定：“土地经营权流转的价款，应当由当事人双方协商确定。流转的收益归承包方所有，任何组织和个人不得擅自截留、扣缴。”不难发现，法律一方面仅限制土地承包经营权转让（包含互换）的对象为本集体经济组织成员，同时附加须经发包方同意的条件，以维护集体土地所有权的稳定性；另一方面鼓励土地有效流转，在保证农业用途的前提下对转让、互换以外的其他方式的流转对象不加限制，承包方可以自主决定具体的流转方式，并依法享有流转对价。《中华人民共和国民法典》进一步规定，土地承包经营权人可以自主决定依法采取出租、入股或者其他方式向他人流转土地经营权。据此，村民作为土地承包经营权人有权将承包土地经营权流转给集体经济组织以外的个人或组织。本案中，对村民组以土地交由外村村民代耕为由收回土地承包经营权的行为给予否定的法律评价，通过鼓励土地流转进一步深化乡村振兴战略的实施。相应地，村民组系基于村民集体委托代收土地租赁费，无权截留土地流转收益，也无权将农户的流转收益用作公共建设。案例依法支持村民要求村民组返还土地流转收益的诉讼请求，充分维护村民在土地流转中的合法权益，也引导村民组厘清权利行使边界，发挥了司法在加快土地有序流转，繁荣乡村经济，提升乡村有效治理中的重要作用。

编写人：安徽省当涂县人民法院　刘丹凤　芮习凤

49

村委会疏于管理并放任他人改变土地用途，应对因违法用地整治产生的建筑物拆除等损失承担责任

——安信德上埠村委会土地租赁合同案

【案件基本信息】

1. 裁判书字号

江苏省镇江市京口区人民法院（2018）苏1102民初1531号民事判决书

2. 案由：土地租赁合同纠纷

3. 当事人

原告：安信德公司

被告：上埠村委会

【基本案情】

2010年，安信德公司向上埠村委会租用20亩土地进行生产经营，约定由上埠村委会配合办理征用手续。2011年，安信德公司进行二次征用，共征用39.0645亩，其中有2.2亩地块未交付。2012年3月，通过丈量确认，安信德公司实际租用上埠村集体土地14.0655亩，双方于4月28日重新签订土地租赁协议一份，载明：安信德公司因生产经营需要租用上埠村委会部分土地，租用面积14.0655亩，其中2.2亩未交予使用，租赁期限19年，土地租赁价格为3500元/亩/年，安信德公司不得在租用地面上建造永久性建筑，如遇国家或村镇规划征收，土地综合补偿费归上埠村委会，地上建筑物、设备物资和附属物的补偿权由安信德公司享有。双方还约定，协议期内，上埠村委会协调一切因土地发生的矛盾。2014年7月16日，镇江市国土资源局对双方分别作出行政处罚决定书，认为安信德公司在上埠村内从事非农建设，占用土地面积2.84亩，要求安信德公司退还非法占用的土地，没收非法占用土地建造的建筑物和其他设施；认为上埠村委会擅自将农民集体所有的土地使用权出租用于非农业建设，要求改正非法出租行为，没收违法所得并处罚款。后双方继续维持租赁现状未变。2017年11月20日，上埠村委会以安信德公司未付租金以及建造永久性建筑物违约为由发出解除合同通知，要求拆除建筑物退回土地，结算租金。经双方多次协商，安信德公司同意清空租赁土地上的设备设施、附属物，清退仓储承租户，将地上建筑物交由上埠村委会拆除。

审理中，双方一致确认2012年4月28日签订的土地租赁协议因非法改变土地用途无效。2018年6月涉案地块已整改复耕结束，双方同意自行对使用费进行结算，并办理交接手续。对安信德公司因整治涉案地块发生的财产损失，结合资产评估报告，最终确认：1. 涉案租赁土地范围内房屋及附属设施、围墙等建筑物造价3965032元；2. 评估费用35000元。但对上述损失应如何负担，双方未能达成一致意见。对于租户搬迁费、行车拆除损失、花木移除等损失717718元，上埠村委会自愿全额赔付。

【案件焦点】

因违法用地整治被拆除建筑物而产生的损失，安信德公司、上埠村委会各自应承担的责任比例如何确定。

【法院裁判要旨】

江苏省镇江市京口区人民法院审理认为：双方签订的土地租赁协议，因非法将农民集体土地用于工业生产经营建设，违反了我国土地管理法律法规的强制性规定，故该协议无效。涉案地块已整改复耕结束，双方同意自行对使用费进行结算，并办理地块交接手续，予以准许。上埠村委会对于安信德公司占有、使用农用地，以及二次租用土地用于生产经营起主导作用。上埠村委会不仅明知安信德公司租用土地用于生产经营，而且允诺帮助安信德公司协调用地过程中的一切矛盾，显然在非法出租农用地和改变土地用途中处于主导地位。双方在协议中明确约定不得搭建永久性建筑物，但安信德公司未遵守。因此，对于安信德公司因违法用地整治被拆除建筑物而产生的损失，双方均有过错。考虑上埠村委会在出租土地中的主导地位，以及疏于行使监督管理职能，其过错较大，酌定上埠村委会对合同无效造成安信德公司的损失承担60%的赔偿责任。即对涉案租赁土地范围内房屋及附属设施、围墙等建筑物拆除损失赔偿2379019.2元，承担评估费用21000元。其他安信德公司的损失，经双方磋商已达成一致意见，数额较为合理，予以确认，即上埠村委会需赔偿安信德公司717718元。两项合计，上埠村委会应赔偿安信德公司各项损失3117737.2元。

江苏省镇江市京口区人民法院依照《中华人民共和国合同法》第五十二条、第五十八条，《中华人民共和国土地管理法》第六十三条，《中华人民共和国民事诉讼法》第一百四十二条规定，判决：

上埠村委会于本判决生效后十日内赔偿安信德公司3117737.2元。

【法官后语】

《中华人民共和国民法典》第九条规定："民事主体从事民事活动，应当有利于节约资源、保护生态环境。"该规定确立了民事活动应当遵循的绿色原则，是《中华人民共和国民法典》新增的极具新时代特色的基本原则，要求民事主体在从事民事活动时应当有效率地利用资源，保护环境和生态。绿色原则是《中华人民共和国民法典》回应资源紧缺和环境被破坏这一时代难题的重要立法举措，是保障社会可持续发展的必然要求。具体到土地资源保护上，为坚守耕地红线，必须确保农用地的农业用途，落实最严格的耕地保护制度。法院在审理涉土地合同纠纷案件过程中，对于合同内容或履行行为可能导致农地非农化、过度非粮化，以致浪费耕地资源、破坏农业生态环境的，对于合同效力和当事人责任的认定，应坚持以绿色原则为指引，在司法中实施最严格的耕地保护制度。

本案中，安信德公司、上埕村委会以土地租赁的方式擅自将农用地用于非农建设，非法改变土地用途，违反了《中华人民共和国土地管理法》关于不得擅自将农用地用于非农建设的强制性规定，违背了绿色发展理念，故双方签订的土地租赁协议无效。本案处理中的意见分歧在于，因违法用地整治被拆除建筑物而产生的损失，安信德公司和上埕村委会如何分担。第一种观点认为，村民委员会在特定的历史时期采取招商引资的方式发展经济，给予企业政策上的优惠，初衷是为了发展地方经济，进而提高广大村民的生活质量和收入水平，本身不存在过错。况且在土地违法整治过程中，上埕村委会已受到了行政机关的处罚，之后也按照复耕复绿要求进行了整改，其过错较小，不应当承担主要责任。第二种观点认为，村民委员会在农村经济发展中居于主导地位，其将集体农业用地出租，放任他人将土地用于工业生产经营并搭建永久性建筑物，甚至允诺帮助协调用地过程中的一切矛盾，仅是为了追求经济的短期发展，与可持续发展理念相悖。村民委员会因违法行为受到行政机关的处罚本就是应承担的违法成本，不能因为受到行政处罚就减轻其应当承担的民事责任。

本案采纳了第二种意见，理由在于，上埕村委会作为农村自治组织，在社会主义新农村建设中应始终秉持节约资源、保护环境的理念，其在土地利用中居于主导地位，如果采取规避甚至直接违反农用地保护法律规定实施土地流转行为，显然应当承担更重的责任。认定上埕村委会承担较重的责任，就是要通过司法裁判告诫村民委员会，农用地的保护红线切勿违法逾越，明确发展经济不能对资源和生态环境竭泽而渔，要在发展中保护资源和生态，在保护资源和生态中发展经济。只有坚持绿色理念，兼顾发展农村经济和保护土地资源，才能推动农村经济的可持续发展。

编写人：江苏省镇江市京口区人民法院　李祉含

50

村民小组可以经过授权作为原告参加民事诉讼

——钱湾村第八村民组、钱湾村第九村民组诉黄某虎、钱湾村委会土地承包经营权案

【案件基本信息】

1. 裁判书字号

安徽省铜陵市中级人民法院（2019）皖07民终778号民事裁定书

2. 案由：土地承包经营权纠纷

3. 当事人

原告（上诉人）：钱湾村第八村民组、钱湾村第九村民组

被告（被上诉人）：黄某虎、钱湾村委会

第三人：铜陵市义安区水利局

【基本案情】

1999年10月，铜陵市义安区所属钱湾村第八村民组、第九村民组村民依据国家政策分得钱湾村庙地、产地位置的土地承包经营权（承包期限从1999年10月至2029年10月）。铜陵县人民政府颁发了《农村集体土地承包经营权证》。2000年，因江堤加固需要，铜陵县水利局从钱湾村第八村民组、第九村民组内的村民承包土地中取土，以便防汛、防洪。取土结束后，两村民组土地连成一片，形成鱼塘。后钱湾村委会在未与村民组及组内村民进行协商的情况下，将上述土地转包给黄某虎经营。2018年5月，两个村民组召开村民小组会议，达成共识并形成《会议纪要》。钱湾村第八村民组、第九村民组认为，根据《会议纪要》其有本案相应土地的承包经营权，该土地承包经营期限未满，虽然因取土形成鱼塘，但并不影响承包经营的权利，黄某虎、钱湾村委会的行为明显侵犯了钱湾村第八村民组、第九村民组及村民的合法权益，遂诉至法院。

【案件焦点】

村民小组是否具有民事诉讼主体资格，即在本案中能否作为原告参加民事诉讼。

【法院裁判要旨】

安徽省铜陵市义安区人民法院经审理认为：涉案土地已经于1999年分包到户，《会议纪要》属于形成鱼塘前的承包户的意见，钱湾村第八村民组、第九村民组并不因此而获得土地承包经营权。两村民组以土地承包经营期限未满不影响承包经营的权利为由提起诉讼，不是本案适格原告。

安徽省铜陵市义安区人民法院依照《中华人民共和国民事诉讼法》第一百一十九条，《最高人民法院关于适用〈中华人民共和国民事诉讼法〉的解释》第二百零八条第三款规定，裁定：

驳回钱湾村第八村民组、钱湾村第九村民组的起诉。

钱湾村第八村民组、钱湾村第九村民组不服一审裁定，提起上诉。

安徽省铜陵市中级人民法院经审理认为：农村的土地除法律规定属于国家所有的外，都属于农民集体所有。依据《最高人民法院关于适用〈中华人民共和国民事诉讼法〉的解释》第六十八条之规定："村民委员会或者村民小组与他人发生民事纠纷的，村民委员会或者有独立财产的村民小组为当事人。"因此，村民小组作为农村基层自治组织有权依法行使诉讼权利。但村民小组作为农村集体经济组织，与法人的性质不同，村民小组长的法律地位也与法定代表人不同，村民小组长并不必然享有代表全组村民提起诉讼的权利。依照《最高人民法院关于村民小组诉讼权利如何行使的复函》（〔2006〕民立他字第23号）的意见，村民小组在行使诉讼权利时应当履行法律规定的民主议定程序，村民小组的组长以村民小组的名义起诉和行使诉权应当参照《中华人民共和国村民委员会组织法》第二十八条的规定，履行民主议定程序，取得授权。钱湾村第八村民组、第九村民组于2018年5月分别召开村民小组会议，对案涉鱼塘享有承包经营权的百分之八十以上村民参加会议，并形成一致意见，推选三名村民代表全权处理关于案涉鱼塘承包经营权的争议。因此，原审以钱湾村第八村民组、第九村民组没有获得土地承包经营权为由驳回起诉不当，本案应当进行实体审理。

安徽省铜陵市中级人民法院依照《中华人民共和国民事诉讼法》第一百七十一条，《最高人民法院关于适用〈中华人民共和国民事诉讼法〉的解释》第三百三十二条规定，裁定：

一、撤销安徽省铜陵市义安区人民法院（2019）皖0706民初1741号民事裁定；

二、本案指令安徽省铜陵市义安区人民法院审理。

【法官后语】

司法实践中，村民小组是否具有民事诉讼主体资格，即能否作为原告、被告或者第三人参加民事诉讼，是经常遇到也是十分重要的问题。法律对村民小组是否具有民事诉讼主体资格并没有明确规定，实践中对此认识存在分歧。第一种观点是，村民小组具备诉讼主体资格，其依法成立，是农民基层自治组织，类似于村民委员会。第二种观点是，村民小组不同于村民委员会，不具备诉讼主体资格，应以全体村民小组成员为诉讼主体。笔者认为，村民小组经过授权，具有诉讼主体资格，可以作为原告、被告、第三人参加诉讼。

从法律层面，依据《最高人民法院关于适用〈中华人民共和国民事诉讼法〉的解释》第六十八条规定："村民委员会或者村民小组与他人发生民事纠纷的，村民委员会或者有独立财产的村民小组为当事人。"依照最高人民法院（2006）民立他字第23号复函的意见，村民小组在行使诉讼权利时应当履行法律规定的民主议定程序，村民小组的组长以村民小组的名义起诉和行使诉权应当参照《中华人民共和国村民委员会组织法》第二十八条的规定，履行民主议定程序，取得授权。本案中，钱湾村第八村民组、第九村民组分别通过村民小组会议授权，取得全权处理案涉鱼塘承包经营权争议的权利，可以作为原告参加本案诉讼。

从乡村治理层面，村民小组是依据《中华人民共和国村民委员会组织法》的规定，由村民委员会依法设立的群众性自治组织，是行政村的下级村民自治组织，是农村中不可缺少的最基层的农民自治组织。村民小组有权管理本村民小组集体所有的土地和其他财产，具有独立财产的村民小组对其所有的财产具有经营管理的权利，其类似于更小规模的村民委员会。

从减轻诉累层面，现今农村人口流动性强，大部分青壮年外出务工，留守乡村的以老人、儿童为主，并不宜参与诉讼。因土地流转、集体财产租赁等纠纷频发，以村民集体涉诉的案件呈增长趋势，如不承认村民小组的诉讼主体资格，此类案件均以全体村民小组成员为诉讼主体，势必加重当事人的诉讼负担。承认村民小组诉讼主体地位，以小组集体的形式参与诉讼，对于降低诉讼成本、方便当事人诉讼具有积极作用。

综上，村民小组作为基层自治组织，通过合法的授权，应当具备诉讼主体资格，既可以作为原告，也可以作为被告、第三人参与诉讼。

编写人：安徽省铜陵市中级人民法院　尹雪茗

51

经营休闲农业的土地承包合同是否构成法定解除事由

——吕某诉江某敏、黄某华农村土地承包合同案

【案件基本信息】

1. 裁判书字号

福建省厦门市中级人民法院（2018）闽02民终4945号民事判决书

2. 案由：农村土地承包合同纠纷

3. 当事人

原告（上诉人）：吕某

被告（被上诉人）：江某敏、黄某华

【基本案情】

2001年3月7日，吕某通过法院委托拍卖，依法竞买获得东孚林果场经营权。6月12日，吕某依据竞买确认书，与土地所有权人洪塘村委会、莲花村委会、过坂村委会共同签订了《东孚林果场承包合同》，获得东孚林果场的承包经营管理权。2011年1月26日，吕某与江某敏签订《承包合同书》，约定吕某将上述承包地部分转包给江某敏用于经营农、林、花卉及绿化苗木种植业，其间双方均不得再转包他人或出售土地，双方不得改变或违反合同约定。合同签订后，吕某依约将讼争承包地交付给江某敏使用。2014年7月20日，江某敏与黄某华签订《休闲山庄开发合作协议》，黄某华将承包地用于发展餐饮业，并在未取得合法手续的情况下在承

包地范围内兴建建筑物、构筑物等。

【案件焦点】

1. 江某敏与黄某华之间存在何种关系；2. 江某敏与黄某华是否在讼争承包地上建造了建筑物；3. 吕某是否有权解除与江某敏签订的《承包合同书》并要求江某敏、黄某华返还讼争承包地。

【法院裁判要旨】

福建省厦门市海沧区人民法院经审理认为：《承包合同书》约定的承包期限至2037年1月28日，目前尚未到期，且江某敏不同意解除合同，故本案讼争合同的协商解除条件不成就。吕某以江某敏违约将讼争承包地转包给黄某华为由要求解除合同，既缺乏事实依据也缺乏合同依据。既然合同未约定解除条件，则吕某要求解除合同必须符合法定解除条件。根据《中华人民共和国合同法》第九十四条规定，吕某与江某敏签订《承包合同书》，其根本目的是获取承包金，而江某敏在合同履行过程中不仅依约足额向吕某支付了承包金，还提前向吕某支付了未到期的部分承包金，吕某的合同目的已然实现，不符合《中华人民共和国合同法》第九十四条规定的合同法定解除条件。江某敏、黄某华发展休闲农业，利用讼争承包地上原有部分建筑物改建经营餐厅的行为，未对承包土地地造成永久性损害。依照《厦门市关于进一步促进休闲农业发展的意见》第二条规定，对休闲农业项目直接用于或者服务于农业生产的设施用地，在符合总体规划的情况下，附属设施用地按项目总用地规模5%的比例配套，但最多不超过10亩。本案经现场勘查，用于经营休闲山庄的面积仅占承包地面积不到0.5%，尚有99.5%左右的土地面积用于果、林等种养植农业生产，江某敏将极少部分土地与黄某华合作经营休闲山庄的行为并不妨碍吕某与江某敏之间《承包合同书》的继续履行。即便江某敏、黄某华经营休闲山庄等设施属于非农建设，也应由土地等相关行政管理部门予以处理，并不能作为吕某主张解除合同的事由。

福建省厦门市海沧区人民法院依照《中华人民共和国合同法》第九十三条、第九十四条，《中华人民共和国民事诉讼法》第六十四条第一款，《最高人民法院关于民事诉讼证据的若干规定》第六十九条规定，判决：

驳回吕某的全部诉讼请求。

吕某不服一审判决，提起上诉。

福建省厦门市中级人民法经审理认为：首先，吕某主张江某敏与黄某华之间存在转包关系，但江某敏与黄某华已提交双方签订的《休闲山庄开发合作协议》合同原件，吕某亦无证据证明该合作协议系虚假协议，故应对其真实性予以确认。该协议明确双方之间为合作关系。至于吕某举证的《承包合同书》为复印件，亦无其他证据予以佐证，故不能认定江某敏将转包土地给黄某华。且无论吕某所主张的《承包合同书》，还是江某敏与黄某华所主张的《休闲山庄开发合作协议》，其载明签署时间均为2014年7月20日，而直至2016年6月，吕某才提起本案的诉讼。吕某应当知道其间还建设了讼争场地，但其两年后才以未经其同意转包为由提起本案诉讼，缺乏事实和证据依据，应予驳回。其次，吕某主张江某敏与黄某华改变了土地用途，但一审判决根据《厦门市关于进一步促进休闲农业发展的意见》第二条之规定，结合法院现场勘查得出结论，江某敏与黄某华在原建筑基础上修缮及加盖的建筑面积并未超过原林地面积的0.5%。且其开办的餐厅亦属依附于农林业的发展，所经营的农家乐类休闲农业项目，已经取得工商部门的核准登记。该项目并不违反法律、法规的强制性规定，亦符合现行农业的发展政策，故并不属于改变土地用途的行为。至于上述建筑是否属于违章建筑，应由有权部门予以认定并处理，而非吕某诉请解除合同之事由，故吕某以非农建设为由诉请解除合同，缺乏事实和法律依据，应予驳回。

福建省厦门市中级人民法院依照《中华人民共和国民事诉讼法》第一百七十条第一款第一项规定，判决：

驳回上诉，维持原判。

【法官后语】

本案的焦点问题在于农村土地承包中的承包方将极小部分土地用于经营休闲农业，是否必然构成土地用途的改变，使发包方享有合同的法定解除权。本案中，承包方将不到0.5%承包面积的承包地用于经营农家乐，其余土地仍用于农业生产。承包方经营休闲农业的行为符合《厦门市关于进一步促进休闲农业发展的意见》的规定，并不妨碍双方履行《承包合同书》，且未对土地造成永久性损害。双方之间并未存在约定解除事由及法定解除事由，基于利益平衡和绿色原则，农村土地承包合同中承包方将极小部分土地用于经营休闲农业，在不违反总体规划且未对土地造成永久性损害的情况下，不构成土地用途的改变，不构成合同解除事由，合同双方当事人应当继续履行。

一、承包方应当严格遵循耕地保护原则

新型农业发展进程中出现了经营土地的新模式，在农业生产、经营模式发生调整的情况下，农村土地承包合同的履行势必适要应新的发展模式，但承包方履行农村土地承包合同仍应当严格遵循耕地保护的基本原则。根据《中华人民共和国农村土地承包法》第十七条规定："承包方享有下列权利：（一）依法享有承包地使用、收益的权利，有权自主组织生产经营和处置产品……"第十八条规定："承包方承担下列义务：（一）维持土地的农业用途，未经依法批准不得用于非农建设；（二）依法保护和合理利用土地，不得给土地造成永久性损害；（三）法律、行政法规规定的其他义务。"首先，应加强基本农田保护。承包方应在履行农村土地承包合同过程中，对土地合理利用开发的同时，应当加强基本农田的保护，稳定基本耕地面积。其次，树立科学耕地保护观念。承包方应当在维持农业用途的基础上，合理利用基本农田。最后，承包方在发展生态型农业过程中，禁止以发展生态型农业的名义建设项目，违法占用耕地和基本农田。

二、承包方合理利用土地模式的创新

在农业经济发展现代化过程中，新型农业、现代化农业生产的土地经营方式与传统方式有所差别，在坚持科学的耕地保护观念下，承包方逐渐从生产型农业的经营模式过渡到生态型农业的经营模式。如本案中的农家乐等休闲农业项目，随着生态文明建设的进展，近几年在农业生产中呈现快速发展的势头，承包方在承包的土地上经营农家乐等休闲农业项目，以农业经营为基础，设立餐厅、娱乐、休闲项目，其占用的农田土地面积仅为承包地面积的极小部分，且餐厅、娱乐、休闲项目均依附于耕地的发展，无法独立于耕地存在，与耕地、农用地用途性质相互依存、密不可分。生态型农业是建立在农业经营基础上的新型现代化农业发展模式，仍依赖于土地农业用途的性质，并未改变土地用途，属于农业经营方式的创新，是推进农业现代化的方式，符合现行农业发展政策，该经营方式中承包方合理利用土地模式的创新，应当严格区别于纯粹为了占用基本农田而建设项目、违法占用耕地和基本农田等实质性改变土地用途的情形。

三、农村土地承包经营权的法律地位和权能

根据《中华人民共和国土地承包法》第三十六条规定："承包方可以自主决定依法采取出租（转包）、入股或者其他方式向他人流转土地经营权，并向发包方备案。"《中华人民共和国民法典》第三百三十九条规定："土地承包经营权人可以自主依法采取出租、入股或者其他方式向他人流转土地经营权。"第三百四十条规定："土地经营权人有权在合同约定的期限内占有农村土地，自主开展农业生产经营并取得收益。"第三百四十一条规定："流转期限为五年以上的土地经营权，自流转合同生效时设立。当事人可以向登记机构申请土地经营权登记；未经登记，不得对抗善意第三人。"上述法律精神在于鼓励土地的市场交易活动，维护农村土地承包合同经营的稳定性，将土地承包权与土地经营权区分。土地承包权属于农村集体经济组织成员所有的基本原则和性质不变，仍是农村集体经济组织成员享有的身份权利。为适应经济发展的需要，将土地经营权流转的要求放宽，具体到土地经营权可以流转的对象以及流转的方式，明确土地经营权可以向非集体经济组织成员的个体或组织流转，且流转方式不受限制。不仅为现代化农业发展、土地利用模式创新提供法律基础和法律依据，还规定土地经营权人有权在合同约定的期限内占有农村土地，自主开展农业生产经营并取得收益，同时保障土地经营权人能够取得经营收益，防止土地承包权人提前收回承包地使得土地经营权人投入的成本落空，符合绿色原则和经济效益原则，避免造成资源浪费。

在农村土地交易市场中，对于是否解除双方正在履行的合同，应基于公平原则和利益平衡进行考量，坚持鼓励土地市场交易以及维护农村土地承包合同的稳定性，作出更加符合双方利益的认定与判断。

编写人：福建省厦门市海沧区人民法院　谢依婷

52

未在申请执行时效内提出执行申请，能否就同一诉争土地再次起诉

——东葛社区居委会诉齐某来排除妨碍案

【案件基本信息】

1. 裁判书字号

江苏省南京市中级人民法院（2019）苏01民终9658号民事判决书

2. 案由：排除妨碍纠纷

3. 当事人

原告（被上诉人）：东葛社区居委会

被告（上诉人）：齐某来

【基本案情】

1999年，车站村委会（后并入东葛社区居委会）与齐某来订立《土地承包合同》，约定将车站村3.4亩土地交给齐某来从事种植业生产，承包期限为2000年1月1日至2004年11月20日，齐某来每年应交纳承包费442元，交纳期限为每年6月30日前交纳70%，11月30日前付清。如有违约，须赔偿对方损失500元。合同订立后，齐某来共交纳承包费1207元。车站村委会于2004年12月发出撤苗让地通知书、合同到期通知书各一份，向齐某来催告要求返还土地。

车站村委会与齐某来农业承包合同案，江苏省南京市浦口区人民法院于2005年2月2日立案受理，2005年3月8日作出（2005）浦民一初字第262号民事判决书，载明："双方所订合同期限届满，权利、义务自行终止，齐某来有协助车站村委会将土地收回的义务，但结算条款依然有效，车站村委会有权收回所发包的土地；根据合同条款，车站村委会有权要求齐某来支付承包费用，但应扣除已支付的

1207元，车站村委会有权要求齐某来支付因迟延交纳承包费用及所承包土地而给车站村委会带来的损失，迟延交纳承包费用给车站村委会造成的损失合同已约定为500元，应予支持，迟延交付土地给车站村委会带来的损失，车站村委会没有提供有效证据加以证明，不予支持，车站村委会可另案起诉”，遂判决：“一、齐某来在本判决生效后三十日内将土地3.4亩交回车站村委会；二、齐某来在本判决生效后十日内支付车站村委会土地承包费1003元，赔偿车站村委会的损失500元；三、驳回车站村委会其他诉讼请求。”

之后，涉案土地仍一直由齐某来占有用于种植树木。东葛社区居委会未能陈述土地原状情况。

本案审理过程中，经江苏省南京市浦口区人民法院组织双方调解，齐某来要求将诉争土地转换为责任田由其使用，或者由东葛社区居委会对齐某来种植的树苗给予一定补偿，在东葛社区居委会收回土地后再另外为齐某来安排一块责任田。东葛社区居委会不同意该方案。

【案件焦点】

东葛社区居委会未在申请执行时效内提出执行申请，能否就同一诉争土地再次起诉。

【法院裁判要旨】

江苏省南京市浦口区人民法院经审理认为：通过法院作出的生效判决，明确了车站村委会、齐某来之间的系承包关系，诉争土地属东葛社区集体所有。齐某来在法院作出生效判决后未自觉履行义务，东葛社区居委会亦未在申请执行期间内申请执行，导致其相关权利丧失，但其对诉争土地的物权并未丧失。东葛社区居委会诉请的农业承包合同案与排除妨碍案，虽当事人基本相同，都有返还物权的诉请，但前案系基于承包合同的约定要求返还土地、支付迟延交纳承包费用以及合同约定的损失，系债权请求权；后案是以物权为基础的独立请求，是物权请求权。财产所有权人依法对自己的财产享有占有、使用、收益、处分的权利。东葛社区居委会基于享有的物权行使物上请求权，有权对造成其权利行使障碍的人主张排除妨碍。本案所诉请排除的妨碍事实，是在法院作出生效判决之后，物权的侵害持续存在的状态。故本案不构成“一事不再理”。集体所有的财产受法律保护，禁止任何组织或者个人侵占。侵占国家、集体财产或者他人财产的，应当返还财产，不能返还财产的，应当折价赔偿。齐某来在法院作出生效判决之后，继续占有诉争土地，于法无据，应予返还。齐某来要求将其在车站村二组家庭承包的 1.7 亩承包地更换成诉争的 3.4 亩土地，不属于本案的审理范围，不予处理。东葛社区居委会要求齐某来按照 442 元/年的标准给付从 2005 年 1 月 1 日起至齐某来实际返还土地之日止承包费的诉讼请求，因法院生效判决作出后，东葛社区居委会未在申请执行期间内主张，丧失了相关权利，现其主张排除妨碍，故齐某来应从东葛社区居委会起诉之日起按照 442 元/年的标准给付承包费至其实际返还土地之日止。对于东葛社区居委会要求齐某来将诉争土地清空并恢复原状的诉讼请求，齐某来作为占有使用人应当及时将苗木移除，确保土地的返还，但东葛社区居委会未能举证土地的原状，故对其恢复原状的诉请，不予支持。

江苏省南京市浦口区人民法院依照《中华人民共和国民法通则》第五条、第七十一条、第七十四条、第一百一十七条、第一百三十四条，《中华人民共和国合同法》第九十七条，《中华人民共和国土地管理法》第八条、第十条，《中华人民共和国民事诉讼法》第六十四条第一款，《最高人民法院关于适用〈中华人民共和国民事诉讼法〉的解释》第九十条规定，判决：

一、齐某来于本判决生效后十日内将其与车站村委会于 1999 年签订的土地承包合同所涉 3.4 亩土地返还给东葛社区居委会；

二、齐某来于本判决生效后十日内按照 442 元/年的标准从 2019 年 3 月 13 日起至其返还之日止向东葛社区居委会支付 10.4 亩土地占有使用费；

三、驳回东葛社区居委会的其他诉讼请求。

齐某来不服一审判决，提起上诉。

江苏省南京市中级人民法院经审理认为：就诉争土地的性质及双方当事人之间就诉争土地形成的法律关系，（2005）浦民一初字第 262 号民事判决已经作出认定。齐某来不持有诉争土地承包经营权证，而以其长期占用诉争土地主张诉争土地为其责任田，没有事实依据。集体所有的财产受法律保护，禁止任何组织或者个人侵占。东葛社区居委会要求齐某来返还诉争土地，于法有据，应予支持。齐某来辩称本案与（2005）浦民一初字第 262 号民事判决构成重复起诉，理由不能成立。一审法院综合认定齐某来应支付的占有使用费亦无不当，予以维持。齐某来上诉请求中超出本案审理范围的部分，不予处理。综上所述，齐某来的上诉请求不能成立，应予驳回。一审判决认定事实清楚，适用法律正确，应予维持。

江苏省南京市中级人民法院依照《中华人民共和国民事诉讼法》第一百七十条第一款第一项规定，判决：

驳回上诉，维持原判。

【法官后语】

本案的焦点问题是重复起诉的认定。《最高人民法院关于适用〈中华人民共和国民事诉讼法〉的解释》第二百四十七条第一款规定了重复起诉的构成要件："当事人就已经提起诉讼的事项在诉讼过程中或者裁判生效后再次起诉，同时符合下列条件的，构成重复起诉：（一）后诉与前诉的当事人相同；（二）后诉与前诉的诉讼标的相同；（三）后诉与前诉的诉讼请求相同，或者后诉的诉讼请求实质上否定前诉裁判结果。"该条包含了连续式重复起诉和重叠式重复起诉，从诉的要素上明确了重复起诉的认定标准。

前后两诉同一性识别应从当事人、诉讼标的、诉讼请求三个方面共同判断：

1. 当事人同一性。前后两诉的当事人若不同，则两诉一般不具有同一性。当事人相同是相对的，而非绝对的，当事人相同并不要求当事人在两诉中的诉讼地位相同，前诉的原告是后诉的被告、前诉的被告是后诉的原告这样互换诉讼地位的情形，也在重复起诉的范围内。另外，有学者认为，判断当事人同一性时应从既判力主观范围所及的主体这一层面及诉讼担当去考量，既判力主观范围所及之人及诉讼担当人提起后诉，依旧会被认定为重复起诉，如诉讼承继人、代表人诉讼的所有成员。

2. 诉讼标的同一性。诉讼标的同一是构成重复起诉的客体要件。每个诉讼都有特定的标的，一般由原告的诉讼请求决定。诉的标的使诉特定化，以区别不同的诉，所以诉讼标的的一项重要功能就是识别重复起诉。一般应当从不同的诉讼类型出发，结合具体案件的诉讼请求、事实和理由、民事诉讼的目的和原则等，具体确定诉讼标的。前后两诉诉讼标的相同，即诉讼标的具有同一性。

3. 诉讼请求相同或后诉的诉讼请求实质上否定前诉裁判结果。诉讼请求是当事人建立在诉讼标的基础上的实体权利主张，当事人希望审判机关对其请求作出与之相应的确认、给付等具体裁判。这种权益请求是当事人基于自己主观上对法律和事实的理解而产生的认为自己所拥有的权利。构成重复起诉的诉讼请求有两种形态，一种是诉讼请求相同，前后两诉依据的事实和理由相同，自然成立两诉同一性；另一种是诉讼请求相反，后诉否定前诉的结果，两诉虽不同，但基于避免矛盾裁判的司法原则，仍应认定这种情况构成重复起诉。

关于本案是否构成重复起诉，东葛社区居委会的诉讼请求应否支持，具体分析如下：

1. 虽然本案与车站村委会诉齐某来农业承包合同案的当事人相同，亦都有要求返还土地的诉请，但是前诉与后诉的标的不同。关于诉讼标的确定，涉及请求权基础的问题，请求权基础一般包括基于合同的请求权、类合同请求权、物权请求权、侵权请求权、不当得利请求权。本案中，东葛社区居委会先以土地承包合同纠纷为由起诉，法院判决后，东葛社区居委会未在申请执行时效内提出对租赁土地的执行申请，之后其变更了诉讼请求，以排除妨碍为由起诉。按照请求权分析法，以原告的诉讼请求为基础，寻找请求权基础规范，然后确定该法律规范的构成要件，从而认定该案事实是否符合法律规范的构成要件。通过分析可知，前诉是基于合同的请求权，后诉是基于物权请求权。

2. 东葛社区居委会对于生效判决丧失了申请执行权，但是依然享有诉争土地的物权。债权按照合同的约定或者法律规定产生，在当事人之间产生特定的权利和义务关系，债权为财产请求权，具有相对性，在效力上不存在排他性和优先性，为有期限权利；物权是指权利人依法对特定的物享有直接支配和排他的权利，包括所有权、用益物权和担保物权，物权的归属性和排他性集中体现了物权的权利主体与所有不特定人之间的关系，具有排他性、绝对性、对世性，对任何人都具有效力。齐某来在法院作出生效判决后未自觉履行义务，东葛社区居委会亦未在申请执行期间内申请执行，是对债权强制执行效力的放弃，导致东葛社区居委会丧失就该债权请求法院强制执行的权利，但其对诉争土地的物权并未丧失。

3. 侵权事实的持续状态。本案所诉请排除的妨碍事实，是在法院作出生效判决之后，齐某来对物权的侵害持续存在的状态。物权所有人依法对自己的财产享有占有、使用、收益和处分的权利。集体所有的财产受法律保护，禁止任何组织或者个人侵占。齐某来未按照生效判决返还土地，东葛社区居委会作为所有权人，有权基于物权绝对性和排他性，随时向妨碍其权利行使的人主张排除妨碍。

综上，本案与前案所依据的请求权基础规范不同，因此不属于重复诉讼，不适用“一事不再理”原则。东葛社区居委会未在申请执行时效内提出对租赁土地的执行申请，虽然丧失了基于合同请求权的债权给付强制执行申请权，但是根据基于物权绝对性所享有的物上请求权，对于妨碍其物权行使的持续的侵权状态，可以向侵权人行使排除妨碍之主张。东葛社区居委会的主张符合物权请求权的构成要件，因此其诉请能够得到法院裁判的支持。

编写人：江苏省南京市浦口区人民法院　汪会中

53

土地权属争议与土地行政登记争议的识别与处理

——高某琴诉县政府土地行政确认及行政赔偿案

【案件基本信息】

1. 裁判书字号

湖南省高级人民法院（2019）湘行终2259号行政判决书

2. 案由：土地行政确认纠纷

3. 当事人

原告（上诉人）：高某琴

被告（被上诉人）：县政府、州政府

第三人：劳某明、韩某文

【基本案情】

1987年4月，韩某文购买了向某来的宅基地，取得了《集体土地建设用地使用证》，载明四至为：前齐永龙公路界，后齐河坎（自己房屋保坎），左齐自己房屋基础（与劳某明相邻侧），右齐自己房屋基础。1988年11月，劳某明购买了向某来的另一块宅基地并建房。双方房屋建成后，县国土局给韩某文绘制的宅基地平面图表明双方相邻处隔有一空隙。1995年3月11日，劳某明取得《国有土地使用证》（以下称21号国土证），载明四至为：东与向某华共用墙壁，南齐永龙公路界，西齐韩某文房屋基础，北齐自建保坎。3月15日，劳某明到县城镇规划办申请扩建房屋。在扩建过程中，劳某明在与韩某文相邻侧的空隙上，靠韩某文家墙基砌了墙。

2005年11月，劳某明将房屋卖给高某琴。高某琴于2006年4月20日申请土地变更登记。在申报期间，韩某文于4月24日申请确权。县政府作出《土地权属争议处理决定书》，以与原始买卖协议中记载四至不符为由将21号国土证作废，同时将涉案争议地使用权确定给韩某文，并停止办理劳某明转让给高某琴的变更登记手续。高某琴不服，提起行政诉讼，法院判决撤销该处理决定。后县政府陆续作出与之前处理结论相同的两份决定书，均被法院判决撤销。

2015年5月，韩某文再次申请确权，县政府作出《关于灵溪镇河西街居民韩某文与劳某明、高某琴土地权属争议处理决定书》（以下称1号处理决定），再度将争议地使用权确定给韩某文。高某琴不服，申请行政复议，州政府作出《行政复议决定》（以下称12号复议决定），维持县政府的处理决定。高某琴不服，提起本案诉讼。

【案件焦点】

在一方当事人申请土地变更登记过程中，另一方当事人就该土地申请确权的，行政机关应按土地权属争议还是按土地行政登记争议进行处理。

【法院裁判要旨】

湖南省湘西土家族苗族自治州中级人民法院经审理认为：韩某文的土地使用证未经法定程序撤销前，应推定其具有法律效力，成为确定土地权属的依据。高某琴并无土地权利证书，其房屋系受让于劳某明，而劳某明在购地时就已明确齐韩某文房屋基础。故县政府基于韩某文已经登记的土地使用证，并结合购地协议等其他佐证，认定韩某文管理使用已登记在其土地使用证四至范围内的土地，并由此确定高某琴的宅基地范围，认定事实清楚。根据土地登记办法的相关规定，在本案争议地明显处于诉讼的情况下，高某琴要求办理变更登记，条件不成就，且请求变更登记与本案行政确认之诉分属不同的案由，理应另行诉讼。

湖南省湘西土家族苗族自治州中级人民法院依照《中华人民共和国行政诉讼

法》第四十九条第四项、《最高人民法院关于适用〈中华人民共和国行政诉讼法〉的解释》第一条第二款第四项、第六十九条第一款第一项规定，裁定：

驳回高某琴的诉讼请求。

高某琴不服一审裁定，提起上诉。

湖南省高级人民法院经审理认为：已经颁发了土地权属凭证，且权证四至范围界定清楚明确、记载四至不存在重叠、交叉或者包含等情形的争议，不应认定为土地权属争议。对土地权属凭证四至范围的认定，应当以颁发该土地权证时四至界线所处的位置为准，发证后，当事人对四至界线标志点、线、物位置的改变，在其依法重新取得新的土地权属凭证前，并不能引起原有土地证四至范围的变化。劳某明对房屋进行扩建而引起房屋墙基向外扩张，该扩建行为并不能引起其之前已经取得的21号国土证四至范围的变化。本案纠纷因劳某明在扩建房屋时将墙壁砌在韩某文房屋墙基上而产生，该纠纷不属于土地权属纠纷，应当通过建筑物间是否存在侵权或是否存在相邻权纠纷的方式解决。

在一方当事人申请土地变更登记的过程中，另一方当事人就该土地申请确权的，土地登记部门应当认真审查双方争议的实质究竟是土地权属争议还是土地变更登记争议。如果认为属于土地权属争议，则应当先解决权属争议，再启动土地变更登记程序，不能在土地权属争议处理程序中，先依据土地变更登记的相关规定注销一方当事人的土地权证，再以土地存在权属争议为由不予办理变更登记，导致被注销权证的一方当事人在权属争议处理中处于不利地位。高某琴请求县政府为其办理土地变更登记的诉讼请求，实质是请求判令县不动产登记机构履行《不动产登记暂行条例》第七条规定的土地变更登记法定职责，土地权属争议与土地变更登记所依据的基础事实、法律、程序规定等均不相同，且履行土地变更登记职责的法定主体并非县政府和州政府，故不能合并在本案诉讼中一并予以审理。

湖南省高级人民法院依照《中华人民共和国行政诉讼》第八十九条第一款第二项规定，判决：

一、撤销湖南省湘西土家族苗族自治州中级人民法院（2016）湘31行初86号行政裁定书；

二、撤销县政府1号处理决定及州政府12号复议决定；

三、驳回高某琴的其他诉讼请求。

【法官后语】

本案涉诉争议从2006年延续至今，行政机关先后4次作出确权处理并复议，但均被人民法院判决撤销。行政机关之所以屡次以基本相同的理由作出结论相同的处理决定，最主要的问题是未能准确界定土地权属争议与土地行政登记争议在基础事实、法律依据、程序规定等方面存在的差别，导致历次处理决定均围绕确权处理程序本身的合法性以及土地证记载四至边界中“齐房屋基础”是以墙为界还是以整个基脚的边缘为界等概念的理解问题展开，忽视了作出土地权属争议确权处理的前提条件是否存在这一关键因素。

人民法院审理此类案件，首先应当准确识别土地权属争议与土地行政登记争议。根据《土地权属争议调查处理办法》《国土资源部办公厅关于土地登记发证后提出的争议能否按权属争议处理问题的复函》（国土资厅函〔2007〕60号）的相关规定，土地权属争议，是指土地登记前，土地权利利害关系人因土地所有权或者使用权的归属而发生的争议。已经颁发土地权属凭证且该证四至范围界定清楚明确的，不属于土地权属争议。如果根据已经核发的土地权属凭证均无法确定争议地权属，或者仅有一方权属凭证包含有争议地、但该凭证对争议地记载的四至不清楚，抑或是双方的权属凭证均包含有争议地，但凭证之间对争议地记载的四至存在重叠、交叉或者包含等情形，仍属于土地权属争议。本案中，双方的土地使用证是在双方房屋已经建成的基础上颁发的，土地使用证相邻界记载为齐各自房屋基础，双方均认可颁发土地证时，其房屋相邻界存在一条0.4米宽的自然沟，即双方的土地使用证界线清晰且并不交叉。据此，本案争议不属于土地权属争议。造成本案纠纷的根本原因是争议双方在取得土地证后，均占用原来相邻界的自然沟扩建了房屋，使争议时的房屋现状相比颁发土地使用证时的房屋原状发生了改变，故本案并非因行政机关颁发土地证而产生的权属纠纷，应当属于地上建筑物之间的侵权或者相邻权纠纷。

要正确指引行政机关适用相应程序依法作出处理，不能简单地撤销决定了事，避免行政机关屡次作出行政决定又屡次撤销，导致争议久拖不决，激化双方矛盾。要引导行政机关准确甄别双方争议的实质，如果当事人提出的争议属于土地权属范围，则应当通过确权程序处理；如果仅属于登记记载错误，则可以引导当事人通过申请变更登记、针对颁证行为申请行政复议或者提起行政诉讼的方式寻求救济。在一方当事人申请土地变更登记的过程中，另一方当事人就对方申请变更登记的土地申请确权的，行政机关经审查后如果认为属于土地权属争议，则应当暂缓启动土地变更登记程序，待权属争议解决后，再依法进行土地变更登记，而不能在土地权属争议处理程序中，直接依据土地变更登记的相关规定先注销一方当事人的土地权证，再以土地存在权属争议为由不予办理变更登记，这样不仅混淆土地权属争议处理程序和土地变更登记程序，还导致被注销权证的一方当事人在权属争议处理中处于不利地位。

本案审结后，湖南省高级人民法院及时向县政府发出了司法建议函，指出其在本案争议处理中存在的违法问题，厘清了争议实质，指明了有效救济途径。县政府回函认同湖南省高级人民法院对本案争议实质的定性，并表示会依法及时启动对直接注销一方当事人土地使用证的纠错程序，同时积极引导另一方当事人通过民事途径解决纠纷。本案的审理，实现了“三个效果”的有机统一，对类案审理具有指导意义。

编写人：湖南省高级人民法院　黄一凡　刘威

六、林地纠纷

54

承包家庭分户后土地承包经营权的确认

——陈某云、陈某平诉陈某武、陈某林承包地征收补偿费用分配案

【案件基本信息】

1. 裁判书字号

云南省威信县人民法院（2019）云0629民初622号民事判决书

2. 案由：承包地征收补偿费用分配纠纷

3. 当事人

原告：陈某云、陈某平

被告：陈某武、陈某林

【基本案情】

陈某云系陈某平、陈某武、陈某林之父，陈某平、陈某武、陈某林在结婚之前，均与陈某云共同生活并共同耕种以陈某云为承包户主的承包土地、林地，陈某平出嫁后，未再耕种。

2009年12月9日，威信县人民政府分别向陈某云、陈某武颁发林权证，林权证登记陈某云的林地有坐落于石板沟村民小组的：银盘东19.08亩、银盘5.19亩、杉木坳0.94亩；陈某武的林地有坐落于石板沟村民小组的：还坡38.61亩、娃娃儿坡0.41亩、岩上1.1亩。

2016年，因国家修建宜宾高速公路需征收陈某云与陈某武、陈某林的坡耕地

12.726亩、平耕地6.56亩、荒地9.588亩，并对上述征收的土地进行了补偿，以上各项补偿款及青苗费共计883806元。经威信县扎西镇人民调解委员会主持调解，陈某云、陈某武、陈某林、陈某平四人就分配此笔土地征收补偿费用于2018年2月7日达成协议并签字确认，由陈某云夫妻分得80000元、陈某平分得40000元、陈某林分得363806元、陈某武分得400000元，并于当日对以陈某云为户主的承包土地、房屋进行了家庭内部分配。

2018年3月15日，因国家修建宜毕高速公路再次征收陈某武和陈某林的林地。其中征收陈某武的小地名为“还坡”的林地1.08亩，应得补偿款44280元，该林地内的树木补偿款1720元，小地名为“娃娃儿坡”的林地内树木补偿款5800元，以上补偿款共计51800元。

【案件焦点】

1. 如何确认林地的承包经营权权属，即谁对争议的林地及林地内的树木征收补偿款享有权利；2. 如何区分家庭原始承包与最新一轮承包的承包经营权权属。

【法院裁判要旨】

云南省威信县人民法院经审理认为：陈某云、陈某林、陈某武争议的51800元补偿款的款项来源系因国家修建高速公路征收小地名为“还坡”的1.08亩林地补偿款及该林地内的树木补偿款和小地名为“娃娃儿坡”的林地内的树木补偿款所构成。对于此两处林地，威信县林业主管部门已于2019年12月9日登记在陈某武的林权证上，且威信县人民政府已向陈某武颁发了林权证，能证明其对上述二块林地享有承包经营权，由此两块林地产生的收益理当由其享有。而陈某林提交的陈某云的林权证上未登记有此两块林地，其林权证上登记的林地与争议林地无关。陈某平也未提交证据证明争议的两块林地系由其享有承包经营权。陈某云与陈某平均未提交证据证明二人对所争议的林地所获得的收益51800元补偿款享有权利的事实。

故对陈某云主张由其领取“还坡”“娃娃儿坡”林地和林地内的树木补偿款共计51800元的诉讼请求，以及陈某平主张平均分配该补偿款的诉讼请求，不予支持。陈某林、陈某武虽主张对此笔征收补偿款51800元享有权利，但二人在答辩期届满后，法庭辩论终结前均未提起反诉，故二人可在本案判决生效后另行主张权利。

云南省威信县人民法院依照《中华人民共和国民事诉讼法》第六十四条第一款、第一百三十二条，《最高人民法院关于民事诉讼证据的若干规定》第二条规定，判决：

驳回陈某云、陈某平的诉讼请求。

【法官后语】

从我国第一轮实行农村土地、林地家庭承包经营制以来，农户从最开始的依赖土地生存到现在的依靠土地获得更多经济利益，对于土地、林地的权属之争更加激烈。从承包之初按照家庭人口承包土地发展到现在，户内成员及实际经营状况发生了很多变化，对于户内承包土地的权属问题，有人认为土地承包权属于最初的承包人享有，而家庭内分户后土地承包人的变化也被认为是土地权属的继承。这种将家庭承包的土地以个人私有财产进行处理的思路明显违反法律关于农村土地权属和遗产继承规定。《中华人民共和国土地管理法》第九条规定，城市市区的土地属于国家所有。农村和城市郊区的土地，除由法律规定属于国家所有的以外，属于农民集体所有；宅基地和自留地、自留山，属于农民集体所有。《中华人民共和国农村土地承包法》第二条规定，本法所称农村土地，是指农民集体所有和国家所有依法由农民集体使用的耕地、林地、草地，以及其他依法用于农业的土地。第四条规定，农村土地承包后，土地的所有权性质不变。承包地不得买卖。同时，《中华人民共和国民法典》第一千一百二十二条规定，遗产是自然人死亡时遗留的个人合法财产。依照法律规定或者根据其性质不得继承的遗产，不得继承。因农村家庭承包经营的土地不属于个人财产，故不可以继承。因此，不能将土地的承包经营认定为个人对土地的私有。家庭内分户后对土地的承包经营，不是对私有财产的分配，也不是对土地权属的继承，而是对第一轮的家庭承包户内的土地实际承包经营人的改变，并未改变土地的所有权。

农村家庭以户为单位承包经营的土地在流转中依法所形成的新的土地承包关系具有法律效力，其中依法登记的土地、林地的所有权和使用权受法律保护，任何单位和个人不得侵犯，包括家庭成员之间也不能相互进行干预和侵犯。在家庭承包范围内的土地、林地因国家征收、征用所产生的收益，也当然属于依法登记的土地使用权人，原承包人无权要求享有因土地、林地被征收、征用产生的经济收益。

第二轮土地承包不是对第一轮土地承包的确认，而是对第一轮承包土地的再行分配，重组共同承包人对承包的土地进行新一轮承包。第一轮土地承包人因故未作为第二轮土地承包的共同承包人的，第二轮承包经营的土地、林地在被国家征收、征用时即应当以当时登记的权利主体为享有经济利益的主体。

就本案而言，首先，作为第一轮承包土地的共同承包人陈某云、陈某平，在第二轮土地承包时，因家庭分户、外嫁而将大家庭承包经营的土地以分家析产的方式确认给陈某武、陈某林作为家庭户承包经营，并由土地主管部门依法颁发了土地承包经营权证、林权证作为经营权权属证明，据此形成了新的家庭承包户，应当以最新登记的共同承包人作为权利主体，故陈某云、陈某平对于土地、林地被征收时登记在陈某武、陈某林名下的土地、林地无承包经营权。其次，陈某云以陈某武、陈某林产权证登记的林地被国家征收时，证载土地、林地为其大家庭时期自己所承包的土地为由，主张被征地所产生的收益，理当不予支持。因为农村土地不属于个人私有财产，因承包经营的土地、林地产生收益的，应当由依法登记的权利主体享有，而不是依照第一轮土地承包时的承包情况分配权益。再次，陈某平虽然是第一轮土地承包时的家庭户内的共同承包人，但是在陈某平外嫁后，已归入其夫家所在的家庭承包户内，对其夫家共同承包的土地、林地以户为单位进行经营管理，对登记在陈某武、陈某林名下的土地、林地而言，其不再是共同承包人，对登记在二人名下的土地、林地所产生的收益，陈某平不应享有权益。最后，《中华人民共和国土地管理法》第十二条第二款规定，依法登记的土地所有权和使用权受法律保护，任何单位和个人不得侵犯。故即使陈某云、陈某平曾经是涉案土地、林地的共同承包人，也不能侵犯作为现在的承包权利主体陈某武、陈某林依法享有的权益。

编写人：云南省威信县人民法院　李龙梅

55

承包方就自行种植的林木享有所有权，但无权要求村集体必须支付补偿

——张某厚诉湖门村合作社农村土地承包合同案

【案件基本信息】

1. 裁判书字号

北京市昌平区人民法院（2018）京0114民初6448号民事判决书

2. 案由：农村土地承包合同纠纷

3. 当事人

原告：张某厚

被告：湖门村合作社

【基本案情】

张某厚系北京市昌平区延寿镇湖门村村民。1994年1月1日，湖门合作社（发包方）与张某厚（承包方）签订《承包合同》，约定张某厚以投标方式承包两块林地计3亩，承包期限为1994年1月1日至2014年1月1日，共20年，承包费用共计3700元，承包方在承包期内享有土地使用权、收益权、经营自主权、依法转让权；同时有依法进行土地开发、种植、林木更新、采伐的义务。合同签订后，双方完成租金支付和土地交付。交付时地上已有部分栗子树和核桃树，后张某厚又陆续栽种459棵栗子树进行生产经营。合同到期后，湖门村合作社对上述两块土地予以收回。张某厚认为湖门村合作社收回土地时应当对其栽种的459棵栗子树的价值进行全额补偿，遂诉至法院。

【案件焦点】

双方未对承包合同到期后地上种植林木的归属和补偿问题进行约定时，承包方

是否有权要求发包方接收树木并按评估价支付补偿款。

【法院裁判要旨】

北京市昌平区人民法院经审理认为：区别于家庭承包方式，本案中双方签订的是以投标方式取得承包权的土地承包合同，故双方应为平等主体，应按照合同约定享有、履行各自的权利义务。首先，承包合同约定，承包方在承包期内有依法进行土地开发、种植、林木更新、采伐的义务，享有土地使用和收益的权利。但合同没有对到期后承包土地上的林木归属和补偿问题进行约定，张某厚在承包期届满后就其自行种植的树木要求湖门合作社支付经济补偿的诉讼请求，在合作社明确表示拒绝的情况下，不符合意思自治的基本原则。其次，该合同明确约定了20年的承包期限，张某厚在合同履行开始时就应对承包合同的履行方式和承包期限届满后的结果有明确预期，从而进行合理投入，其以已进行投入为由要求对方必须支付补偿款的主张，与诚实信用原则不符。再次，张某厚承包土地20年的承包费仅为3700元，且在此期间其已就投入获得了充分的收益，现林木评估价值高达494780元，在合作社明确表示无力支付高额补偿的情况下，若法院判决支付以上巨额补偿款，亦与公平原则不符。最后，农村经济合作社以本村集体所有财产进行投入，代表着全体社员的利益，若湖门合作社为支付以上补偿款背负巨额债务，湖门村全体社员就要为此共同负担债务，与湖门村其他村民的基本利益不符。综上，张某厚作为评估报告中所载明林木的所有权人，有权在符合《中华人民共和国森林法》等相关法律规定的情况下，对林木进行自行移植等处理，但其要求湖门合作社就此支付补偿款的诉讼请求，没有事实和法律依据。

北京市昌平区人民法院依照《中华人民共和国合同法》第三条、第五条、第六条、第七条、第八条及《中华人民共和国农村土地承包法》第三条规定，判决：

驳回张某厚的诉讼请求。

【法官后语】

解决好“三农问题”一直是党和国家工作的重中之重，而农业和农村问题的关键和实质就是农民问题。解决好农民问题，最重要的就是维护好农民安身立命之本的土地承包经营权。过去由于农村农业生产方式落后，种植林木果树等经济效益较低，导致农民经营的积极性不高，承包方往往以较低的价格获得荒山的土地承包经营权。随着经济发展，林木的评估价值与当时的土地承包费标准已无法对应。但当时相关主体法律意识薄弱，往往未对合同到期后承包土地上的林木归属和补偿问题进行约定，从而引发争议。法院对于此类纠纷案件的审理，应坚持以下原则和思路：

第一，以投标方式确立的土地承包合同关系中，双方是平等主体。对于合同未明确约定的事项，在没有法律明确规定可以适用的情况下，应以合同法的基本原则为依据进行裁判。作为社会主义市场经济体制的基石，合同法最重要的原则就是双方当事人的法律地位平等，一方不得将自己的意志强加给另一方。承包方主张合同到期后承包土地上的林木归属和补偿的，应征得发包方同意，发包方明确表示拒绝接收种植物和支付补偿款的，承包方的主张就欠缺基于合同约定而产生的请求权基础。

第二，民事法律行为具有表意性和目的性。作为完全民事行为能力人，其在缔约前的磋商过程中就应当对合同的履行过程及履行完毕以后权利义务的善后处理予以考量。在土地承包合同中，承包方同样应对履行方式和期限届满后的结果有明确预期，从而以该预期为基础进行合同磋商，合同履行期间根据该预期进行合理投入。如承包方仅以其已进行投入为由向发包方主张支付补偿款，与诚实信用原则不符。

第三，权利义务相一致原则应贯穿合同履行的始终。“没有没权利的义务，也没有没义务的权利。”这是对民法权利与义务相一致基本原则的阐述。20 年前，农村主体经济落后、生产资料匮乏、物价水平低、村民观念保守、土地资源相对宽松等诸多因素导致涉案土地 20 年的承包费仅为 3700 元。而张某厚经营 459 棵板栗树 20 年的毛利润应在 50 万元左右，且未将板栗树下间作栗蘑栽培考虑在内，可以说张某厚已经获得了相当可观的收益；而随着蓄积立方单价的提高，本案中 459 棵板栗树的林木司法评估价值高达 494780 元，权利义务已明显失衡，在发包方拒绝支付合同期满后的林木补偿款的情况下，司法应根据利益衡量原则予以裁判，以追求权利义务相一致和公平正义的价值目标。

第四，依法平等保护农村集体利益和承包人的财产权益。一方面，农村集体经济组织代表全体社员利益。土地承包竞价投标不是家庭承包，在承包期满后需要及时收回土地，保障其他社员也享有参与承包权竞争的权利，不能搞“世袭”或“妥协后的变相世袭”，法律保护承包人已经取得的承包权，也要兼顾其他村民应当享有的土地利益。而且，村集体若因收回土地背负巨额债务，将会导致村集体无法正常运营、群体信访等一系列后果，对基层治理不利。所以，在集体经济组织没有取得林木所有权，同时没有支付相应补偿款意愿的情况下，司法不能强制其接受此种林木处理方式。另一方面，《中华人民共和国森林法》第十五条规定，林地和林地上的森林、林木的所有权、使用权，由不动产登记机构统一登记造册，核发证书。承包方自己种植的林木是与土地相分离的动产，可以作为独立物而存在，是承包方的合法财产，可以单独转让或采取其他处分方式。本案的处理方式充分尊重了承包方对其自行种植的林木的所有权，实现了个人利益与集体利益的协调统一。

本案中，基于张某厚的村民身份且考虑其难以进行树木移植的情况，双方友好协商并经村民会议表决通过，对涉案林木价值达成了补偿的一致意见，协议履行完毕后，湖门合作社收回土地及林木并进行了再次流转。本案的裁判思路促进双方在法律的框架内进行平等、自愿协商，找到双方的利益平衡点，实现了案结事了。

编写人：北京市昌平区人民法院　杨杰　刘洋洋

七、建设用地使用权纠纷

56

行政机关提前收回国有土地使用权时应当依照法定程序正确认定估价期日和土地用途

——陈某贵、陈某诉六合规划资源分局土地行政补偿案

【案件基本信息】

1. 裁判书字号

江苏省南京市中级人民法院（2019）苏01行终423号行政判决书

2. 案由：土地行政补偿纠纷

3. 当事人

原告（上诉人）：陈某贵、陈某

被告（上诉人）：六合规划资源分局

【基本案情】

1998年12月23日，某化工厂与原六合县土地管理局签订《国有土地使用权出让合同》，获得涉案土地使用权，使用年限为50年，总体规划为建设综合经营项目，出让金为200元/平方米，总金额为2232940元。12月25日，南京某化工厂与某燃料公司签订《国有土地使用权转让合同》，将涉案土地使用权转让京某燃料公司，转让金为107.50元/平方米，总金额为1200205.25元，总体规划为建设综合用地项目。1999年1月14日，原六合县土地管理局向某燃料公司颁发土地使用权证，证载用途为（工业）综合。

2008年6月24日，某银行六合支行与陈某贵、陈某签订《国有土地使用权转让合同》，约定将涉案土地使用权及地上建筑物、附着物转让给陈某贵、陈某，转让款总金额为331.81万元。有权机关向陈某贵、陈某颁发土地使用权证，证载地类（用途）为综合经营，使用权类型为出让，终止日期为2049年1月13日，使用权面积为11164.7平方米。

2012年11月19日，原南京市六合区国土资源局（以下简称六合国土局）向陈某贵、陈某作出《收回国有土地使用权决定书》，决定收回涉案土地使用权并退还陈某贵、陈某223.294万元土地出让金。陈某贵、陈某不服该决定。后经江苏省南京市六合区人民法院审理，判决六合国土局重新作出补偿决定。2018年6月6日，陈某贵向六合国土局寄送土地补偿评估事宜的函，要求立即就土地用途、规划用地条件、估价期日等进行协商。某房地产评估公司于2018年7月29日作出《土地估价技术报告》，载明："估价期日为2012年11月19日，评估土地用途为工业，平均单位面积地价为403元/平方米，总地价为449.9374万元。"六合国土局于2018年8月2日作出《关于收回土地使用权的补偿决定》，确定补偿金额为4499374元，并于次日送达。2018年9月6日，陈某贵、陈某向原南京市国土资源局申请行政复议。2018年10月23日，原南京市国土资源局终止行政复议。2018年10月26日，陈某贵、陈某向法院起诉。

二审期间，因机构改革，六合国土局不再保留，其相关职能由六合规划资源分局承继。

【案件焦点】

1. 行政机关有偿收回国有土地使用权的估价时点如何确定；2. 收回国有土地使用权应按何种土地用途确定补偿标准。

【法院裁判要旨】

江苏省南京铁路运输法院经审理认为：首先，根据《中华人民共和国土地管理法》第五十八条规定，因六合国土局于2012年11月19日作出《收回国有土地使用权决定书》，且收回决定经行政复议和行政诉讼得到维持，故六合国土局就收回案涉土地使用权对陈某贵、陈某负有补偿义务产生于2012年11月19日，案涉土地使用权的估价期日为2012年11月19日。其次，陈某贵、陈某依法获得涉案土地使用权证，证载地类（用途）为综合经营，使用权类型为出让。该土地使用权登记系有效行政行为，具有对世效力，且未经有权机关撤销、废止或变更。基于法律保留和信赖保护原则，六合国土局对案涉土地按照工业用地作出补偿决定，认定事实不清，于法无据。最后，江苏省南京市六合区人民法院于2013年7月23日判决六合国土局重新作出补偿决定，但其直至2018年8月2日才作出《关于收回土地使用权的补偿决定》，明显超过合理期限。且六合国土局提交的证据不足以证明其在该补偿决定作出前听取了陈某贵、陈某关于土地性质、估价期日等的意见，没有保障陈某贵、陈某的陈述权、申辩权和参与权。因此，案涉补偿决定违反正当程序原则。

江苏省南京铁路运输法院依照《中华人民共和国行政诉讼法》第七十条第一项、第三项规定，判决：

一、撤销六合国土局于2018年8月2日对陈某贵、陈某作出的《关于收回土地使用权的补偿决定》；

二、六合国土局应于本判决生效之日起两个月内就土地使用证指向的国有土地使用权重新对陈某贵、陈某作出补偿决定，且补偿决定内容不得与本判决说理相抵触。

陈某贵、陈某、六合规划资源分局不服一审判决，提起上诉。

江苏省南京市中级人民法院经审理认为：

一、关于案涉土地的规划用途问题

《中华人民共和国土地管理法》第四条第二款规定："国家编制土地利用总体规划，规定土地用途，将土地分为农用地、建设用地和未利用地。严格限制农用地转为建设用地，控制建设用地总量，对耕地实行特殊保护。"《中华人民共和国城镇国有土地使用权出让和转让暂行条例》第十二条规定："土地使用权出让最高年限按下列用途确定：（一）居住用地七十年；（二）工业用地五十年；（三）教育、科技、文化、卫生、体育用地五十年；（四）商业、旅游、娱乐用地四十年；（五）综合或者其他用地五十年。"结合上述法律、法规规定，城镇国有土地使用权用途有：居住用地，工业用地，教育、科技、文化、卫生、体育用地，商业、旅游、娱乐用地，综合或者其他用地。《中华人民共和国土地管理法实施条例》第三条规定："国家依法实行土地登记发证制度。依法登记的土地所有权和土地使用权受法律保护，任何单位和个人不得侵犯。土地登记内容和土地权属证书式样由国务院土地行政主管部门统一规定。”《中华人民共和国城镇国有土地使用权出让和转让暂行条例》第十条规定：“土地使用权出让的地块、用途、年限和其他条件，由市、县人民政府土地管理部门会同城市规划和建设管理部门、房产管理部门共同拟定方案，按照国务院规定的批准权限报经批准后，由土地管理部门实施。”六合国土局就案涉土地颁发的土地使用权证证载地类（用途）为综合经营，案涉土地的用途为土地行政主管部门依法颁发的使用权证书所载明，土地使用权登记后即受到法律保护，具有法定的公定力、确定力、执行力、约束力，未经有权机关撤销、废止或变更，即为合法有效，公民可以合理信赖，六合国土局应当受土地使用权证所指向之登记行为的拘束。故六合国土局未按照案涉土地使用权证证载的用途，而是按照工业用地的用途进行评估并作出《关于收回土地使用权的补偿决定》，没有事实与法律依据。因此，原审判决对案涉土地使用权证用途作出的认定符合法律、法规规定。

二、关于案涉土地的补偿基准日问题

根据《中华人民共和国土地管理法》第五十八条第二款规定，收回国有土地使用权的，对土地使用权人应当给予适当补偿。该条虽规定了收回国有土地使用权应当给予适当补偿，但对补偿的基准日未作出规定。《国有土地上房屋征收与补偿条例》第十九条第一款规定：“对被征收房屋价值的补偿，不得低于房屋征收决定公告之日被征收房屋类似房地产的市场价格。”该条确定了补偿的基准日为“房屋征收决定公告之日”。《最高人民法院关于适用〈中华人民共和国行政诉讼法〉的解释》第九十一条规定：“原告请求被告履行法定职责的理由成立，被告违法拒绝履行或者无正当理由逾期不予答复的，人民法院可以根据行政诉讼法第七十二条的规定，判决被告在一定期限内依法履行原告请求的法定职责；尚需被告调查或者裁量的，应当判决被告针对原告的请求重新作出处理。”案涉土地的使用权于 2012 年 11 月 19 日被收回，陈某贵、陈某即于该日丧失土地使用权。根据上述规定，六合国土局就收回案涉土地使用权应当如何对陈某贵、陈某进行“适当补偿”具有一定的裁量空间，且确定补偿标准的基准日与土地使用权的剩余年限也存在关联。六合国土局以作出收回决定的日期为补偿标准的基准日，根据土地面积、剩余土地使用年限、原批准用途、土地开发利用程度等，参照市场地价水平经专业评估后予以补偿，在法律、法规规定的行政裁量权限范围之内，并未违反相关法律、法规规定。

根据《国务院全面推进依法行政实施纲要》规定，行政机关应当严格遵循法定程序，依法保障行政管理相对人、利害关系人的知情权、参与权和救济权。六合国土局以 2012 年 11 月 19 日作为估价期日，按照工业用地对案涉土地进行评估并作出《关于收回土地使用权的补偿决定》，确定补偿金额为 4499374 元，但六合国土局提交的证据不足以证明其在选取评估机构时听取了陈某贵、陈某的意见，进行评估后将《土地估价技术报告》送达陈某贵、陈某并在补偿决定作出前听取了陈某贵、陈某关于土地性质、估价期日等的意见，没有保障陈某贵、陈某的陈述权、申辩权和参与权，案涉补偿决定违反了正当程序原则。原审判决认定案涉补偿决定行政程序违法，符合法律、法规的相关规定。

关于陈某贵、陈某认为原审判决遗漏了补偿内容的上诉意见，《中华人民共和国行政诉讼法》第六条规定："人民法院审理行政案件，对行政行为是否合法进行审查。"因陈某贵、陈某的诉讼请求为要求撤销《关于收回土地使用权的补偿决定》，原审判决支持了该部分诉讼请求并责令重新作出补偿决定，六合规划资源分局在重新作出补偿决定时应当依据案涉土地的实际状况进行裁量，故原审判决对案涉土地上的构造物、地上物、树木等的补偿问题未进行阐述，不影响六合规划资源分局就案涉土地重新作出的补偿决定的内容。故陈某贵、陈某的上诉意见没有事实和法律依据，不予支持。综上，陈某贵、陈某及六合规划资源分局的上诉请求与理由均不能成立，不予支持。原审判决认定事实清楚，适用法律、法规正确，审判程序合法。

江苏省南京市中级人民法院依照《中华人民共和国行政诉讼法》第八十九条第一款第一项规定，判决：

驳回上诉，维持原判。

【法官后语】

行政机关因公共利益需要可以提前收回以出让方式供应的土地使用权，但是应当予以适当补偿。何为"适当"，法律未有明确规定。本案的意义不仅在于明确行政机关有偿收回国有土地使用权时确定补偿标准、估价时点的原则，还在于通过判决督促行政机关依法履行补偿职责，保障行政相对人合法产权。

1. 提前收回土地使用权确定补偿的基准日，原则上应当以行政机关作出收回决定的日期为准。根据《中华人民共和国土地管理法》第五十八条第二款和《中华人民共和国城市房地产管理法》第二十条的规定，为公共利益需要使用土地，或者为实施城市规划进行旧城区改建，需要调整、使用土地，收回国有土地使用权的，对土地使用权人应当给予适当补偿。《中共中央国务院关于完善产权保护制度依法保护产权的意见》第八条规定，财产征收征用应遵循及时合理补偿原则，给予被征收征用者公平合理补偿。因此，结合我国土地和城市房地产管理法律法规的规定以及国家依法保护产权的政策，"给予适当补偿"应当理解为公平合理的补偿。本案中，六合国土局于2012年11月19日作出《收回国有土地使用权决定书》，根据关于有权机关依法作出处分时物权转移的相关规定，六合国土局于当天就产生了因收回涉案土地使用权对陈某贵、陈某进行补偿的义务。相对的，陈某贵、陈某于当日即已确定享有向六合国土局主张补偿的权利。该法律关系不因六合国土局后续作出书面补偿决定的时间，或者陈某贵、陈某主张补偿权利的时间不同而发生变化。故确定补偿法律关系的时点应以2012年11月19日为基准日，此时涉案土地使用权剩余土地使用年期为36年余。以其他时间作为基准日，均有可能产生剩余土地使用年期补偿不足或者溢出的情况，前者损害私人产权，后者损害国有财产。因此，提前收回土地使用权确定补偿的基准日，原则上应当以行政机关作出收回决定的日期为准。

2. 提前收回土地使用权应当按照土地使用权证载用途标准进行补偿。一宗土地在不同历史时期可能存在多种不同用途，按照何种土地使用用途的标准进行补偿，对权益影响十分重大。以本案为例，该宗土地在总规和详规时用途为工业，初次登记时为工业（综合），转移至陈某贵、陈某名下时土地使用权证登记为综合经营，土地主管部门收回土地时土地利用现状是未开发，土地主管部门收回土地是为了建设经济适用房，即住宅用地。陈某贵、陈某认为应当按照收回土地后建设经济适用房的住宅用地标准进行补偿，而六合国土局认为应当按照工业用地标准进行补偿。但一、二审法院对此均不采纳，认为应当按照转移登记至陈某贵、陈某名下时土地使用权证证载用途标准进行补偿。有权机关向陈某贵、陈某颁发了土地使用权证，证载地类（用途）为综合经营，使用权类型为出让。陈某贵、陈某为此付出了对价，缴纳了税费。该土地使用权登记系有效的行政行为，具有对世的效力，且未经有权机关撤销、废止或变更。六合国土局、陈某贵、陈某均应当受土地使用权证所指向之登记行为的拘束。陈某贵、陈某所享有的权利，既不是工业用地使用权，也不是住宅用地使用权。基于法律保留和信赖保护原则，六合国土局按照工业用地作出涉案补偿决定，于法无据。

编写人：江苏省南京市江北新区人民法院　夏文浩　李广娟

图书在版编目（CIP）数据

中国法院2021年度案例．土地纠纷：含林地纠纷／国家法官学院，最高人民法院司法案例研究院编．—北京：中国法制出版社，2021.4

ISBN 978－7－5216－1721－4

Ⅰ．①中…　Ⅱ．①国…②最…　Ⅲ．①土地－民事纠纷－案例－汇编－中国　Ⅳ．①D920.5

中国版本图书馆CIP数据核字（2021）第045802号

策划编辑：李小草（lixiaocao2008@sina.cn）

责任编辑：韩璐玮　王紫晶　　封面设计：温培英　李宁

中国法院2021年度案例．土地纠纷

ZHONGGUO FAYUAN 2021 NIANDU ANLI. TUDI JIUFEN

编者/国家法官学院，最高人民法院司法案例研究院

经销/新华书店

印刷/三河市紫恒印装有限公司

开本/730毫米×1030毫米　16开　　印张/15　字数/203千

版次/2021年4月第1版　　2021年4月第1次印刷

中国法制出版社出版

书号ISBN 978－7－5216－1721－4　　定价：68.00元

北京西单横二条2号

邮政编码100031　　传真：010－66031119

网址：http：//www.zgfzs.com　　**编辑部电话：010－66071862**

市场营销部电话：010－66033393　　**邮购部电话：010－66033288**

（如有印装质量问题，请与本社印务部联系调换。电话：010－66032926）

中国法院 2012～2021 年度案例系列

国家法官学院　最高人民法院司法案例研究院　编

简便易用、权威实用——打造“好读有用”的案例

1. 权威的作者：国家法官学院自 2012 年起推出《中国法院年度案例》丛书，至今已有 10 年，旨在探索编辑案例的新方法、新模式，以弥补当前各种案例书的不足。自 2020 年起，丛书由国家法官学院与最高人民法院司法案例研究院共同编辑，每年年初定期出版。

2. 强大的规模：2012、2013 年各推出 15 本，2014 年推出 18 本，2015 年推出 19 本，2016 年推出 20 本，2017 年推出 21 本，自 2018 年起推出 23 本，含传统和新近的所有热点纠纷，这些案例是从全国各地法院收集到的上一年度审结的近万件典型案例中挑选出来的，具有广泛的选编基础和较强的代表性。

3. 独特的内容：不再有繁杂的案情，高度提炼案情和裁判要旨，突出争议焦点问题。不再有冗长的分析，主审法官撰写“法官后语”，展现裁判思路方法。

4. 数据库增值服务：2021 年继续推出数据库增值服务，凡购买本书，扫描前勒口二维码，即可在本年度免费使用往年同类案例数据库，并可免费下载民法典全文及新旧对照。

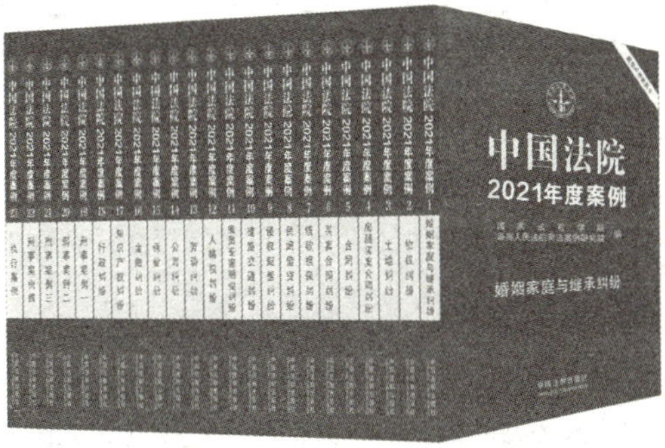

1. 婚姻家庭与继承纠纷
2. 物权纠纷
3. 土地纠纷（含林地纠纷）
4. 房屋买卖合同纠纷
5. 合同纠纷
6. 买卖合同纠纷
7. 借款担保纠纷
8. 民间借贷纠纷
9. 侵权赔偿纠纷
10. 道路交通纠纷
11. 雇员受害赔偿纠纷（含帮工受害纠纷）
12. 人格权纠纷（含生命、健康、身体、名誉、姓名、肖像、一般人格权纠纷）
13. 劳动纠纷（含社会保险纠纷）
14. 公司纠纷
15. 保险纠纷
16. 金融纠纷
17. 知识产权纠纷
18. 行政纠纷
19. 刑事案例一
20. 刑事案例二
21. 刑事案例三
22. 刑事案例四
23. 执行案例

最高人民法院指导性案例裁判规则理解与适用系列

公司卷二	98 元	物权卷	88 元
公司卷（第三版）（上下册）	139 元	婚姻家庭卷（第二版）	68 元
民事诉讼卷（第二版）（上下册）	145 元	合同卷四（第二版）	98 元
侵权赔偿卷二	69 元	合同卷三（第二版）	98 元
侵权赔偿卷一	69 元	合同卷二（第二版）	108 元
房地产卷	98 元	合同卷一（第二版）	108 元
劳动争议卷	58 元	担保卷（第二版）（上下册）	139 元

民法典时代

民法典新规则案例适用	108 元
中华人民共和国民法典释义与案例评注：总则编	125 元
中华人民共和国民法典释义与案例评注：物权编	156 元
中华人民共和国民法典释义与案例评注：人格权编	65 元
中华人民共和国民法典释义与案例评注：婚姻家庭编	68 元
中华人民共和国民法典释义与案例评注：继承编	65 元
中华人民共和国民法典释义与案例评注：侵权责任编	108 元
中华人民共和国民法典释义与案例评注：合同编	246 元
中华人民共和国民法典总则编释义	158 元
中华人民共和国民法典合同编释义	228 元
中华人民共和国民法典人格权与侵权责任编释义	158 元
中华人民共和国民法典婚姻家庭编与继承释义	98 元
中华人民共和国民法典物权编释义	138 元（估）

最高人民法院知识产权要案典丛

最高人民法院知识产权要案典丛·综合卷	258 元
最高人民法院知识产权要案典丛·著作权卷	78 元
最高人民法院知识产权要案典丛·专利卷	405 元
最高人民法院知识产权要案典丛·商标卷	239 元